AF360795

UNE GRANDE MYSTIQUE

DU MÊME AUTEUR

ÉTUDES D'HISTOIRE RELIGIEUSE

XXe SIÈCLE

La Question biblique au XXe siècle, 2e édit., 1906. *Épuisé.*
La Crise du Clergé, 2e édit., 1908. In-12. (*Rieder.*)
Mes Difficultés avec mon Évêque, 1903. In-8. *Épuisé.*
Évêques et Diocèses, 1re série : Le Cardinal Perraud, Diocèses d'Autun,
  de Cambrai, de Clermont, de Lyon, de Tours. 3e édit., 1908. In-12.
  (*Rieder.*) 2e série : Mgr Latty, Mgr Delamaire, Mgr de Cabrières,
  Mgr Henry, Au Diocèse de Bayonne, 1909. In-12. (*Rieder.*)
Histoire du Modernisme Catholique, 1913. *Épuisé.*

XIXe SIÈCLE

Dom Couturier, abbé de Solesmes, 1899. In-18. (*Rieder.*)
La Question biblique chez les catholiques de France au XIXe siècle,
  2e édit., 1902. *Épuisé.*
La Controverse de l'Apostolicité des Églises de France au XIXe siècle,
  3e édit., 1903. In-12. *Épuisé.*
L'Américanisme, 1903. In-12. (*Rieder.*)
Lettre a Dom Chamard sur un dernier Gallican, 1901. In-8. *Épuisé.*
Un dernier Gallican, Henry Bernier, chanoine d'Angers (1795-1859),
  1904. In-8. (*Rieder.*)
Un Prêtre marié, Charles Perraud, chanoine honoraire d'Autun (1831-
  1892), 2e édit., 1908. In-12. (*Rieder.*)
Le Clergé et la Noblesse d'Anjou aux élections de l'Assemblée Natio-
  nale Constituante de 1848, 1911. In-8. *Épuisé.*
Notes sur les profès de l'Abbaye de Solesmes, 1re série (1837-1869). In-8.
  Épuisé.
Le Père Hyacinthe dans l'Église romaine (1827-1869), 1920. In-12.
  (*Rieder.*)
Le Père Hyacinthe réformateur catholique (1869-1893), 1922. In-12.
  (*Rieder.*)
Le Père Hyacinthe prêtre solitaire (1893-1912), 1924. In-12. (*Rieder.*)

Les Origines de l'Église d'Angers, 1901. *Épuisé.*
Autour d'un prêtre marié. Histoire d'une Polémique, 1910. In-12.
  (*Rieder.*)
Les Séances des Députés du Clergé aux États Généraux de 1789. Jour-
  naux du curé Thibault et du chanoine Coster, 1917. In-8. *Épuisé.*
Courte Histoire du Christianisme, 1924. In-12. (*Rieder.*)
Un prêtre symboliste, Marcel Hébert (1857-1916), 1925. In-12. (*Rieder.*)
Du Sacerdoce au Mariage : I. Le Père Hyacinthe ; II. Gratry et Loyson.
  2 vol., 1927. In-12. (*Rieder.*)
Mon Expérience : I. Une Vie de prêtre ; II. Ma Vie laïque. Documents
  et Souvenirs. 2 vol., 1928. In-12. (*Rieder.*)
Courte histoire du Célibat ecclésiastique, 1929. (*Rieder.*)

UNE GRANDE MYSTIQUE

MADAME BRUYÈRE

ABBESSE DE SOLESMES
(1845-1909)

PAR

ALBERT HOUTIN

NOUVELLE ÉDITION AUGMENTÉE

PARIS
LIBRAIRIE FÉLIX ALCAN
108, BOULEVARD SAINT-GERMAIN (VIe)

1930

Depuis plus de trente ans, je prépare une Histoire de la Congrégation bénédictine de Solesmes.

Ma première contribution, un peu jeune, à ce tableau d'ensemble fut la biographie de dom Charles Couturier, imprimée en 1899.

Douze ans plus tard, en 1911, je donnai, à titre d'essai, dans *La Province du Maine*, des notes biographiques sur les quatre-vingt-un premiers profès.

Maintenant, je crois devoir publier quelques documents relatifs à l'influence exercée sur la Congrégation par l'Abbesse de Sainte-Cécile, Madame Bruyère, dont mon Histoire ne traitera que brièvement. Comme mon résumé pourrait surprendre, il me paraît convenable d'en produire à l'avance les pièces justificatives. J'espère, d'autre part, que cette publication préliminaire me vaudra d'utiles observations.

Le principal document que je publie ici est un Mémoire adressé au Saint-Office de l'Inquisition par un moine de Solesmes, dom Joseph Sauton, en 1892.

C'était la volonté de dom Sauton que ce Mémoire fût imprimé, le plus tôt possible, après sa mort. Il demanda

ce service à l'archevêque d'Albi, Mgr Mignot, qui le lui
promit. Après le décès de l'auteur (14 août 1916), le
manuscrit fut remis à l'archevêque. Lorsqu'il en eut pris
connaissance, il jugea que son titre officiel ne lui permettait pas de tenir son engagement et il chercha immédiatement un éditeur plus indépendant.

Les circonstances n'ont pas permis que le vœu de
dom Sauton fût réalisé plus tôt.

Peut-être quelques personnes jugeront-elles que j'aurais pu retarder encore cette publication. Cependant,
pour entreprendre de raconter le passé, mieux vaut que
tous ses témoins n'aient pas disparu et que les survivants
soient invités à fournir leurs souvenirs et leurs documents. D'autre part, la vie est fragile et je vieillis. Différer m'exposerait à ne pas terminer cette Histoire, —
qui en vaut la peine, comme le prouvent les pages
suivantes.

Il m'a été impossible d'imprimer le Mémoire de
dom Sauton sur le texte qu'on pourrait appeler « original ». Ce texte est celui qui a été envoyé à l'Inquisition.
Comme cette Suprême Congrégation n'ouvre jamais ses
archives au public, il m'a semblé inutile d'en solliciter
la communication. J'ai donc dû me contenter du texte
conservé par dom Sauton. S'il n'est pas conforme à
celui qu'il adressa au Saint-Office, que ses archivistes
veuillent bien avoir l'obligeance de le corriger.

J'ai cru devoir faire précéder le Mémoire par une
introduction historique et psychologique sur l'Abbesse.
Cette introduction n'est manifestement qu'un essai.

Si la connaissance de toute âme est difficile, combien

plus encore l'est celle d'une mystique, et d'une grande mystique !

Un maître dans ces sortes d'études, le R. P. Auguste Poulain, de la Compagnie de Jésus, a écrit : « La psychologie de Marie d'Agréda, comme celle de sainte Hildegarde, est une énigme qu'on n'est pas près de déchiffrer complètement [1]. »

Madame Bruyère, qui s'est complu dans la lecture des œuvres de ces deux mystiques, doit être portée, je crois, comme elles, sur la liste des grandes énigmes. Je ne prétends donc nullement donner de sa psychologie une explication définitive. Je veux simplement, je le répète, préparer et justifier quelques pages de l'histoire d'une congrégation qui a joué un grand rôle dans l'Église catholique-romaine au XIXe siècle [2].

Paris, 4 octobre 1924.

A. HOUTIN.

Cette nouvelle édition (1930) est un nouveau tirage, auquel a été ajoutée la **troisième partie** (médico-psychologique) du Mémoire de dom Sauton. Voir plus bas, p. 311-344.

F. SARTIAUX.

1. Poulain, *Des grâces d'oraison*, 10e édit., p. 353.
2. Voyez ci-dessous, p. 7, la citation de Mgr Freppel.

UNE GRANDE MYSTIQUE

INTRODUCTION

MADAME BRUYÈRE
ABBESSE DE SOLESMES
(1845-1909)

I

ENFANCE ET JEUNESSE
(1845-1867)

Jenny Bruyère était petite-fille de l'ingénieur Louis Bruyère, à qui la vieille ville du Mans doit ses premières transformations, et de Huvé, le quatrième et dernier architecte de la Madeleine de Paris. Elle naquit à Paris, le 12 octobre 1845, et fut baptisée dans l'église Saint-Roch. Sa famille résidait ordinairement dans une propriété qu'elle possédait non loin de l'abbaye de Solesmes. Ce fut l'abbé, dom Prosper Guéranger, qui prépara Jenny à sa première communion.

Dom Guéranger, qui avait rétabli, en 1833, l'ordre des bénédictins dans le vieux monastère Saint-Pierre de

Solesmes, rêvait de compléter sa restauration monastique en établissant une communauté de bénédictines. Il semble qu'il ait, de bonne heure, orienté la petite Jenny vers le cloître, car, sous sa direction, elle paraît avoir tourné promptement à la dévotion.

Sur son enfance, sa jeunesse, nous ne possédons qu'un seul témoignage : celui de dom Sauton, qui eut « entre les mains une partie notable de sa correspondance de jeune fille, alors qu'elle traversait la période de treize à vingt ans, son autobiographie, et, ajoute-t-il, divers renseignements ». Il en dégage ainsi « les notes principales » :

« Dès son jeune âge, elle était ce que l'on nomme d'habitude « un petit prodige », mais, loin d'offrir les charmes de la jeune fille, elle se montrait maussade, susceptible, difficile et très personnelle ; ce qu'elle redoutait le plus, c'était qu'on pût se moquer d'elle ; aussi la moindre plaisanterie l'irritait.

« Bien vite, elle pose en personnage, s'attribuant une mission trop élevée pour que ses parents et ses amis pussent la comprendre ; tel est le point sur lequel roulent ses confidences dans les lettres qu'elle écrit à l'une de ses amies.

« La fibre du cœur, du dévouement, reste muette sous des phrases de banale sensiblerie, tandis qu'elle revient sans cesse à la haute mission, pour laquelle Notre-Seigneur l'a prévenue de grâces et de faveurs mystérieuses. Sans s'en douter le moins du monde, elle use volontiers de la contradiction. Ainsi, dans la même épître, elle dira qu'elle est au Thabor et, d'autre part, que la croix est son unique partage ; ou bien que son âme est dans la joie et son cœur plein de larmes. Elle se plaindra un jour de n'avoir rencontré dans sa jeunesse que des procédés aussi injustes que pénibles, alors qu'à cette époque sa plume écrivait : « La charité et la miséricorde de tous ceux qui m'entourent me confondent et m'effraient presque ».

« Nous allons glaner un singulier aveu qu'elle fait à son amie dans une lettre du 12 septembre 1884 : « ... il y a des moments « où j'éprouve une immense fatigue de poser pour ce que je ne suis pas » .....

« Elle posait, disait-on encore, pour l'incomprise, se montrait mobile, jalouse, et toujours elle était la victime de quelqu'un. Un jour, elle se mit à plaisanter sa sœur Lise, au sujet d'un jeune homme de son âge environ : « Oui, c'est bien, Lise ; tu as beau te défendre, tu aimes Monsieur X... » — « Et toi, lui répondit sa sœur, toi, avec tes airs de sacristaine, on sait bien que tu en raffoles ! »

« Si Mlle Jenny faisait de la haute vertu, elle ne la rendait point agréable, et l'on disait couramment : « Elle peut être fort intelligente, en tout cas, elle est certainement très maussade ». Parfois ses parents la conduisaient au bal, à des soirées ; elle avait soin de porter un cilice ou une chaîne de fer sous sa robe de bal ; puis elle allait se camper, raide comme un bâton, dans un coin.

« Plus tard elle écrira son autobiographie dans une série de récits merveilleux dont elle enveloppe sa jeunesse ; inutile d'ajouter qu'elle aimait à les faire lire, c'est ce qui m'a permis d'en prendre connaissance. Je vais en extraire un fait, qui nous renseignera sur le crédit que l'on peut accorder aux autres. Madame raconte qu'étant, un soir, au bal, une tasse de crème fut renversée sur sa robe blanche. Que vont dire ses parents? Elle en tremble de frayeur. Vite, elle se met en prières, et la tache disparaît subitement et à jamais. Voilà son récit. Or, je connais deux personnes, témoins de l'accident et très dignes de foi ; et ces deux témoins m'ont affirmé avoir encore constaté la tache le lendemain. Cette illusion sur un point nous impose une grande réserve pour les autres.....

« Ses *Souvenirs de jeunesse* composant son autobiographie dénotent une imagination féconde au détriment de la vérité.....

« Quant aux névralgies, aux migraines et autres troubles qui la tourmentaient beaucoup, et qu'elle mentionne dans ses lettres, je n'en parlerai point ici. Ces symptômes ne font que souligner la valeur des traits que nous venons de décrire, et leur donner leur importance. Mais, avant de poursuivre, résumons les traits acquis jusqu'alors.....

« Dès son enfance apparaissent, pour se développer de plus en plus, les signes suivants : talent très applaudi pour le piano et pour la peinture ; intelligence précoce et remarquable, imagination féconde et très vive. Besoin de s'isoler, de poser en incomprise. Maussade, jalouse, irritable, d'une impressionnabilité extrême, rapporte tout à elle, et ne peut supporter qu'on la plaisante, et tiendrait tête à tout un régiment, pour conserver son prestige. Se lance dans les voies mystiques; se dit comblée de faveurs en raison de sa haute mission ; révèle dans ses lettres une fausse humilité et des contradictions fréquentes. Mobile dans ses appréciations sur les autres, mais des plus tenaces si elle est en jeu, et n'épargne point les ruades. Ses amis sont ceux qui savent reconnaître en elle ses dons remarquables et partager ses sentiments ; et, dans son imagination facile, elle décrit comme merveilleux les moindres incidents de sa jeunesse qu'elle transforme en miracles.

« Telle est la physionomie qui se dégage jusqu'à l'âge de vingt ans environ. L'on y trouve tout un ensemble de caractères organiques et psychiques qui [.....] révèlent au médecin une personne déjà sous l'empire de l'hystérie à forme morale et dont le terrain est tout préparé pour l'épanouissement de mille et mille illusions[1]. »

1. Ce passage de dom Sauton est tiré de la troisième partie du Mémoire que je ne publie pas. Voyez ci-dessous, page 239.

II

LA JEUNE RELIGIEUSE
(1867-1873)

Si grande qu'ait été la dévotion de Mlle Bruyère, son équilibre parut quelque temps instable. Enfin, Dieu la prit « entièrement pour lui[1] », comme dit dom Guéranger, à moins que ce fût dom Guéranger lui-même, supposé qu'elle eût le tempérament de cette duchesse de Chevreuse dont le cardinal de Retz disait : « Si le prieur des chartreux lui eût plu, elle eût été solitaire de bonne foi ».

Elle se réunit donc à plusieurs filles pour vivre à Solesmes, sous la règle bénédictine interprétée par dom Guéranger. Le 17 août 1868, sept moniales prononçaient leurs vœux. Jenny était la plus jeune. Néanmoins, ses compagnes l'élurent prieure. Leur monastère fut érigé sous le patronage de sainte Cécile, la martyre romaine pour laquelle dom Guéranger professait un culte particulier. La prieure prit elle-même le nom de Cécile, et ce fut de ce nom qu'elle fut dès lors appelée.

Dom Guéranger[2], — avec un tempérament naturel chez un restaurateur de moines, — craignait toujours de « ne pas croire assez ». S'il admettait théoriquement la nécessité de la critique, il ne l'appelait pas moins « la loi odieuse[3] ».

1. Voyez ci-dessous, page 86.
2. Le livre qui fait le mieux connaître dom Guéranger est celui de M. le Chanoine Ledru : *Dom Guéranger, abbé de Solesmes, et Mgr Bouvier, évêque du Mans*, in-8, 383 p. (1910).
3. Voyez ses déclarations dans ma *Controverse de l'Apostolicité des Églises de France*, 3e édit., p. 26-27.

Les infiltrations de bon sens qui s'étaient produites dans le catholicisme français, durant les trois siècles précédents, l'exaspéraient ; il se posa en défenseur d'une piété moyen-âgeuse. Il affectionnait les miracles les plus étranges, comme « la lactation » de saint Bernard, et les contes des visionnaires Marie d'Agréda et Catherine Emmerich[1]. Il médita les ravissements des saintes Madeleine de Pazzi, Brigitte, Mechtilde et Gertrude. Les grâces divines qui avaient été accordées à ces saintes, dom Guéranger croyait (assez logiquement d'ailleurs) que Dieu les accordait et les accorderait toujours. Sainte Gertrude raconte que souvent Jésus posa sur sa bouche un très doux baiser, jusqu'à dix fois dans l'espace d'un psaume, qu'il lui donna son cœur et même qu'ils échangèrent leurs cœurs. Pour dom Guéranger et ses disciples, ces phénomènes devaient se reproduire en faveur de tous ceux et de toutes celles qui le mériteraient et y seraient disposés[2].

Outre ce mysticisme très prononcé, les deux monastères de Solesmes eurent encore une double caractéristique : une extraordinaire idée de leur importance et un extraordinaire esprit de corps. Ils croyaient qu'ils avaient une « mission » et se servaient sans cesse de ces deux expressions : « les principes » et « nos idées ». Moines et moniales considéraient dom Guéranger comme un homme providentiel, un docteur de l'Église, le fondateur d'un autre Cluny. Aux xe et xie siècles, Cluny fut l'honneur et la force de l'Église, la boussole de la papauté; Solesmes

---

1. On trouve l'expression de l'admiration de dom Guéranger pour Marie d'Agréda dans les articles qu'il lui consacra dans *l'Univers* du 26 mai au 7 novembre 1859. — Sur Catherine Emmerich, voir son article du *Monde*, 18 avril 1860.

2. Cf. *Le Hérault de l'amour divin. Révélations de sainte Gertrude, traduites sur la nouvelle édition latine des Pères bénédictins de Solesmes* (Poitiers, Oudin, 1877), préface, pages xxi-xxii.

devait avoir le même rôle dans les temps modernes [1]. Il le jouait déjà, puisqu'il avait soutenu de grandes luttes et remporté de grandes victoires qu'un panégyriste de Solesmes résumait ainsi, en 1877 :

L'hérésie janséniste détruite jusque dans ses racines, le gallicanisme vaincu sans retour, l'infaillibilité doctrinale du souverain pontife désormais hors de tout conteste, l'unité de la prière publique universellement rétablie comme le signe éclatant de l'unité de la foi, la science et l'érudition ramenées aux vraies sources et affranchies de faux préjugés, la notion de l'ordre surnaturel mieux comprise en elle-même et dans son application à l'histoire comme à la direction de la vie humaine, l'ordre monastique relevé de ses ruines et reprenant sa place dans l'Église de France, voilà, certes, de magnifiques résultats qui font de ce court espace de temps une époque mémorable entre toutes. Or, quand je cherche dans ce mouvement de renaissance catholique en France les hommes et les institutions qui lui ont imprimé la direction la plus ferme et la plus sûre, je n'hésite pas à placer au premier rang dom Guéranger et l'abbaye de Solesmes[2].

Chez les bénédictines, les idées de la grande mission de Solesmes se traduisirent promptement en phénomènes d'ordre hagiographique. Par exemple, l'une des premières religieuses voyait une étoile lumineuse sur la tête de dom Guéranger et une autre étoile sur la tête de Mme Bruyère.

Le Père Abbé n'avait certes pas besoin de cette vision ni d'autres analogues pour être confirmé dans la solidité de sa doctrine et la croyance à son rôle providentiel. Il ne doutait pas non plus que le monastère de ses religieuses ne devînt promptement un centre de merveilles. « On en parlera, disait-il, dans la sainte Église de Dieu. » Il fit partager sa conviction à l'évêque du Mans, Mgr Fillion, et

1. Ces sentiments devaient être une source de fierté et même d'orgueil. Voyez ci-dessous, page 283.
2. Discours de Mgr Freppel, évêque d'Angers, prononcé aux fêtes jubilaires de l'abbaye Saint-Pierre de Solesmes, juillet 1887. Ce passage du discours a été fourni, comme plusieurs autres, par la mère Bruyère.

tous deux obtinrent du pape que la prieure reçût la dignité
abbatiale. Cette dignité devint, paraît-il, une source de
grâces nouvelles. L'Abbesse fut bientôt favorisée de visions
et de révélations[1].

Elle s'assimilera, puis s'identifiera complètement à
« Notre-Dame ». Elle croira porter réellement en elle
l'Enfant-Dieu pendant neuf mois. Chaque année, elle le
recevra dans ses bras, la nuit de Noël. Comme « Notre-
Dame », elle expérimentera « le double rôle d'épouse et
de mère de Dieu ». Comme « Notre-Dame », elle sera
« Mère de l'Église ». Elle vivra entourée d'anges[2]; elle
aura pour ange gardien l'archange saint Michel lui-
même. Elle luttera victorieusement, dans des sortes de
duels, contre le diable. Et ces phénomènes, à son dire, ne
seront pas pour elle des grâces purement personnelles;
elles font de droit partie du sublime état mystique auquel
il avait plu à Dieu de l'élever[3].

1. En spécimen de ces phénomènes, voir ci-dessous, pages 134-135,
sa vision du 13 décembre 1873.

2. Voir ci-dessous, page 131.

3. Cf. son livre *De l'Oraison*, p. 350, 352, 365 (4ᵉ édit., p. 365, 366,
422). — A moins d'indication contraire, mes citations de ce livre sont
prises sur l'édition originale imprimée à la typographie de Sainte-
Cécile, en 1886. La deuxième édition fut imprimée à Saint-Pierre de
Solesmes, en 1899; la troisième a paru à la librairie Retaux, Paris,
1905; la quatrième à la librairie Mame, Tours, 1920. La deuxième édition et les suivantes portent le titre : *La Vie spirituelle et l'Oraison
d'après la sainte Écriture et la tradition monastique.*

III

LES MATERNITÉS SPIRITUELLES
(*1875-1876*)

L' « oraison d'union parfaite » — à laquelle la jeune
Abbesse était parvenue depuis déjà longtemps, — est considérée par les mystiques comme un « mariage spirituel »,
mariage béni et par conséquent « fécond[1] ». Il entraîne
pour conséquence la volonté de former des âmes. Comme
le dit un théologien autorisé : « Ce vouloir vivre pour propager la vie, ce besoin impérieux de maternité spirituelle,
c'est une grâce d'état des épouses du Christ[2] ».

De par la pure théorie mystique, l'Abbesse était donc
vouée aux maternités spirituelles. Les circonstances favorisèrent et magnifièrent sa destinée. Dom Guéranger,
accablé de dettes, put craindre pour l'avenir de ses
moines. Il les recommanda à l'Abbesse, qui semblait fort
capable en affaires temporelles et dont le couvent s'établissait dans les plus satisfaisantes conditions financières.

En quels termes et dans quel sens dom Guéranger
recommanda-t-il ses fils à sa fille ? La question est controversée.

L'histoire de Solesmes est devenue une hagiographie où
tout est embelli, dramatisé, idéalisé. D'après cette hagiographie, l'Abbesse aurait été vraiment destinée et préposée

---

1. Cf. ci-dessous page 36, dans la citation de l'Abbesse, l'expression
« certaines fécondités ».

2. Mgr Albert Farges, *Les Phénomènes mystiques. — Traité de
théologie mystique* (Paris, Maison de la Bonne Presse, 1920), p. 240.

par dom Guéranger à la direction des deux monastères de Solesmes ou même de toute la congrégation, c'est-à-dire des autres monastères qu'ils avaient déjà fondés et pourraient encore fonder.

D'après les récits des vieux moines, telle n'aurait pas été la pensée de l'Abbé. Il aurait seulement recommandé à l'Abbesse ses fils dans la situation matérielle difficile où il allait les laisser. Il n'aurait jamais eu l'idée de lui confier leur direction spirituelle et morale.

Quoi qu'il en ait été, l'Abbesse promit à l'Abbé tout ce qu'il lui demanda. Elle entoura ses dernières années, ses derniers mois, des soins les plus tendres, les plus exquis. Elle pria très longuement afin qu'il fît une mort sainte et glorieuse.

Il expira le 30 janvier 1875.

Pour prononcer son oraison funèbre, on choisit son ami, l'évêque de Poitiers, Mgr Pie. Un moine des plus capables, dom Guépin, l'assista dans la rédaction de son discours, et l'Abbesse leur envoya des notes dans lesquelles l'évêque prit, en particulier, textuellement sa péroraison. La voici. Elle montre quelle langue pouvait parler Mme Bruyère :

« Fidèle serviteur de Dieu, dormez votre dernier sommeil à l'ombre de cette église que vous avez sauvée de la profanation. Votre humilité ne voulait qu'une place dans le champ du repos, au milieu de vos fils : leur piété filiale a pu obtenir qu'il en fût autrement. Ils vous ont déposé dans cette crypte que vous aviez consacrée autrefois au Cœur de Jésus, après l'avoir creusée de vos mains et teinte plus d'une fois de votre sang. Vous ne pensiez pas à vous, quand vous l'orniez de ces peintures, reproductions fidèles des images mystérieuses des catacombes. Ainsi êtes-vous enseveli, comme les pontifes des premiers âges, dans ces cimetières dont vous avez révélé les merveilles : cet honneur vous était bien dû. Dormez en paix, au lieu même où, tant de fois, vous avez offert les mystères sacrés et uni à l'immolation de la sainte victime celle de vos fils se consacrant à Dieu par des vœux irrévocables. Vous revivrez en eux, et aucune de vos œuvres ne restera inachevée.

« Et quand, au jour du jugement, vous vous relèverez de cette tombe, tout un peuple d'élus se réunira autour de vous, « car c'est une croyance fondée que, dans la régénération dernière, chacun des saints se relèvera escorté de ceux qu'il aura acquis au Seigneur ». Ainsi parlait Odon, cet abbé de Cluny dont Dieu vous avait donné l'esprit, et dont le Siège apostolique vous a dévolu l'héritage. Au dernier jour donc, quelle couronne autour de vous ! Non seulement votre postérité monastique, qui sera nombreuse, mais tous ceux qui auront été conduits à Dieu par vos écrits, par cette rénovation liturgique, par ces courants de vie et de doctrine surnaturelle, par cet heureux retour vers Rome, dont vous avez été l'instrument béni. Puissions-nous, en votre société, chanter et louer dans les siècles des siècles, devant le trône de l'Agneau, celui que vous nous avez enseigné à prier, à chanter et à louer dans les temples de la terre ! Amen. »

Si Mgr Pie, aidé par l'Abbesse, célébra magnifiquement dom Guéranger, le pape, inspiré par le cardinal Pitra, ancien moine de Solesmes, ne le loua pas moins magnifiquement. Dans un bref, il le proclama : « doué d'un puissant génie, possédant une merveilleuse érudition et une science approfondie des règles canoniques ». Naturellement, les louanges du pape se traduisirent hagiographiquement à Sainte-Cécile. On y prophétisa que, dans le premier quart du xxᵉ siècle, la tombe de dom Guéranger serait un pèlerinage plus fréquenté qu'Ars et Lourdes. L'Abbesse rêva, voulut pour dom Guéranger, pour Solesmes, pour elle-même la gloire, une gloire authentique, reconnue, promulguée par l'Église. Alors que les plus grands mystiques orthodoxes tiennent pour suspectes les visions et les révélations, elle rechercha plus que jamais pour elle-même, pour ses religieuses, pour ses moines, ces faveurs spirituelles qui feraient de Solesmes une école de sainteté célèbre dans la catholicité tout entière.

Dom Guéranger n'en avait pas moins laissé ses moines

dans une situation financière critique. On craignit que, pour payer les dettes, l'abbaye ne dût être vendue aux enchères, ainsi que ses livres et ses meubles. Les moines de Solesmes, ceux des deux monastères qu'ils avaient fondés à Ligugé et à Marseille, les bénédictines de Sainte-Cécile se groupèrent étroitement, luttèrent, quêtèrent pour conjurer le désastre. Ils y parvinrent[1].

Les moines élurent pour abbé de Solesmes et supérieur général de la congrégation dom Charles Couturier. C'était un saint. Son humilité très profonde lui fit un devoir de s'inspirer continuellement des principes et des exemples de son prédécesseur. Lorsque, dans les affaires graves, les solutions ne lui semblèrent pas claires, il consulta toujours l'Abbesse qu'il considérait comme l'héritière de leur commun père.

Peu de temps après l'élection de dom Couturier, le cardinal Pitra visita le monastère où il avait fait profession et qu'il n'avait pas revu depuis son élévation à la pourpre. Dom Guéranger s'était montré quelque peu jaloux de la distinction qui lui avait été accordée et même, antérieurement déjà, leurs rapports n'avaient pas été sans froissements. L'Abbesse, dans les longues conversations qu'elle eut avec le cardinal, sut adoucir ces tristes souvenirs. Il vit en elle une sainte et n'hésita pas à se mettre sous sa direction spirituelle.

Il fut bientôt suivi par un autre moine, son compatriote et son ami, destiné à devenir prochainement abbé du monastère de Marseille, dom Gauthey. Ce religieux s'était autrefois, sur le conseil de dom Guéranger, plongé dans la lecture des auteurs mystiques; il n'en était jamais sorti. Il vivait dans le rêve. Il vénérait d'autant plus l'Abbesse qu'il attribuait à ses prières la conversion de son

1. Cf. mon *Dom Couturier*, p. 42-45.

vieux père, homme honorable, mais qui, pendant presque toute sa vie, était resté totalement indifférent à la religion.

Quand, après trois mois de séjour à Solesmes, le cardinal repartit pour Rome, une sorte de famille mystique s'était formée avec les quatre principaux personnages de la congrégation. Dans le culte de celui qu'on appelait « le père abbé du ciel », l'Abbesse était la mère spirituelle; le cardinal tenait les droits de la primogéniture; dom Couturier était le puîné; dom Gauthey, le benjamin.

Peu de temps après, l'Abbesse admit aux bienfaits de ses soins maternels deux moines de Solesmes : dom Logerot et dom Fromage, sur lesquels elle plaçait des espérances.

Le principal mérite de dom Logerot était un physique agréable. Les amis de dom Guéranger lui savaient aussi gré de l'avoir distrait, de l'avoir accompagné dans ses voyages, où il l'entourait de prévenances, excellait à prendre les billets, à enregistrer les bagages, à choisir un bon compartiment, talents que ne possèdent pas toutes les saintes gens qui vivent en dehors du siècle. Il était encore remarquable par l'ardeur avec laquelle il soutenait tout ce qu'on appelait « nos idées ». Il y mettait d'autant plus de passion qu'il était incapable de travail scientifique et affamé de merveilleux. L'Abbesse le choisit comme directeur, mais ce fut elle qui le dirigea. Elle lui fit confier, aussitôt que l'opinion des moines le permit, c'est-à-dire en 1879, l'importante charge de maître des novices. Il introduisit au noviciat un esprit nouveau; avec lui commença une nouvelle ère. Ceux qu'il forma s'appelèrent « les Jeunes »; les profès d'auparavant furent « les Anciens ». La caractéristique des « Jeunes » était une absolue vénération pour l'Abbesse, et un dédain plus ou moins manifeste pour les « Anciens ».

Dom Fromage n'était pas beau comme dom Logerot. Il avait des cheveux blonds qui tiraient sur le rouge, un menton trop prononcé, des pommettes trop saillantes. Mais son large front, la vivacité de ses yeux, un certain pli de ses lèvres dénotaient une nature ardente et intelligente. Spirituel, sa conversation plaisait, malgré une voix aigre. Dom Guéranger l'avait choisi comme collaborateur à cause de son érudition.

Comme dom Guéranger laissait inachevé un volumineux commentaire du missel et du bréviaire, intitulé *L'Année liturgique*, la continuation de cette œuvre fut confiée à dom Fromage. Elle lui valut des relations suivies avec l'Abbesse qui en dirigea l'exécution et en revit toutes les pages. Dom Fromage subit l'ascendant de sa collaboratrice. Entrant dans son genre de piété, il traita principalement la vie spirituelle sous les symboles de l'époux, de l'épouse, des noces, du lit nuptial [1], chers à l'Abbesse, et qui sont d'ailleurs dans la tradition des mystiques chrétiens, disciples du *Cantique des Cantiques* et de saint Paul. L'Abbesse fit aussi nommer dom Fromage « lecteur », c'est-à-dire professeur des religieux qui faisaient leurs études théologiques.

L'Abbesse reçut au parloir très fréquemment dom Logerot et dom Fromage [2].

Les femmes savent souvent allier à leur mysticisme leurs besoins et leurs moyens de séduction, tout comme les hommes lui allient souvent leur ambition. Néanmoins, dans la recherche que l'Abbesse faisait de ces jeunes moines, il y avait un autre principe que le simple sentiment féminin. Elle voulait former des moines, de vrais moines, qui seraient, non pas des éditeurs de cartulaires,

1. Voyez ci-dessous, pages 231-235.
2. Voyez ci-dessous, page 195.

ni des compilateurs de chroniques, mais des mystiques qui régénéreraient l'Église. Elle voulait surtout découvrir et former le futur abbé de Solesmes, celui qui accomplirait les grandes choses dont elle jugeait incapable l'humble dom Couturier. Autre sainte Thérèse, elle cherchait un nouveau Jean de la Croix.

Devenue la mère spirituelle des principaux moines en charge, l'Abbesse ne tarda pas à être la véritable supérieure de toute la congrégation. Elle ne s'immisçait point dans les affaires de détail et n'exprimait pas même le désir de les connaître. Mais, consultée pour toutes les affaires importantes, elle savait faire prévaloir son avis, même en paraissant se ranger à l'autorité de ceux qui lui demandaient conseil. Malgré l'opposition des « Anciens », Solesmes se transforma insensiblement en Fontevrault, ou même dans la congrégation que dirigea momentanément la mère Paule-Antoinette de Nigris[1].

1. L'une des fondatrices des Angéliques, congrégation sœur des Clercs réguliers de Saint-Paul. Voici en quels termes Hélyot parle d'elle : « Après la mort de Zacharie et des autres fondateurs, voyant que l'estime et la confiance qu'on avait pour elle augmentait tous les jours, et que non seulement la plupart des Clercs réguliers et des Angéliques, mais même les personnes les plus considérables de Milan et des autres lieux où elle avait été en mission, la consultaient et suivaient ses avis comme autant d'oracles, l'esprit de superbe la séduisit : elle abusa du nom de maîtresse que lui donnait l'office qu'elle exerçait envers les novices dont elle avait la direction; elle écrivait des lettres de spiritualité et elle les envoyait avec une autorité de maîtresse; elle voulait qu'on la reconnût pour telle : elle en cherchait les moyens, et elle écoutait avec plaisir les flatteries de ceux qui l'appelaient la divine maîtresse. » (Hélyot, *Histoire des Ordres monastiques*, t. IV, p. 119; édition Migne, t. I, p. 222.)

Des idées de Mme Bruyère, sur le relèvement de l'Église et la nombreuse postérité de dom Guéranger, on peut aussi rapprocher celles d'une clarisse, abbesse du monastère de Lavaur, la mère Sainte-Thérèse de Jésus (1828-1884). Cette religieuse crut savoir par révélation qu'elle serait « la mère d'un grand peuple » spirituel et qu'elle serait ainsi la cause d'une grande rénovation de l'Église. Le P. Poulain écrit à ce propos : « J'ai connu plusieurs voyantes ayant cette illusion ». (*Des Grâces d'oraison*, 10ᵉ édit., p. 657.)

IV

UN MANQUE DE DISCERNEMENT
(*1876-1878*)

En 1876, dom Gauthey, devenu abbé de Sainte-Magdeleine de Marseille, découvrit dans une jeune dame de la ville, qui fréquentait l'église de son monastère, un état mystique si extraordinaire qu'il lui proposa de la mettre en relations avec l'Abbesse de Sainte-Cécile. Mme *** accepta et, comme elle eut l'occasion d'écrire à dom Couturier, elle se trouva en rapports avec les chefs de la Congrégation. C'était précisément son désir. Bien que mariée et mère de famille, elle se disait appelée à raviver la ferveur dans l'ordre bénédictin.

L'Abbesse, de son côté, désirait vivement régénérer le monastère de Marseille. Il comptait, à son avis, trop de moines préoccupés d'œuvres extérieures et peu friands de vie contemplative. Elle désirait également établir près de Marseille une fondation de ses religieuses. Peut-être lui sembla-t-il que l'intervention d'une dame de la haute bourgeoisie marseillaise faciliterait ses projets. Elle se montra tout de suite très favorable à Mme ***. Dom Couturier écrivit à dom Gauthey :

« Je vous dirai pour votre direction que je suis très touché de voir quel grand intérêt Madame l'Abbesse porte à cette dame qu'elle ne connaît pas. Elle croit sentir que Notre-Seigneur se prépare là un instrument pour de grandes choses[1]. »

1. Lettre du 26 mai 1876.

Deux mois plus tard, un jeune religieux, de belle espérance, dom Paul Lamy, se noya dans la Sarthe accidentellement. Dom Couturier écrit encore à dom Gauthey : « Priez et faites prier. Recommandez-le particulièrement à cette bonne dame ***. J'ai grande confiance dans le succès des causes qu'elle a prises en main [1]. » Faisant écho, dom Gauthey répondait :

« Quant à Mme ***, dont vous parleriez en bien au père Viaud [2], si vous aviez à accélérer son retour, le bon Dieu a daigné dernièrement me donner des preuves que je ne lui demandais pas et dont je n'avais nul besoin, ayant déjà votre assentiment et mon expérience. *Mirabilis Deus in sanctis suis; consideravi opera tua et expavi* [3]. »

Le 30 décembre, en offrant ses vœux de nouvelle année à dom Gauthey, l'abbé de Solesmes reprenait : « J'ai été bien consolé de voir avec quel zèle Mme *** prie pour vous. Ce sera, avec Sainte-Cécile, votre force. » Dom Couturier semblait en parler avec d'autant plus de connaissance de cause que, par une naturelle évolution des relations, la pieuse dame l'avait choisi pour directeur. Puisqu'il était le supérieur général de la congrégation qu'elle voulait porter à une grande ferveur, n'était-ce pas à lui qu'elle devait s'adresser?

Cependant elle avait tout d'abord entrepris de conduire à la perfection un religieux gentil, distingué, pétillant d'esprit et, bien qu'il eût trente-cinq ans, semblant très jeune : un amour de moinillon. Désireuse de le mener rapidement, elle voulut le voir tous les jours. Dom Gauthey jugea ce zèle excessif et, comme il ne constatait pas d'édifiants résultats à ces entretiens quotidiens et prolongés,

1. Lettre du 24 juillet 1876.
2. Ancien receveur d'enregistrement, le Père Viaud semblait aux deux abbés insuffisamment mystique. En 1879, il demanda à quitter l'abbaye de Marseille et fut stabilisé à celle de Ligugé, où il mourut en 1888.
3. Lettre non datée, mais écrite du 1er au 24 août 1876.

il se plaignit à dom Couturier. Celui-ci écrivit à « l'excellent petit père » qu'il était heureux de ses relations avec Mme ***, mais qu'il laissait à dom Gauthey le soin d'en régler la mesure. En même temps, dom Couturier fit remettre à la dame, par dom Gauthey, une lettre dans laquelle il lui donnait une leçon « peut-être », croyait-il, « un peu sévère [1] ». Un peu plus tard, dom Couturier renseignait l'abbé de Marseille par ces simples mots : « Mme *** m'a écrit comme je l'attendais de sa vertu ; mais la leçon était nécessaire [2] ».

Recueillant plus de troubles que de paix dans ses entretiens spirituels, le moinillon abandonna sa directrice. Elle prit alors pour objet de ses soins un beau grand religieux, tendre de cœur, séduisant de langage, splendide dans la floraison de ses trente ans. Élevé dans un milieu ultracatholique, il avait été poussé, à dix-huit ans, dans la maison de dom Guéranger, comme dans un port où il devait rester en sécurité toute sa vie. Le noviciat fut orageux, mais aboutit cependant à la profession. Comme le séjour de Solesmes devenait difficile au jeune moine, dom Couturier l'envoya faire peau neuve à Marseille. Il ne se signala pas par sa ferveur. Raison de plus à Mme *** pour le convertir. Ils s'entendirent rapidement et parfaitement. Quand les parents du moine vinrent le voir à Marseille, il les présenta à Mme et à M. ***. Les deux familles entrèrent en rapports suivis.

Les moines qui avaient eu des relations avec la dame furent bientôt supplantés. Son confesseur, dom Bunod, vit qu'il ne comptait plus pour elle. D'autres, comme dom Rabory, ressentirent des craintes et formulèrent des

1. Lettre du 17 janvier 1877.
2. Lettre du 25 janvier 1877.

plaintes au sujet de l'intimité croissante de la directrice et de son dirigé.

Le 8 octobre (1877), dom Couturier écrivait à dom Gauthey :

« Dom Rabory m'a parlé en long de Mme *** sans que je comprisse toujours bien, mais il est évident qu'il y a de part et d'autre les meilleures intentions. Pour cela comme pour tout le reste, il vous faut beaucoup de prudence. Dom Bunod, de son côté, sent que Mme *** lui échappe ; il en est peiné, je le comprends ; mais il en conclut peut-être trop facilement que cette dame s'égare. Aux uns et aux autres qui me confient leurs peines, je rappelle, le mieux que je peux, les vues surnaturelles qui les doivent diriger. Mais il faut éviter de leur faire aucune confidence. Ce seraient des armes contre nous ou contre la paix. Je me permets de vous dire ces choses parce que je me figure que le diable voudrait faire qu'un moyen préparé pour le salut de Sainte-Magdeleine tournât contre. »

Dom Rabory ne se laissa pas impressionner par les remontrances de dom Couturier. Quand il rencontrait Mme ***, il lui reprochait d'apporter la tentation dans le saint lieu. Ils en arrivèrent à se dénoncer l'un l'autre à dom Couturier, dom Rabory qualifiant la dame d' « ange des ténèbres », la dame se plaignant d'être insultée par un moine grossier. Le 26 janvier (1878), dom Couturier écrivait encore à dom Gauthey :

« J'ai traité durement hier le Père Rabory dont les exagérations vont au mensonge. Surveillez-le et ne permettez pas qu'il parle à Mme *** dans l'église ou ailleurs, en dehors des permissions que vous croirez pouvoir lui donner. Si, par hasard, Mme *** se plaignait de sa manière d'être avec elle (ne craignez pas de lui en demander compte), alors je vous prierais de suspendre entièrement les relations. »

Dom Gauthey informa bientôt dom Couturier que les amis du monastère et les habitués de l'église abbatiale jasaient des assiduités de Mme *** et que le mari se sentait mal à l'aise. Dom Couturier écrivit à la dame qu'il renonçait à correspondre avec elle à l'insu de son mari et il lui conseilla de cesser ses relations avec les moines. Ce n'était pas une rupture, c'était un avis utile. Il promettait de continuer à la suivre avec un grand intérêt s'il était nécessaire [1]. Un peu plus tard, il accentua sa décision, dans une lettre qu'il résumait ainsi lui-même :

« Vous vouliez le bien de Sainte-Magdeleine et vous croyiez avoir mission pour le faire. Aujourd'hui vous voyez que votre action a un effet tout contraire dans votre famille, au monastère, sur ceux-là même dont vous vous êtes occupée. Je crois donc que votre rôle est fini et qu'il ne vous reste plus d'autre manière d'agir que par la prière et la souffrance, si Dieu vous l'envoie. C'est là le seul conseil que je puisse vous donner. »

Bientôt après, dom Gauthey, qui avait jugé cette lettre « un peu dure », en regrettait la modération. La dame et son dirigé étaient entrés en correspondance suivie et ils se tutoyaient. L'émotion de dom Gauthey fut d'autant plus vive à cette découverte que son monastère avait déjà été le théâtre d'un scandale. En 1871, le prieur, dom Menault, s'était enfui avec une jeune pénitente qu'il avait épousée légalement en 1876.

« Dirigez-moi », écrivit dom Gauthey à l'abbé de Solesmes, « ou je brise tout ».

Dom Couturier répondit :

« Ce que vous me dites du Père * est grave et je ne puis, non plus, supporter cet ignoble tutoiement... Il y a d'abord une chose très simple, c'est d'interdire au Père * toute relation avec cette dame jusqu'à ce qu'il vous ait livré les lettres qu'il vous refuse ; de passer ensuite au crible ces lettres pour voir ce que cela vaut et signifie. Vis-à-vis de Mme ***, je ne sortirai pas du rôle que j'ai pris. Je lui parle comme directeur. Ou elle entendra ma direction et vous n'aurez plus à en souffrir, tout cessera de soi. Ou elle ne la comprendra pas, alors je la lui répéterai encore une fois. Si après cela, elle refuse d'en tenir compte, vous aurez dans son

____
1. Lettres des 7 février et 10 avril 1878.

obéissance la mesure de sa vertu. Il faut, il est vrai, éviter le bruit ; mais il ne faut pas faiblir. »

« P.-S. — J'écris deux mots à Mme *** dans le sens ci-dessus. J'écris comme directeur et non comme supérieur. Je ne tiens compte que de ce que je connais, son zèle, son dévouement, mais infructueux. Donc sa mission à Sainte-Magdeleine est finie. Point de récriminations ni reproches. Je suis censé ne rien savoir[1]. »

Dans le même temps dom Couturier, visitant l'évêque de Montpellier, Mgr de Cabrières, fixa rendez-vous chez lui au dirigé de Mme *** et lui déclara qu'il le retirait de l'abbaye de Marseille. Le moine répondit que sa santé lui interdisait de quitter le Midi. Alors le Père Abbé pria Mgr de Cabrières de garder temporairement dom * dans son diocèse. L'affaire ne s'arrangea pas. Dom Couturier envoya son homme passer quelque temps dans sa famille, pour changer d'air et d'idées, et il s'en fut lui-même à Marseille porter des paroles de calme à la communauté. Puis il regagna Solesmes.

Les deux abbés avaient projeté de faire un voyage en Belgique au commencement de mai. Ils devaient se rejoindre à Paris. Au moment de partir, dom Couturier reçut, relativement à l'affaire ***, de nouvelles plaintes si énergiquement formulées que, sans oser les mentionner, il adressa tout de suite un télégramme à dom Gauthey pour le prier d'attendre chez lui la lettre explicative qu'il lui envoyait. C'était celle-ci :

« Solesmes, 28 avril 1878.

« Révérendissime Père,

« Je vous demande pardon de mon télégramme ; mais vos lettres me montrent Sainte-Magdeleine dans un tel état qu'il m'a semblé qu'il vous fallait un intérêt très majeur pour quitter. Il y a évidemment du mécontentement autour de vous. N'avez-vous pas craint qu'une nouvelle absence n'y donnât encore davantage occasion ? Certainement ici, à Solesmes, vos meilleurs amis ne s'expliqueraient pas ce voyage. Je me suis défié de moi-même

1. Lettre du 14 avril 1878.

avant d'écrire, et j'ai pris conseil de notre commune mère. Elle pense absolument comme moi. Il va sans dire, cher Père, que ce n'est qu'un conseil que je me permettais de donner, mais il me semblait bon de vous dire toute ma pensée. Encore une fois, excusez un frère qui n'ambitionne rien tant que votre bien.

« † Fr. CHARLES COUTURIER, Abbé de Solesmes. »

Quand le télégramme parvint à Marseille, dom Gauthey était déjà parti. Les deux abbés se rencontrèrent au rendez-vous. Dom Gauthey rassura son supérieur et ils entreprirent leur voyage. Après avoir visité l'abbaye de Maredsous, ils s'en furent, le 3 mai, voir une célèbre stigmatisée, Louise Lateau, à Bois-d'Haine.

De retour à Marseille, dom Gauthey écrivit à dom Couturier : « J'ai trouvé tant de soucis en revenant ici ! Le diable a voulu me faire payer les saintes joies que j'étais allé recueillir à Maredsous, à Bois-d'Haine et à Tournay. Mais *in Domino confido.* »

Aussitôt après le départ de dom Gauthey, dom * était rentré, moins pour reprendre l'observance que ses entretiens mystiques. Le prieur, dom Le Menant, lui défendit toute relation avec la dame et sa famille. Dom * demanda vainement qu'il lui fût permis de garder au moins des rapports de simple politesse, alléguant qu'une brusque rupture le mettrait dans une position fausse, même avec ses propres parents, qu'il avait introduits chez les ***.

La plupart des religieux approuvèrent dom Le Menant. Trois déclarèrent sa décision étrange, dure, scandaleuse, et prirent fait et cause pour dom *. Parmi ceux-là se trouvait dom Bunod, le confesseur de M. et de Mme ***, qui n'entendait pas qu'on éloignât du monastère de si distingués clients. Les partis s'échauffèrent, de vieux griefs personnels furent ressuscités. Quand l'abbé revint, la paix monastique n'était plus qu'un vain mot.

Dom Couturier eut besoin de toute sa bonté et de toute

son autorité pour pacifier les esprits. Il fut d'ailleurs aidé par la disparition de dom Bunod, qui mourut subitement le 16 juin.

Mme et M. *** assistèrent aux funérailles de leur confesseur, et s'abstinrent de reparaître à Sainte-Magdeleine. Le mari n'y revint qu'au mois de juin 1879, pour communiquer à l'abbé un article du journal *Le Radical* sommant le gouvernement « de balayer cette boutique cléricale de la rue d'Aubagne », c'est-à-dire le monastère des bénédictins.

Dom Couturier retira dom* de Marseille. Le dirigé conserva longtemps le souvenir de sa directrice. Le 1er septembre 1880, dom Couturier écrivait à dom Gauthey : « Je suis bien triste de ce pauvre père*, qui n'est pas encore guéri de Mme *** ». Le « pauvre père » guérit plus tard, n'ayant plus jamais manqué d'âmes sœurs.

L'affaire, qui avait si longuement et si profondément agité le monastère de Sainte-Magdeleine, laissa un souvenir troublant aux abbés et aux moines de Marseille et de Solesmes.

En croyant sentir que Notre-Seigneur préparait en Mme *** un instrument pour de grandes choses, la sainte Abbesse avait-elle fait preuve de discernement [1] ?

---

1. On verra ci-dessous, page 210, comment dom Sauton rapporte ce manque de discernement de l'Abbesse. Il qualifie Mme *** de « débauchée qui s'attaquait surtout aux prêtres, et déjà elle en avait entraîné plusieurs dans le vice ».

Peut-être dom Sauton a-t-il recueilli sur cette affaire des documents prouvant « débauche » et « vice ». Peut-être a-t-il simplement résumé des récits oraux. Il ne pouvait pas, d'ailleurs, donner de détails sur cette affaire, sans révéler au Saint-Office la naïveté des deux abbés qui s'avisaient de faire diriger leurs moines par une femme du monde.

Les dames du type*** se rencontrent fréquemment dans les confessionnaux et les sacristies. Le manque de discernement des saintes gens à leur égard n'est pas rare. Je pourrais raconter plusieurs histoires de ce genre avec leurs preuves. L'une d'elles eut pour héros une autre gloire de Solesmes, dom Chamard. Il crut parvenue à un haut degré de vue mystique une de ses philothées, jeune mère de trois enfants, qui se faisait passer pour veuve. Elle était ce qu'on appelle vulgairement une « femme entretenue ». Mais elle savait par cœur Donoso Cortès et Louis Veuillot.

V

COLONNE DE L'ÉGLISE
(1876-1880)

Le soin de sa congrégation n'absorbait qu'une partie
de l'attention de l'Abbesse. Elle suivait attentivement les
affaires générales de l'Église. Non seulement c'était un
devoir de son état mystique[1], mais encore elle en avait la
charge très particulière. Elle savait, par révélation, qu'elle
était l'une des quatre colonnes sur lesquelles, en son
temps, reposait l'Église. Les trois premières colonnes
étaient dom Guéranger, le pape Pie IX et le cardinal Pie.
Elle avait hérité du fardeau de dom Guéranger et même
elle devait sans cesse se préoccuper de la seconde colonne,
Pie IX, qui ne semblait pas toujours solide. Sa pensée la
suivait continuellement. Elle paraissait le voir, l'accompagner, vivre sa vie. « Ah ! disait-elle une fois, j'ai tant
prié pour lui ! Le diable le traquait, mais j'ai tenu bon.
Ç'a été dur ; j'ai bien souffert pendant huit jours ; mais,
enfin, ça y est ; aujourd'hui la partie est gagnée ; je vais
mieux. »

Il fallait quelquefois plus d'une semaine de souffrances
pour arranger certaines affaires. Dans une circonstance,
l'Abbesse dut faire une véritable maladie, pendant laquelle

---

1. « L'âme qui a atteint l'union transformante est une exacte réduc-
tion de l'Église une, sainte, catholique et apostolique ; plus elle s'iden-
tifie à sa Mère, plus elle atteint sûrement le cœur de celui qui a tout
fait en ce monde pour sa grande Épouse et qui, dans la réalisation de
ses desseins, n'a qu'un seul type. » (*De l'Oraison*, 1re édit., p. 365 ;
4e édit., p. 422 [deux mots sont changés dans cette édition].)

Dieu lui permit de biloquer, phénomène d'ailleurs assez fréquent dans la vie des grands saints. Tout en restant ou paraissant rester dans son lit, elle s'en fut au Vatican, parla au pape et obtint de lui la solution que Dieu voulait.

Cependant les jours du vieux Pie IX ne pouvaient plus guère être nombreux. La perspective de sa mort imposa à l'Abbesse de nouvelles préoccupations. Au mois de mai 1876, elle écrivait au cardinal Pitra, qui lui avait envoyé de mauvaises nouvelles de la santé du pape : « Depuis quelques mois Votre Éminence ne peut s'imaginer avec quelle sollicitude Notre-Seigneur m'obligeait à m'en occuper. C'est quelque chose de si suivi et de si extra-ordinaire que je ne puis le comparer qu'à ce que j'ai ressenti durant la dernière année de la vie de notre vénérable Père Abbé[1]. »

Ce n'était plus alors le « pontife-roi » que l'Abbesse se sentait pressée de défendre par la prière contre ses ennemis. C'était l'âme de Pie IX qu'elle cherchait à sanctifier, demandant sans cesse pour lui un accroissement de mérites et de vertus. Une converse, sœur Joséphine, qui, comme l'Abbesse, était parvenue à un haut degré de la vie mystique, aidait pareillement à préparer le pape au jugement de Dieu.

Parfois, l'Abbesse essayait de discerner quel serait le pontificat suivant. Un jour elle dit que le cardinal Pitra recueillerait la succession. Le Père Logerot répéta cette parole comme une prophétie. N'était-il pas tout naturel que le Cluny des temps modernes commençât à produire des papes ? Mais, l'événement ne s'étant pas réalisé, on laissa tomber dans l'oubli cette prédiction.

---

1. D'après la date de ce texte, il aurait fallu une année pour préparer dom Guéranger à la mort, et il en aurait fallu deux pour y préparer Pie IX.

Aussitôt après la mort de Pie IX, l'Abbesse prépara l'élection de son successeur. Dom Couturier écrivit à dom Gauthey :

« Ici se passent des choses qui vous intéresseront un jour, parce que je ne puis vous les écrire. Vous vous rappelez ce qui eut lieu à Sainte-Cécile à la mort de notre Père Abbé, par quelles souffrances elle dut passer pour adoucir les derniers moments de notre père et préparer son âme, par quels travaux surtout elle dut ensuite s'épuiser pour remettre tout en place, raffermir l'union des âmes et préparer les jours heureux que nous avons traversés depuis trois ans.

« Or, aujourd'hui, depuis le 7 [février], les choses se passent presque de même, mais sur une plus grande échelle. Evidemment ce sont là les âmes par lesquelles Notre-Seigneur gouverne son Église. Peu de choses lui sont montrées d'une manière précise, mais elle se sent attelée à des travaux pénibles qui concernent Rome, les cardinaux, le conclave. La prière faite en union avec elle, la sainte messe surtout, la soulagent un peu[1]. »

Le surlendemain, dom Couturier écrivait encore :

« Je n'ai rien de nouveau de Sainte-Cécile ; l'état dont je vous parlais continue. Hier, à l'ouverture du conclave, les souffrances ont redoublé et aujourd'hui elle n'a reçu personne. »

L'élu fut Joachim Pecci. Évêque et cardinal, il avait placé ses sympathies du côté des catholiques dits libéraux. Vraisemblablement, il devait leur accorder ses faveurs pontificales. Que deviendrait l'Église? « Rassurez-vous, dit l'Abbesse à ses amis anxieux, rassurez-vous ; j'ai reçu l'investiture de son âme ; je suis son ange gardien et tout ira bien. »

Les événements ne se déroulèrent cependant pas à son gré. Elle eut fort à faire et à souffrir. Au mois de mai 1880, le cardinal Pie mourut. Avec lui disparaissait la troisième colonne et il ne semble pas que les trois

---

1. Lettre du 17 février 1878.

colonnes disparues aient été remplacées. Il n'en restait
donc plus qu'une : la Mère Abbesse. Elle se plaignit longtemps de supporter un fardeau très lourd, écrasant, au-
dessus de ses forces. « Dieu, disait-elle, ne peut pourtant
pas laisser tout porter sur moi. »

VI

QUELQUES LUTTES DU NOUVEAU CLUNY
(1880-1885)

Un décret du 29 mars 1880 avait averti les congrégations non autorisées qu'elles seraient prochainement
dissoutes si elles ne demandaient pas au gouvernement
de les reconnaître. L'Abbesse flaira un piège dans cette
exigence. Elle rallia facilement les trois abbés de la
congrégation à sa manière de voir. Les bénédictins
usèrent de toute leur influence sur les ordres religieux
avec lesquels ils étaient en rapport, afin qu'ils ne deman-
dassent pas l'autorisation. Telle était cependant la volonté
de Léon XIII, qui s'était entendu avec le gouvernement.
Les évêques présentèrent une « déclaration » aux congrégations religieuses de leurs diocèses[1]. Bientôt toutes
l'eurent signée, à deux ou trois exceptions près, parmi
lesquelles figurait Solesmes. Dom Couturier refusait de
reconnaître dans le document un acte pontifical. La paix
semblait assurée, lorsqu'un journal de Bordeaux dénonça
le pacte conclu entre le gouvernement et le pape. Cette
divulgation causa l'échec de toutes les négociations[2].

1. J'ai publié le texte de cette « déclaration » dans mon *Dom Couturier* ainsi que la critique qu'en fit le Père Abbé.
2. Cette divulgation fut l'œuvre du coadjuteur de Bordeaux, Mgr de
la Bouillerie, légitimiste, qui s'efforçait de créer des embarras à la
République. Dans le temps même où ce prélat faisait publier « la déclaration », dom Gauthey la remettait à un journal de Marseille, de telle
sorte que, si elle n'avait pas été connue par le fait du coadjuteur, elle
l'aurait été par le fait de l'abbé de Marseille. Un renseignement sur
l'état d'âme des bénédictins à cette époque est aussi fourni par

Plutôt que de se dissoudre elles-mêmes, la plupart des congrégations préférèrent se faire expulser, quelques-unes avec de tumultueuses manifestations de protestation et de résistance. Naturellement, les bénédictins occupèrent le premier rang dans ces circonstances[1]. Leur attitude, poussée au paroxysme, parut à la Mère Abbesse venger la foi, l'honneur et la dignité de l'Église.

En 1882, les moines rentrèrent illégalement dans leur abbaye et furent expulsés de nouveau. Le cardinal Pitra appréciait ainsi cet événement :

« C'est magnifiquement confesser le vœu de stabilité et prouver le droit et le devoir de rentrer dans sa cellule et dans le cloître à tout prix. Mais n'attendez pas de nos Italiens et même de nos Romains qu'ils comprennent ainsi leur vieux mot : *et facere et pati fortia, Romanum est.* C'est beaucoup s'ils n'en sont pas scandalisés. Quant à la vaillante Abbesse, elle triomphe. C'est pour le mieux. Pas même les propriétaires n'ont échappé à l'expulsion. La confiscation commence. C'est le commencement de la fin[2]. »

En 1883, le sous-préfet de La Flèche ayant fait renouveler les scellés apposés aux portes de l'abbaye, Mgr Freppel interpella le gouvernement, le 7 juin, d'une manière très irritante. L'évêque et les bénédictins (poussés par l'Abbesse) voulaient faire échouer « les tentatives de pacification[3] ».

Évidemment, comme l'écrivait le cardinal Pitra, « la vail-

Mgr Lavigerie, dans une lettre au nonce, datée du 14 septembre 1880 : « Je viens de recevoir ici un jeune bénédictin de Solesmes, ami de Veuillot et de Mgr d'Angers, qui m'a dit, sans s'en douter, les choses les plus graves sur les manœuvres de ces intransigeants et leurs sentiments vis-à-vis du Saint-Père. » (TOURNIER, *Le cardinal Lavigerie*, p. 102.) Ce « jeune bénédictin » était dom Paul Lafon.

1. Comme je l'ai remarqué dans mon *Dom Couturier*, page 134, l'histoire officieuse de leurs expulsions atténue ce qui, deux ans plus tard, leur semblait trop vif. — La loi ne fut pas appliquée aux religieuses ; les bénédictines restèrent donc dans leur monastère.

2. Lettre à dom Gauthey, datée du 6 avril 1882.

3. Expression de l'abbé J. Tournier, *Le cardinal Lavigerie et son action politique* (Paris, Perrin, 1913, in-8).

lante Abbesse triomphait » ; mais son triomphe lui sembla
bientôt périlleux. Elle s'aperçut que des moines expulsés
ne résistaient guère aux tentations du siècle et qu'ils attra-
paient des courants d'air moderne. Il lui fallut conjurer
des désastres imminents, rallier les religieux sous sa
houlette. Elle résolut, comme elle disait, de « refaire
Solesmes ». La personnalité de dom Couturier s'effaça de
plus en plus à ses yeux ; elle se crut de plus en plus
l'abbesse de la Congrégation ; l'Abbé ne servait plus qu'à
signer les manifestations et interventions qu'elle croyait
devoir lui suggérer dans la lutte très vive que livraient alors
les ultramontains aux catholiques libéraux.

Graves pour Solesmes, les expulsions le furent aussi
pour l'Église en France. Elles brouillèrent à mort avec la
République les congrégations religieuses et les laïques
catholiques qui formaient leur clientèle. Elles divisèrent
l'épiscopat ; elles divisèrent les catholiques au sujet de
leurs évêques. Les évêques modérés ou libéraux étaient
représentés comme des traîtres ou des prévaricateurs.

En 1884, l'évêque d'Arras, Mgr Meignan, fut transféré
sur le siège métropolitain de Tours. Il y trouva une situation très délicate, créée parce qu'on appelait « l'Œuvre de
Saint-Martin ». Quelques fanatiques s'étaient mis en tête
de reconstruire sur son ancien emplacement la grande basilique du thaumaturge des Gaules, démolie en 1802. L'entreprise n'était pas facile : il eût fallu recueillir une dizaine
de millions et obtenir la cession de deux rues, percées sur
l'emplacement revendiqué, et que la municipalité n'était
pas disposée à accorder. L'archevêque favorisa un projet
plus modéré : bâtir non pas une immense basilique, mais
une belle église sur le terrain dont on pouvait disposer.
Or, l'Œuvre de Saint-Martin était dirigée par un triumvirat d'amis de Solesmes, le comte Pèdre Moisant, le doc-

teur de La Tremblaye, père d'un moine de Solesmes, et un ingénieur, Stanislas Ratel, oncle de deux autres moines, les Pères Lafon. Les bénédictins et l'Abbesse avaient, depuis longtemps, pris parti pour l'Œuvre de Saint-Martin. La reconstruction de la basilique faisait partie de la restauration monastique qu'ils rêvaient dans la France entière. Ils pensaient même qu'une colonie de moines desservirait la basilique, et ils jugeaient convenable que dom de La Tremblaye en fût le prieur.

Le directeur du *Journal d'Indre-et-Loire*, Jules Delahaye, — journaliste qui, devenu plus tard député et sénateur, a fait apprécier son caractère de la France entière, — agita le diocèse en menant une violente opposition contre l'archevêque. *L'Univers* l'appuya devant tout le pays. Le triumvirat, conseillé par Solesmes, porta l'affaire devant le pape en la racontant dans des mémoires rédigés à Solesmes, mémoires qui furent présentés à Léon XIII par le cardinal Pitra. La sentence rendue à Rome, le 12 juillet 1885, donna satisfaction à l'archevêque [1].

1. Sur cette affaire, on peut voir le livre de dom Besse, *Le Tombeau de saint Martin de Tours* (Paris, Edouard Champion, 1922, vol. in-4°, 467 pages ; prix : 40 francs). Bien que ce livre soit plein de haine contre le cardinal Meignan, il a été publié avec l'*imprimatur* de l'archevêché de Tours. Le livre est, d'ailleurs, mal fait et incomplet. L'auteur s'est gardé d'exposer combien grande fut l'intervention de Solesmes. On trouvera une fidèle peinture des partisans de la basilique, et aussi de la vie tourangelle à cette époque, dans le livre de M. René Boylesve, de l'Académie française : *Mlle Cloque, roman* (Paris, 1899, in-12).

Voici la clef qui circula de ce roman : l'abbé Janvier, l'abbé Juteau, plus tard évêque de Poitiers ; le chanoine Beauséjour, Mgr Casimir Chevalier ; l'abbé Moisan, l'abbé Corbe ; Mme de Montgomery, Mme de Montalembert ; Mme Pigeonneau, Mme Barbot ; Mme Bézu, Mme Viot ; Mlle Zélie, Mlle Elisa ; les de Grenaille, les de Beaumont ; M. Houblon, M. Salmon de Maison-Rouge ; le docteur Cornet, le docteur Chauvet ; le *Journal du Département*, le *Journal d'Indre-et-Loire*.

Si tragique que soit le drame de *Mlle Cloque* et de sa nièce, il l'est moins que celui du docteur de La Tremblaye et de son fils, moins que celui du P. Stanislas Lafon, neveu de M. Ratel.

Cependant, l'Abbesse se rendait compte que Léon XIII lui échappait totalement. Après une période de gouvernement indécis, il était entré dans une direction nettement différente de celle de Pie IX. L'Abbesse fit entendre au cardinal Pitra qu'il était de son devoir, en sa qualité de prince de l'Église, de le ramener dans le droit chemin. Le cardinal se laissa persuader. Le 19 mai 1885, il écrivait à dom Couturier, qui l'avait prié de demander des indulgences pour ceux qui assisteraient à la fête du centenaire de Grégoire VII, qu'on devait célébrer à Solesmes :

« J'ai d'autant moins d'espoir d'obtenir pour vous des faveurs exceptionnelles que le *Journal de Rome*, aujourd'hui même, publie une lettre qui fera scandale dans la basse-cour du Vatican. Elle arrivera bientôt à l'*Univers*; vous m'en direz votre avis. C'est ordinairement, au moins c'est la seconde année que je choisis mon évêché de Porto, qui fait corps avec la cathédrale de Saint-Hippolyte, pour faire mes coups d'état. L'an passé, après la révocation du bref de D. Pothier, je lançai ma démission de président de la fameuse commission des études ; ce fut une grosse et longue affaire, qui amena à Saint-Callixte, pour parlementer, le cardinal-vicaire et deux fois l'Éminentissime secrétaire d'État. La commission en est finalement morte, ou à peu près.

« Cette année, provoqué par un bon chanoine hollandais, je fais partir de la Hollande le plus violent manifeste d'intransigeant qui ait paru depuis la mort de notre saint et si regrettable Pie IX, et à la veille d'une publication d'une encyclique sur le libéralisme, ce qui n'a cessé de m'inquiéter. Comme encyclique, je ne suis pas inquiet de la doctrine, quant aux principes. Mais, quant aux considérants et aux conseils ou aux ordres pratiques, je suis moins rassuré. Si on a pu déduire même du *Mirari* de Grégoire XVI et du *Quanta cura* de Pie IX l'apologie de la tolérance des principes de 89, que ne pourrait-on pas déduire de quelques paroles ambiguës et beaucoup trop classiques de la nouvelle lettre ? Au reste, je n'en connais absolument rien. Elle a été communiquée à d'autres, même à Mgr Freppel, dit-on. Quant à moi, je n'en connais pas une syllabe. »

Léon XIII se crut outragé par ce « violent manifeste d'intransigeant » et fut sur le point de retirer le chapeau au cardinal. Les évêques du monde entier firent (peu spontanément, semble-t-il) une manifestation d'adhésion au pape. Le cardinal, qui avait exprimé des regrets de son acte, sans, d'ailleurs, le rétracter, se demanda s'il ne devait pas s'expliquer et se défendre. Le 12 octobre, il écrivait encore à dom Couturier :

« Je reste pensif devant ces lettres d'adhésion mendiées qui s'impriment au Vatican. On ne peut omettre les plus injurieuses, qui ont reçu des félicitations publiques ; une édition officielle accréditera partout et perpétuera ces diffamations. Je me demande, je vous demande à vous-même si ma foi de chrétien mise en doute, ma fidélité de prêtre suspectée, mon honneur d'évêque et de cardinal outragé ne m'imposent pas le droit et le devoir de protester hautement. Les serments du sacré-collège sont là, très catégoriques. Mais cette protestation, pour être motivée et comprise, doit relever ce qui s'est passé à mon égard, ce qui est sans exemple dans le passé du sacré-collège. Elle ne peut être telle sans devenir un acte d'accusation, sans déshonorer le pontificat, sans livrer à mon tour à la diffamation le vicaire de Jésus-Christ, sans paraître devant toute l'Église lutter contre son chef au risque d'être inutilement écrasé.

« Réfléchissez et, au besoin, prenez l'avis des deux abbesses. »

Les deux abbesses, c'étaient Madame Bruyère et sa prieure, la Mère de Ruffo-Bonneval, future abbesse du futur couvent de Saint-Barnabé, près de Marseille, — fondation qui n'a pas eu lieu.

Poursuivant ses désirs de revanche, le cardinal disait encore :

« Des amis insistent fort à l'Institut pour que, sans intervenir moi-même ni rien solliciter, je les laisse me nommer membre de l'Académie des Inscriptions et Belles-Lettres. Chez vous, on rit d'un titre d'académicien. Ici, l'Institut, en sa partie savante (!), est un grand prestige. Ce serait, me dit-on, une force pour le bibliothécaire[1] et un désappointement pour la cabale. Vous qui avez accepté le titre de chanoine d'honneur, qu'en pensez-vous ? Pour

---

1. Le cardinal portait le titre de bibliothécaire de la Sainte-Église Romaine.

HOUTIN.   3

moi, être le collègue de Perraud et, ce qui me répugne moins, de Renan, j'ai peine à y penser[1]. »

Dom Couturier supplia le cardinal de se tenir tranquille. Quant aux deux abbesses, elles avaient d'autres préoccupations. Mme Bruyère était sur le point de s'envoler vers le céleste Époux et, naturellement, cet événement l'absorbait totalement, ainsi que sa prieure [2].

---

1. « Perraud » désigne le cardinal-évêque d'Autun ; le point d'exclamation « en sa partie savante (!) » est du cardinal Pitra ; l'inventeur de la candidature du cardinal à l'Académie des Inscriptions et Belles-Lettres était Renan lui-même.

2 Dans son Mémoire, troisième partie, dom Sauton conclut ainsi l'incident de la lettre du cardinal. « Aussitôt frappé, le cardinal se plaignit à Madame de l'avoir fourvoyé. Que fit l'Abbesse? Elle lui tourna le dos. » Les expressions ne semblent pas exactes. Quatre mois après sa disgrâce, le cardinal écrit à dom Couturier de prendre « l'avis des deux abbesses ». En 1886, il écrira encore à l'Abbesse pour lui demander communication de notes sur la vie de dom Guéranger. (Cf. ci-dessous, ch. IX, p. 46.)

VII

DANS LA PLÉNITUDE DE L'AGE DU CHRIST
(1885-1886)

La Mère Abbesse, qui en était arrivée à s'assimiler à
Jésus, s'imagina qu'elle ne dépasserait pas ce qu'elle
appelait « la plénitude de l'âge du Christ ». Elle fixait cet
âge à quarante ans, sans remarquer que cet âge commence
une période particulièrement difficile pour les femmes.

Elle crut donc qu'elle mourrait vers le 12 octobre 1885.
Elle l'annonça à ses plus intimes et à ses plus mystiques
amis. Le jour et le mois fatals passèrent. Elle ne mourut
pas. Mais vivait-elle encore ? Ou bien sa pâleur et ses
mouvements lents et indécis n'offraient-ils plus que les
apparences de la vie ? Comme une de ses religieuses,
malade de la tuberculose, dame Geneviève Gueslin, s'avisa
opportunément de s'éteindre à ce moment, Mme Bruyère
trancha le dilemme. Elle raconta donc qu'elle prenait son
essor vers les régions célestes, lorsque le Seigneur époux,
dans une apparition, lui fit comprendre que la terre
réclamait encore sa présence. De même, autrefois, la mère
de Dieu avait consenti à prolonger son exil sur la terre,
afin d'établir l'Église du Christ. A la place de la mère
Abbesse, le Seigneur avait emmené sa fille Geneviève, qui
s'était offerte comme victime volontaire. Non contente de
fournir cette explication, l'Abbesse déclara que sa vie
n'appartenait plus à l'ordre naturel ; son corps échappait

aux infirmités mondaines, pour revêtir les propriétés de ce que la théologie appelle les « corps glorieux ».

Comme les propriétés du corps de l'Abbesse semblaient exactement les mêmes qu'auparavant, son récit rencontra de l'incrédulité. Dom Couturier lui dit : « Qui me prouve, ma chère fille, que tout cela est vrai et ne se passe pas uniquement dans votre imagination ? » Dom Logerot lui déclara qu'elle frisait l'illuminisme.

L'Abbesse pensa que l'Abbé était bien « terre-à-terre », et que dom Logerot se laissait tenter par le diable.

Elle ne tarda d'ailleurs pas à rétablir son prestige. Elle expliqua que son corps glorieux pouvait toujours souffrir en qualité de victime volontaire. Pour accréditer ses dires, elle exposa dans des conférences à ses religieuses tout ce que comportent les divers états mystiques, sans faire allusion, par humilité, à ce qu'elle avait elle-même éprouvé. Elle montra l'état où l'on lutte contre le diable, où l'on vit dans la compagnie des anges, où l'on peut voir prolonger son existence. Voici les termes discrets dans lesquels elle exposa ce dernier phénomène :

Les âmes vraiment contemplatives « sont le ressort caché et le moteur qui donne l'impulsion sur terre à tout ce qui est la gloire de Dieu, le règne de son Fils et l'accomplissement parfait de la divine volonté. En vain multipliera-t-on les œuvres, les industries et même les dévouements, tout sera stérile si l'Église militante n'a pas ses saints qui la soutiennent. Les œuvres de Marthe allaient toutes au Seigneur Jésus, mais elles n'auraient pas suffi puisqu'elles n'étaient pas l'unique nécessaire. Les saints du ciel ne suffisent pas non plus pour attirer les bénédictions divines dans la vallée des larmes ; il en faut qui demeurent dans l'état de voie, celui que le Maître a choisi pour racheter le monde. Notre-Dame elle-même a voulu survivre à son Fils bien-aimé pour soutenir l'Église et prier pour elle ; comment aurait-elle choisi ce long martyre de quinze années, si elle n'avait pas vu dans la lumière divine que le profit de l'Épouse et de son fils y était attaché ? Certaines puissances et certaines fécondités sont donc inhérentes à la vie présente ; elle a, de soi, si peu de charmes qu'il n'était pas inutile d'en relever ainsi le mérite[1]. »

L'Abbesse a elle-même publié ses conférences dans un recueil intitulé : *De l'Oraison, d'après la Sainte Écriture et la Tradition Monastique*. C'est un puissant manuel de suggestion monoïdéiste. Il prouve une profonde connaissance théorique et pratique de la mystique. Des théologiens, tels que l'évêque de Mayence, Paul Haffner, et le cardinal Manning l'ont admiré. Dom Logerot en jugeait particulièrement le dernier chapitre si sublime qu'il le disait écrit sous la dictée des anges. S'il n'avait ni vu ni entendu les anges le dicter, du moins avait-il vu l'Abbesse l'écrire, *currente calamo*, un jour qu'elle attendait au parloir l'évêque du Mans qui était en retard[2].

Ce livre rétablit le crédit de l'Abbesse. Dom Couturier, reconquis, mit en tête du volume une lettre la reconnaissant « entre tous » comme l'héritière de l'esprit de dom Guéranger, et déclarant que l'ouvrage interprétait et fixait ses enseignements.

La vie de l'Abbesse semblait bien avoir été prolongée pour de grands objets : tout d'abord la rédaction de cet ouvrage, composé, disait dom Couturier, « afin que toujours se conservât intacte la vraie notion de la prière » chez les bénédictines.

L'Abbesse dévoila bientôt un autre but de sa mission. A tout monastère de moines devait être adjoint, le plus près possible, un monastère de moniales. Ainsi les fils et

---

1. *De l'Oraison*, 1ʳᵉ édit., p. 359-360 : 2ᵉ édit , p. 382 ; 4ᵉ édit., p 373-374.

2. Dans son livre *En route* (17ᵉ édit., p. 431-432), Huysmans reproduit sur cet ouvrage des jugements qu'il a recueillis, non pas dans une Trappe, comme il le dit, mais chez les bénédictins de Ligugé. Les deux appréciations principales sont les suivantes : L'Abbesse « ne fait évidemment que reproduire les travaux de ses devancières et elle ne nous apprend rien de très neuf... » « Cette œuvre contient, je crois, quelques propositions téméraires qui n'ont pas été lues sans déplaire à Rome. »

les filles de saint Benoît s'aideraient fraternellement dans la vie parfaite et maintiendraient dans sa pureté le monachisme, qui est le sel de la terre. L'idéal, dont une opinion publique corrompue empêchait seule la réalisation, eût été un monastère double[1], dans l'unique église duquel le chœur des hommes et le chœur des femmes, représentant complètement le genre humain, eussent chanté alternativement la louange divine. Cet idéal se réalisait quelquefois à Solesmes, depuis les expulsions. L'église abbatiale étant sous les scellés, les moines célébraient leurs offices quotidiens à l'église du bourg. Mais, les jours de grande fête, ils eussent gêné les villageois par la longueur de leurs cérémonies ou la nécessité de transposer l'horaire habituel. Peut-être aussi l'évêque n'aurait-il pas vu avec plaisir de fréquentes solennités pontificales dans une église paroissiale. C'est pourquoi dom Couturier, sous l'influence de l'Abbesse, avait décidé que, ces jours-là, les fonctions auraient lieu chez les bénédictines. Ces offices doubles, qui étaient d'une grande beauté, contribuèrent peut-être à inspirer à l'Abbesse l'idée de rapprocher les futurs monastères de moines et de moniales autant que faire se pourrait.

Enfin, dans sa survivance, c'est-à-dire après la mort de la Mère Geneviève, qui s'était substituée à elle, l'Abbesse se sentit plus que jamais la mission de former de vrais moines qui seraient les chefs des différents monastères et les ouvriers de la restauration de l'Église.

De bonne heure, elle avait considéré les formations des âmes comme des « maternités ». Cette image, s'emparant de plus en plus de sa pensée, prit tous les développements dont elle était susceptible. L'Abbesse portait ses fils dans

1. L'histoire des monastères doubles a été esquissée dans le journal *Le Monde,* n° du 19 octobre 1885, par M. Oscar Havard, d'après des notes fournies par dom Paquelin et dom Cabrol.

son sein ; elle les mettait au jour, les gratifiait d'un nouveau prénom, les allaitait[1], les élevait spirituellement. Elle aimait à recevoir leurs confidences, même celles que les enfants ne font pas ordinairement[2]. Dom Guéranger, qui se flattait de l'avoir dirigée dès son enfance en dehors de « la pruderie moderne », aurait pu se vanter d'avoir réussi.

La mère comblait ses enfants de douceurs spirituelles. Chaque année, par exemple, pendant la nuit de Noël, elle recevait dans ses bras l'Enfant-Dieu. Après l'avoir allaité, elle le déposait dans les bras de ses filles les plus privilégiées, et celles-ci aussi lui donnaient le sein. Elle le déposait ensuite tour à tour dans les bras de ses fils. Et ceux-ci, qui n'en avaient rien vu, apprenaient de leur Mère, au parloir ou dans une tendre missive, que la chose était arrivée[3].

Une faveur, moins surnaturelle, qu'elle aimait encore à procurer à ses fils et à ses filles, était de les mettre en relations, de leur faire nouer des amitiés spirituelles. Ils

1. Voir ci-dessous, p. 122.
De ce phénomène d'allaitement il est peut-être permis de rapprocher ce qu'écrivait le curé Olier, le fondateur des Sulpiciens, au sujet de sa mère mystique, Marie Rousseau : « Cette âme, toutes les fois quasi, au moins assez souvent, lorsque Dieu opère par moi au prochain, elle se sent tirée des mamelles, comme si c'était un petit enfant qui tirât du lait de sa mère. Elle se sent le sein enflé et son lait se répandre en moi qu'il lui semble que je dégorge après sur les personnes à qui je parle. »

2. « Madame recevait de ses « dirigés » toutes les confidences. Un jeune profès, que je soignais, me dit un jour qu'il lui arrivait de se masturber, et que, d'ailleurs, il s'en était ouvert à Madame. « Comment, lui dis-je, avez-vous eu la hardiesse de lui parler de cela ? Vous ignorez donc qu'elle est entrée jeune au monastère, et qu'en tout cas il est des choses qu'elle ne doit jamais entendre de la bouche d'un jeune homme ? » — Madame, au récit que lui en fit l'intéressé, se récria, déclarant qu'elle avait le droit de tout entendre, et protesta contre mon observation. » — Lettre de dom Sauton du 16 mars 1911.

3. Dans la troisième partie de son Mémoire, dom Sauton ajoute : « Ses filles étaient encore plus privilégiées. Quelques-unes d'entre elles, et j'en pourrais citer, recevaient de Madame le divin poupon et devaient aussi lui donner le sein. Elles décrivaient aussi aux frères intimes les chastes émotions de cet allaitement virginal. »

s'aimaient comme frères et sœurs, se voyaient à la grille et s'écrivaient d'amphigouriques billets.

Tous les moines n'étaient naturellement pas assez intéressants pour devenir les fils de l'Abbesse. Ceux qui n'y pouvaient prétendre étaient cependant admis à recevoir de temps en temps ses conseils ou des marques d'intérêt et de protection. Il suffisait pour cela qu'ils s'inclinassent avec vénération devant sa sainteté officielle et que, dans les affaires de la congrégation, ils votassent conformément à ses désirs [1].

Dom Couturier, qui considérait l'Abbesse comme l'héritière, « entre tous », de l'esprit de dom Guéranger, avait donné à ses moines la permission générale de la voir et de correspondre avec elle en toute liberté. Mais il ignorait la fréquence de leurs entrevues et de leurs lettres. On évitait avec soin son contrôle. L'Abbesse exigeait de ses dirigés un secret absolu. Dieu seul devait être leur témoin. Ainsi s'expliquent certaines excentricités que dom Couturier n'aurait jamais tolérées s'il les avait connues, et qui lui furent seulement révélées trop tard, dans sa dernière maladie, par son médecin, dom Sauton, un des fils spirituels de l'Abbesse, — son Tiburce [2].

---

1. Dans cette catégorie de moines, que des opposants appelaient « les partisans » de l'Abbesse, on peut nommer les Pères Legeay, L'Huillier, Cagin, Joumier, Meunier, Marsille, Bernard Joliet, Démaret, Marais.

En face des « fils » et des « partisans », catégories qui formaient le parti des « Jeunes » ou « Céciliens », il y avait les « étrangers » et les « adversaires » qui constituaient le parti des « Anciens » ou « Anti-Céciliens ».

Les « étrangers » ne s'occupaient pas de la spiritualité de l'Abbesse et souffraient discrètement de son ingérence dans les affaires de l'abbaye. Parmi eux on peut nommer les Pères Mondeville, Fonteneau, Pierdait, Chevallier.

Les « adversaires », qui étaient peu nombreux, osaient se plaindre ouvertement de son ingérence et suspecter sa spiritualité et ses visions. C'étaient les Pères Fonteinne, Piolin, Noël, Renaud, Rigaud.

2. Dans son Mémoire au Saint-Office (voir ci-dessous, p. 196), dom

VIII

TIBURCE
(*1886-1888*)

Le 22 mars 1886, un moine de Saint-Pierre, dom Sauton, allait au parloir de l'Abbesse pour solliciter d'elle le bienfait de sa direction. Dom Couturier lui avait conseillé cette démarche. Après une assez longue hésitation, il se rendait. Il ne voyait plus dans l'Abbesse une femme, mais une sainte.

Dom Sauton allait bientôt avoir trente ans. Docteur en médecine, il passait pour un excellent praticien. Sa vocation monastique ne présentait aucun caractère de caprice. Étudiant en médecine, il avait pris l'habit bénédictin à Solesmes en 1879 et, sur le désir exprès du convent, il s'en était retourné à Paris achever ses études et conquérir son doctorat. Il était revenu au monastère en 1884, ayant donc eu le temps de mûrir ses idées. Laborieux, aimable, distingué, il aurait pu, dans le monde, fournir une belle carrière. Il n'avait qu'un défaut physique : une légère claudication.

La direction à laquelle l'Abbesse soumit dom Sauton suivit le cours normal de ses idées. Un jour, elle lui apprit sa nouvelle naissance. Elle l'appela Tiburce, nom du

Sauton parle « de lettres respirant la passion la plus échevelée ».
Les seules lettres venues à ma connaissance, celles d'une religieuse distinguée à dom de La Tremblaye, qu'elle appelait « mon doux René », n'étaient pas « échevelées », mais étranges. On ne savait comment les entendre ; c'était entre le zist et le zest.

beau-frère de sa sainte patronne. Elle le mit en rapports, —
par visites au parloir et par lettres, — avec quelques-
unes de ses filles, des âmes sœurs. Elle l'introduisit également
ment auprès d'une femme du monde, Mme veuve Daniel-
Lacombe, née Marguerite Landeau, qui habitait Solesmes[1].
C'était son amie d'enfance ; elle avait été dirigée par dom
Guéranger ; l'Abbesse la dirigeait depuis la mort du
« père abbé du ciel » ; elle l'appelait sa « perle »[2].

Cependant, vers le commencement de 1888, dom Sauton, doutant de la réalité des phénomènes mystiques
devant lesquels il s'était incliné jusque-là, attira l'attention
de l'Abbesse sur l'état de sa santé. Elle se fâcha et, pour
que le médecin ne pût lui nuire dans l'esprit du Père Abbé
et de la Communauté, elle résolut de le déconsidérer. Elle
ne réussit pas tout d'abord à le brouiller avec dom Couturier, mais elle finit par trouver un terrain de succès.

Au mois de novembre 1887, Mme Daniel-Lacombe était
tombéo gravement malade. Comme elle appartenait à la
famille spirituelle de dom Guéranger, dom Couturier
donna à dom Sauton l'obédience formelle de la soigner.
L'Abbesse elle-même approuva que son « petit docteur »
soignât sa « sœur Marguerite ». Mais les mécréants du
pays s'égayèrent de ce qu'un moine fût le médecin attitré

1. Elle mourut à Paris le 5 décembre 1901.
2. Voici en quels termes elle lui écrivait, le 19 juillet 1886, à propos
de sa fête :
    « Ma très aimée Marguerite,
    « Bonne double fête ! Tu sais bien que les mots ne disent rien de ce
que je voudrais te dire, mais que toute mon âme est avec toi. Notre
vieille amitié s'est rajeunie ; elle a pris les teintes fraîches et les profondeurs de l'Éternité. Après cela, que dire ? D'ailleurs, tout est *un*
entre nous, les pensées et les sentiments, les œuvres, les joies, les
souffrances, les lumières ; nous n'avons qu'un but, qu'un amour.
    « Ma belle petite perle, je veux que tu croisses toujours en capacité
d'amour et que le Maître trouve toujours plus en toi sa joie et ses
complaisances.
    « Ma chère petite sœur, viens que je te cache au plus profond de
mon cœur. Je t'aime bien. »

d'une femme fort belle, malgré ses quarante-cinq ans, et qu'il la visitât régulièrement deux fois par jour. L'Abbesse porta l'attaque de côté. Elle fit entendre à dom Couturier que Mme Daniel-Lacombe avait le cerveau dérangé ; que dom Sauton, qui la soignait en bon médecin, avait le tort de la vouloir diriger pour le spirituel et que, peut-être, tout n'était pas mal fondé dans certaines plaisanteries qui couraient le pays.

Le Père Abbé ne retira pas à son moine l'ordre de soigner la malade. Seulement, il lui fit une scène douloureuse[1].

Dom Sauton fut ordonné prêtre le samedi saint, 31 mars 1888.

Ce jour-là même, il demanda au Père Abbé de porter, le lendemain, jour de Pâques, la communion à Mme Daniel-Lacombe. Dom Couturier répondit avec colère : « Non, je m'y oppose absolument, vous m'entendez. Je suis étonné de cette demande ; c'est de la plus haute et de la plus grave inconvenance, et je n'entends pas que vous fassiez de la spiritualité ensemble. »

Dom Sauton savait d'où partait le coup. Il en reçut d'autres. A mauvaise fortune, il fit bon visage, et s'efforça d'éviter une rupture. Il craignait, à bon droit, que l'Abbesse, par ses intimes et ses partisans, ne lui rendît la vie de communauté extrêmement pénible[2]. Il ne parvint

1. Voir ci-dessous, page 150.
2. A cette époque, j'étais au noviciat de Solesmes. Je vis le commencement de sa mise au ban de la Communauté. Le maître des novices et le zélateur nous le dénigraient. J'en étais d'autant plus surpris que nous n'avions aucune relation avec lui ; que, vu de loin, il semblait triste et doux, et que je ne remarquais rien de répréhensible dans ses façons. Comme je servais des messes je le rencontrais souvent le matin à la sacristie. Il faisait son action de grâces dans un coin, toujours le même, et versait souvent des larmes. Ces larmes, chez un prêtre nouvellement ordonné, et l'aversion qu'on lui témoignait m'étonnaient. On me dit qu'il était illuminé ; je le crus tout simplement.

pas à se sauver parce que, loin de rétracter ses avis, il crut devoir les réitérer. L'Abbesse comprit qu'il la jugeait hystérique. « J'ai perdu votre estime », lui dit-elle un jour. Et, comme il protestait de son mieux, elle lui coupa la parole : « Mon cher Père, quand l'estime disparaît, tout disparaît ».

Mmme Daniel-Lacombe essaya vainement de négocier un rapprochement [1].

La rupture était consommée.

Désormais l'Abbesse n'appellera plus dom Sauton Tiburce, mais, — à cause de sa claudication, — Tyrtée.

---

1. Voyez ci-dessous, page 163, la réponse de l'Abbesse à Mmme Daniel-Lacombe. J'en rappelle ici quelques termes modifiés par dom Sauton :
« Réflexion faite, je préfère que tu ne dises rien à dom Sauton. ... Puis tu n'as pas besoin d'émotions... Attendons, ma bien-aimée.., »

IX

L'AFFAIRE DES NOTES
(1886-1887)

Au mois de février 1886, le cardinal Pitra vint de Rome
à Nîmes assister aux obsèques de sa sœur, supérieure des
Filles de la Charité de cette ville. En revenant, il descen-
dit à l'Abbaye de Marseille. Dom Gauthey, croyant lui
être agréable ou lui rendre service, lui communiqua trois
gros volumes de notes qu'il venait justement de recevoir.

Leur auteur était l'Abbesse, qui recueillait dans de nombreux dossiers toutes les informations relatives au premier
abbé et à l'histoire de la Congrégation. La partie que dom
Gauthey avait alors sous la main présentait un intérêt
capital pour le cardinal. C'était le récit des années labo-
rieuses de la fondation de Solesmes, avec celui de l'établissement et de la ruine du petit prieuré de Paris, dont le
Prince de l'Église avait été l'infortuné supérieur et l'insol-
vable propriétaire[1]. Le cardinal passa toute la nuit dans
cette lecture. Le lendemain, en partant, il recommanda au
Père Abbé de prier l'auteur de détruire plusieurs pièces
fâcheuses et de garder le silence sur divers incidents.

De retour à Rome, le cardinal parla de sa lecture à son
secrétaire, Mgr Battandier. Celui-ci lui représenta que le
souci de son honneur ne lui permettait pas de laisser cette
affaire sans suite; qu'il était vraiment étrange qu'on eût
tant écrit sur une matière qu'il connaissait mieux que per-

1. Sur l'histoire de ce prieuré, voyez Ledru, ouvrage cité, p. 152-191.

sonne, sans faire appel à ses souvenirs, et que, sans doute, on voulait élever un piédestal à dom Guéranger au détriment de la réputation d'autrui.

Des bénédictins ont prétendu plus tard que les arguments de Mgr Battandier venaient moins de son attachement pour son maître que de son désir de connaître lui-même une mystérieuse période de la vie du cardinal qu'il avait dessein d'écrire. Quoi qu'il en ait été, celui-ci pria l'Abbesse de lui communiquer les volumes qui le concernaient. Elle refusa. Il insista, et fut éconduit d'une manière cassante.

Les suggestions du secrétaire n'en parurent que plus plausibles au cardinal, fort étonné d'être ainsi traité par celle qu'il considérait depuis dix ans comme sa « mère spirituelle ». Il résolut alors de s'adresser à dom Couturier. Le plus illustre membre de la Congrégation, un prince de l'Église, demandait au supérieur général qu'on lui communiquât des papiers intéressant au plus haut point son honneur. L'Abbé était encore trop sous l'influence de l'Abbesse pour répondre autrement que par des fins de non-recevoir.

Le cardinal écrivit alors à dom Gauthey :

« Je m'adresse à vous, cher ami, parce que dom Couturier n'a été en cette affaire ni charitable, ni courtois. Il affecta de ne m'en rien dire et même de ne pas m'écrire à cette occasion. J'ai dû rompre la glace, ce qui m'attira deux lettres des plus maussades. Le bon Abbé attend peut-être mes excuses.

« Pour tout vous dire, étant à Solesmes[1], je sondai le terrain pour provoquer des explications sur le prieuré. L'Abbesse me dit à peu près que son siège était fait. J'y revins par écrit, sachant que Mgr de Poitiers était dans la confidence. On ne daigna pas me répondre sur ce point. Etait-ce un parti-pris ?[2] »

Dom Gauthey se mit tout de suite à négocier. L'Ab-

1. Lors de son voyage de 1875. — Cf. ci-dessus, chap. III, page 12.
2. Lettre du 14 août 1886.

besse le remercia courtoisement de son intervention, mais ajouta que sa résolution était inébranlable. Elle disait :

« Entre nous, s'il m'eût écrit qu'il savait que j'écrivais des notes et que j'eusse à prendre garde, parce qu'il y avait sur les affaires de Paris des choses que lui seul savait, je l'aurais questionné et me serais entendue avec lui. Mais m'accuser, comme il le fait, de l'avoir systématiquement évincé pour pouvoir mentir tout à mon aise et élever un piédestal à dom Guéranger avec la réputation d'autrui, comme le dit Mgr Battandier, c'est une criante injustice.

« Oui, le cardinal m'a parlé des affaires de Paris quand il est venu à Solesmes. Il m'en a parlé comme de tous ses chagrins passés. J'y retrouvai *tout* ce que j'avais entendu toujours raconter à dom Guéranger, mais alors je n'avais et je ne pouvais avoir aucune intention d'écrire les notes[1]. J'écoutais comme on écoute les anciens en famille pour garder les traditions. Je ne questionnais pas, puisqu'on me disait spontanément ce qui m'intéressait et que je sentais cette corde toujours douloureuse. Je me contentai d'assurer le cardinal que jamais je n'avais entendu le Père Abbé parler autrement que lui de ces affaires ; je le lui disais pour le consoler et lui prouver dans quelle respectueuse affection pour lui nous avions été élevées. Est-ce là ce que veut dire le cardinal en disant que je lui *répondis à peu près que mon siège était fait*[2] ? »

En même temps qu'elle expliquait longuement à dom Gauthey les raisons de sa détermination, elle notifiait elle-même brièvement son refus au cardinal. Celui-ci en informa l'abbé de Sainte-Magdeleine.

« Madame l'Abbesse m'a écrit en peu de lignes son ultimatum. Sans un mot ni d'excuses, ni de condoléances, ni de compatissance, elle finit par en appeler à Dieu qui fera la lumière.

« J'espère que la sommation ne sera pas brusquement suivie de la prise de corps, et compte bien, du reste, qu'au grand tribunal, il y aura, pour ce qui me concerne, autre chose à discuter que ces fantaisies et fatuités féminines[3]. »

1. Jusqu'à quel point cette assertion est-elle exacte ? Du vivant même de dom Guéranger, les bénédictines, sous la direction de l'Abbesse, avaient commencé à recueillir et à compiler tout ce qui se rapportait à lui.

2. Lettre de l'Abbesse à dom Gauthey, 1er septembre 1886.

3. Lettre du 21 septembre 1886. — L'appel à Dieu était un procédé

Scandalisé et peiné de voir rappeler à propos d'une sainte les défauts du sexe, dom Gauthey communiqua au cardinal la lettre qu'il avait reçue de l'Abbesse et il la communiqua pareillement à dom Couturier, en l'avertissant qu'il l'envoyait à dom Pitra. L'abbé de Solesmes fut, comme il le dit lui-même, « renversé » de ce que l'Abbesse avait osé écrire. Il ajouta pour le compte de dom Gauthey :

« Comment êtes-vous assez ignorant des hommes et de notre cardinal, en particulier, pour croire qu'une pareille lettre ne lui serait pas très blessante ? En vérité, vous vivez trop au-dessus de notre pauvre terre et vous croyez que tous peuvent et doivent s'élever avec vous. Enfin, puisque Dieu a permis cette illusion, je ne doute pas qu'il ne veuille en tirer sa gloire, pour notre plus grand bien à tous [1]. »

Dom Gauthey répliqua :

« Vous m'avez fait rire en me disant que j'étais bien ignorant des hommes et de notre cardinal pour croire que l'envoi de la lettre de Madame l'Abbesse ne lui serait pas très blessante. Mais je le savais très bien ; je le lui disais à lui-même tout en ajoutant que j'espérais qu'il y trouverait, s'il le voulait, de quoi se guérir de ses blessures. J'ai voulu joindre l'utile au désagréable...

« Cette communication n'a en somme pas empiré les choses qui étaient déjà à tout leur degré d'acuité, et elle a semé beaucoup de choses qui porteront de bons fruits ; pour moi, je suis content de l'avoir envoyée [2]. »

dont l'Abbesse usait dans ses discussions ou embarras. Je l'ai entendu raconter plusieurs fois. Il en existe un autre témoignage dans le Mémoire de dom Sauton au Saint-Office. Voyez ci-dessous, p. 160.

Est-il nécessaire d'ajouter que le cardinal n'avait aucune notion de la psychologie morbide ? Il écrivait à dom Couturier, le 10 mars 1884 « Le surnaturel éclate d'autant plus, comme dans sainte Thérèse et sainte Hildegarde, que le vase est plus fêlé et concassé... Je crois bonnement que, dans toutes les maladies, Dieu et aussi le diable ont leur part d'action pour notre plus grand bien. C'est la foi de Garo, qui fait bien de ne pas trop s'enquérir ni du gland ni de la citrouille. *Honni soit qui mal y pense...* »

1. Lettre du 17 octobre 1886.
2. Lettre du 27 octobre 1886.

Le cardinal répondit à dom Gauthey :

« 15 octobre 1886.

« Bien cher Abbé,

« Vous souffrez de mes lettres et peut-être souffrez-vous de mon silence. Un gros ennui, dont je vous dirai peut-être un mot plus loin, m'a retardé.

« Je vous écris d'ordinaire un peu pour me distraire et me réjouir au moins avec vous ; aussi, avec vous souvent, trop souvent peut-être, je prends la plume légère et badine en vieil ami. Mais quelle malchance, si vous prenez mon badinage au tragique ! et si mon pauvre vieux badinage me représente *accablant, écrasant, piétinant* sur une victime, et quelle victime, une sainte abbesse !

« Il ne manquait plus que cela. *Tu quoque, fili !* Être assez maladroit pour ne pas même me faire comprendre de vous ! Cependant vous avez compris la bonne abbesse qui, à son tour, s'amuse un peu avec vous. Vous n'avez pas lu selon la lettre qui tue les huit à dix pages que vous m'avez spontanément transmises ; vous avez fait la part d'un enjouement de moniale, plus ou moins bien trouvé, où un cardinal fait fausse route et piètre campagne, *peu honorable et peu avantageuse,* où ce n'est qu'un mélancolique, aimant à parler de ses maux, qu'il ne faut pas prendre au sérieux, qu'il ne faut pas écouter même pour écrire son histoire ; il faut sourire et souligner ce qu'il écrit sur son *decorum*, et, s'il se plaint (c'est qu'il veut se taire), il n'y a qu'à rester *coi*, etc. Vous n'avez pas davantage, cher abbé, pesé au trébuchet la sortie très accentuée contre la mondanité frivole de votre ami à la barbe si grave [1]. On l'a jugé depuis longtemps, il compromet le cardinal, etc.

« Mais, le plus singulier, c'est qu'après nos vingt à trente ans d'intimité, je n'ai pas encore pu vous prouver ma nature si facilement affectueuse, aimante, incapable, grâces à Dieu, d'avoir jamais eu rancune contre qui que ce soit.

« Enfin, rassurez-vous ; je n'ai pas à me réconcilier avec Madame l'Abbesse, car je ne lui en ai jamais voulu ; je ne lui en veux pas plus qu'elle-même ne m'en veut assurément. J'ai pris, comme vous, la liberté de ne pas trouver heureuse l'idée et l'énorme fatigue de raconter toute la chronique scandaleuse de la congrégation [2]. J'ai eu la curiosité de voir ce qu'elle disait sur mon

1. Mgr Battandier.
2. L'Abbesse raconte le procès canonique d'un moine de Solesmes, dom Lacombe, qui n'avait pas craint d'aller avec son saint habit dans un lupanar du Mans. Elle raconte aussi une prétendue scène de pédérastie dans la sacristie de Saint-Pierre. (Sur cette seconde affaire, voyez A. Ledru, ouvrage cité, p. 280-284.)

compte. Vous avez bien voulu demander pour moi cette faveur ; j'ai dû réclamer un droit, comme vous auriez fait vous-même, si dom Menault avait fait sombrer votre maison dans son scandale, vous étant son prieur, et si on venait à raconter au long cette histoire, à l'écrire en gros volumes qui circulent, tout cela à votre insu. Voilà comment j'*accable*, *écrase* et *piétine*.

« Un mot maintenant sur le gros ennui qui n'est pas fini et qui tient aussi au Prieuré de Paris. Vous aviez bien raison de trouver que le diable est en cette affaire.

« M. Lesobre, qui vous est connu[1], m'écrit fin septembre[2] qu'il faut lui prêter 30 000 francs sans délai. Je tarde quelques jours de lui répondre ; seconde lettre avec sommation urgente qui se croise avec ma courte réponse négative. Troisième lettre furibonde, où il exige *comme son dû* (textuel), en vingt-quatre heures, 55 000 francs, avec menace de livrer un pamphlet au public, avec tout le dossier des affaires de Paris, et de donner ce factum à Rochefort et à son *Intransigeant*. Il porte cette lettre, non pas à la poste, mais à la nonciature, avec un fatras de pièces diffamantes, qu'il a lues, dit-il, au nonce. Le nonce s'inquiète, retient la lettre, mais m'écrit une longue dépêche ébouriffée. J'ai pu en deux petites pages tirer tout au clair et le rassurer. Entre temps, Lesobre m'adresse un second et un troisième exemplaire, à chaque courrier, de sa lettre des plus outrageantes. Puis télégramme à Solesmes ; envoi d'un moine à Paris qui trouve la nonciature calmée. Enfin cinquième et dernière lettre de chantage, déclarant qu'on renonce à Rochefort, mais qu'on rédige un mémoire qui arrivera, vers le 15, au Pape pris pour juge, avec toutes pièces à l'appui. Nous en sommes là.

« Avez-vous remarqué dans le gros volume des *Notes* que cet agresseur à la façon du *riscatto* italien a constamment, dans les affaires de Paris, le rôle le plus galant, le plus chevaleresque, sans un seul mot de réserve ? Il aurait beau jeu, si ce volume tombait entre ses mains. Convenez que là au moins les *Notes* ont besoin d'être annotées. Mais n'en parlons pas. Je ne suis qu'un mélancolique rabâchant en noir.

« Gaiement, cependant, je me permets de vous embrasser et de vous bénir, en me recommandant à Sainte Magdeleine et à Saint Barnabé.

« Votre cordialement dévoué,

† J.-B. P. »

1. M. Lesobre fut l'avocat-conseil de Solesmes dans les affaires du prieuré de Paris.
2. « Fin septembre » 1886.

Le chapitre général, qui se tint à Solesmes du 7 au 9 décembre suivant, fournit à dom Gauthey l'occasion de reprendre ses négociations. Il vit l'Abbesse et, par des prodiges de diplomatie, obtint que le cardinal aurait communication d'un volume de notes, — le seul strictement intéressant pour sa mémoire, — l'histoire du prieuré de Paris.

Après le chapitre, les trois abbés de la congrégation se rendirent à Rome pour fêter le cinquantenaire du sacerdoce de leur cardinal. Il les reçut cordialement; dom Couturier ne retrouva cependant pas l'accueil d'autrefois. Dom Gauthey resta *persona gratissima*. Toujours plein d'attentions délicates, il avait amené avec lui un de ses jeunes moines, dom Le Bourgeois, pour que le cardinal lui conférât la prêtrise à la messe solennelle de son jubilé.

Un peu plus tard, le cardinal renvoyait à dom Gauthey le volume qu'il avait pu relire grâce à ses bons offices. Il lui disait :

« On aime à se rappeler même ce qui est triste, comme l'étrange prieuré de Paris, dont nous avons beaucoup parlé. J'y suis revenu surtout en lisant de plus en plus attentivement les *Notes*. Je me vois toujours en présence du devoir impérieux qui m'oblige de sauvegarder mon honneur, surtout après les serments du *Sacré-Collège*. Je me vois obligé de protester contre presque toutes les notes qui me concernent dans ce gros volume que je vous renvoie [1]. »

Le plus clair résultat de ces incidents fut l'ébranlement de la famille spirituelle de Solesmes.

Dom Pitra s'en détacha. Il n'eut plus avec sa Congrégation d'autre trait d'union que son fidèle abbé de Marseille. Il avait d'abord voulu être enterré aux pieds de dom Guéranger; puis il avait obtenu des moniales de Sainte-Cécile une décision capitulaire lui accordant la faveur de reposer dans leur monastère. « L'affaire des Notes », comme on

____

1. Lettre du 25 janvier 1887.

disait à Solesmes, modifia cette volonté suprême. Il choisit Rome même pour le lieu de sa sépulture.

Quant aux abbés de Marseille et de Solesmes, ils furent très surpris de la raideur de l'Abbesse dans cette affaire et de la complète indifférence qu'elle témoigna de sa rupture avec le vieux cardinal[1]. Ils doutèrent que sa sainteté fût vraiment aussi consommée qu'ils l'avaient crue jusque-là.

1. Dans son Mémoire, 3ᵉ partie, dom Sauton raconte que l'Abbesse, après avoir lu la dernière lettre qu'elle reçut du cardinal, ajouta : « Vous ne sauriez croire, mon petit Tiburce, la joie secrète que me cause le mépris dont me couvre la pourpre d'un cardinal. »

X

LA PRÉPARATION DE LA TEMPÊTE
(*1888-1892*)

Lorsque, au mois de mai 1888, mourut le prieur de Saint-Pierre [1], l'Abbesse sut déterminer dom Couturier à lui donner dom Delatte pour successeur. Si humble, si saint qu'il fût, l'Abbé ne tarda pas à regretter son choix. Par son prieur, l'Abbesse avait pris le gouvernement non seulement de l'abbaye, mais encore d'une partie de la Congrégation. Elle traita dom Couturier comme n'existant plus et conclut avec dom Delatte les arrangements nécessaires aux fondations qu'elle projetait.

Ces incidents attristèrent et affaiblirent la robuste vieillesse de dom Couturier. Il fut soigné par dom Sauton. Les confidences qu'ils pouvaient échanger n'étaient pas réconfortantes [2].

Dom Couturier mourut le 29 octobre 1890, à l'âge de soixante-treize ans.

Le 9 novembre, le prieur était élu abbé, au milieu d'incidents irritants et qui préparaient un règne orageux. Ce choix fut l'œuvre de l'Abbesse, dans la mémoire de laquelle les événements s'arrangèrent à la manière mystique. Elle déclara, plus tard, que, onze mois à l'avance, Notre-Seigneur lui avait montré tout ce qui allait se dérouler durant l'élection et qu'il lui avait aussi montré que

1. Voyez ci-dessous, page 177.
2. Voyez ci-dessous, pages 178-181

ceux qui faisaient opposition à dom Delatte étaient les « suppôts du diable ».

Le nouvel élu se conduisit à la manière de Roboam : « Il laissa le conseil que les vieillards lui avaient donné, et il consulta les jeunes gens qui avaient grandi avec lui ».

Les « Anti-Céciliens », les « Anciens », ceux qui étaient connus pour ne pas être partisans de l'Abbesse et de sa mystique, ceux qui furent soupçonnés de ne pas avoir voté pour son candidat, ceux-là furent immédiatement disgraciés. Les « Jeunes » les soumirent à des brimades.

Dom Logerot, qui avait eu le malheur d'être au scrutin le rival de dom Delatte, fut relégué au monastère de Saint-Maur-sur-Loire, le « dépotoir » de la Congrégation.

Dom Sauton reçut la défense de soigner toute autre personne que les moines. Il ne put exercer son art en faveur des serviteurs et des employés du monastère.

Les relations des moines et des moniales devinrent plus fréquentes et plus intimes, à tel point qu'en 1891 les deux visiteurs canoniques de Solesmes, dom Gauthey et dom Bourigaud, durent attirer l'attention de dom Delatte, dans une note confidentielle annexée à la charte de visite, sur les dangers de ces rapports. Cette note resta sans effet. L'Abbé et l'Abbesse, accompagnés l'une d'un moine et l'autre d'une moniale, firent même ensemble, au mois de juillet, un voyage en Angleterre. Cette « partie carrée » fut ridiculisée, mais ni l'Abbé ni l'Abbesse n'y prirent garde ; les rapports continuèrent entre les monastères.

Inquiet de ces excentricités, dom Bourigaud consulta l'archevêque de Paris, le cardinal Richard, qui émit l'avis de prévenir Rome. Ce sentiment pouvait d'autant plus se justifier que, le 17 décembre 1890, la sacrée Congrégation des Évêques et Réguliers avait publié un décret sévère au sujet de la direction spirituelle que certaines supérieures de couvents s'avisaient d'imposer à leurs religieuses. Ce décret s'appliquait certainement à la conduite que tenait dans son propre monastère l'Abbesse de Sainte-Cécile[1]. Mais, à Rome, on n'avait pas imaginé le cas d'une nonne imposant ou cherchant à imposer sa direction à des religieux.

Si l'on tablait sur ce décret, deux moines désillusionnés, victimes de la direction de l'Abbesse, pouvaient donner leur témoignage : c'étaient dom de La Tremblaye et dom Sauton. Ils consultèrent pour savoir s'ils devaient informer Rome. L'archevêque de Rouen (le cardinal Thomas), son auxiliaire (Mgr de La Passardière), l'archevêque de Bourges (Mgr Marchal) leur en firent une obligation de conscience.

Les deux moines se mirent donc à écrire séparément leurs expériences. Leurs mémoires étaient terminés au mois de novembre 1891 et munis de pièces justificatives : autographes de l'Abbesse, photographies de ses lettres, documents divers.

Ils rédigèrent ensuite un cas de conscience qui devait être remis au pape lui-même, sous le secret de la confession : « Un tel, moine, sachant et voyant telles choses, est-il tenu en conscience de les dénoncer ? » Si la réponse était affirmative, on remettrait les mémoires au pape.

Mgr Marchal et Mgr de La Passardière avaient promis de porter à Rome les cas de conscience et les mémoires. Mgr Marchal mourut. Mgr de La Passardière retarda son voyage. Dom Bourigaud prit alors sur lui, sans en

---

1. Lorsqu'elle eut connaissance de ce décret, l'Abbesse s'empressa de déclarer qu'il était nécessaire, mais qu'il ne concernait pas la France, encore moins le monastère de Sainte-Cécile. Elle n'en tint aucun compte, bien que, plus tard, elle ait affirmé le contraire en disant que, dès lors, elle avait cessé toute direction.

informer les deux moines, d'écrire à Rome et de signaler l'existence des pièces qui étaient entre les mains de Mgr de La Passardière. Au nom du Saint-Office, le cardinal Monaco La Valetta enjoignit à l'évêque et aux deux moines de livrer leurs documents. Ils furent remis au cardinal, le 24 avril 1892. L'instruction de l'affaire commença.

Dans ce temps-là même, un dignitaire de Solesmes se trouvait à Rome pour y traiter ce que les bénédictins appelaient « la question de Saint-Barnabé » : l'abbé de Solesmes, poussé par l'Abbesse, voulait faire contraindre par Rome dom Gauthey à transférer dans la banlieue de Marseille, à Saint-Barnabé, sinon son abbaye tout entière, du moins la plus grande partie de sa communauté, afin de préparer les voies à une fondation projetée par les bénédictines[1]. Quelques indiscrétions commises au protocole de la Congrégation des Évêques et Réguliers mirent le dignitaire sur la piste, et l'on sut bientôt à Solesmes que l'Abbesse était dénoncée.

Pour arrêter son procès, le dignitaire, au nom de dom Delatte, obtint du pape une audience dans laquelle il affirma que les allégations portées devant le Saint-Office n'étaient qu'un tissu de calomnies, que les dénonciateurs n'étaient que des rebelles dont les misérables agissements couvraient de honte la Congrégation tout entière.

Léon XIII ordonna de classer l'affaire et d'infliger aux deux rebelles un châtiment mérité.

D'accusateurs, dom de La Tremblaye et dom Sauton étaient transformés en accusés, bien plus, en coupables.

Comme ils s'étaient retirés tous les deux à l'abbaye de

---

1. Dom Gauthey désirait que les bénédictines s'établissent près de Marseille, mais il ne voulait pas et il savait que l'évêque diocésain ne voudrait pas que les deux monastères fussent aussi proches que le voulait l'Abbesse.

Ligugé, les Céciliens voulurent leur faire un procès en règle, afin de forcer dom Bourigaud, soit à les condamner à des peines monastiques, soit à les chasser. L'un et l'autre furent accusés de nombreuses infractions à l'observance. Contre dom Sauton on releva un délit plus grave. Malgré les défenses du droit canonique, il avait soigné une séculière, Mme Daniel-Lacombe.

Les enquêtes canoniques ouvertes sur le cas de dom de La Tremblaye le justifièrent assez rapidement. L'affaire de dom Sauton fut plus longue. Il dut comparaître devant l'Ordinaire de Poitiers, le 18 octobre (1892), envoyer un mémoire justificatif, le 3 novembre, au cardinal Monaco La Valetta, et finalement se rendre devant le Saint-Office, au mois de janvier 1893. Il put établir qu'en soignant Mme Daniel-Lacombe, il n'avait fait qu'obéir à son supérieur.

Le Saint-Office reconnut le caractère calomnieux des accusations portées contre lui et demanda au pape la permission de reprendre le procès de l'Abbesse. Dom Bourigaud et les deux dénonciateurs comparurent plusieurs fois devant le tribunal suprême de l'Inquisition, leurs dépositions étant toujours précédées du serment de ne dire que la vérité.

Lorsque le tribunal les eut congédiés, dom de La Tremblaye vint s'installer à Paris, où dom Bourigaud voulait fonder un petit prieuré, pied-à-terre des religieux qui viendraient travailler à la Bibliothèque et aux Archives Nationales [1]. Quant à dom Sauton, il avait, en 1891, solli-

---

1. Cette fondation fut établie comme « celle ou résidence régulière » le 18 février 1893, avec l'approbation de l'archevêque de Paris. Elle fut d'abord installée dans un appartement de la rue Garancière ; en 1895, on la transporta rue Vaneau, n° 34 ; en 1897, rue de la Source, 5, à Auteuil, où l'on construisit un petit monastère, érigé en prieuré conventuel en 1900. Le premier prieur fut dom Antoine du Bourg.

cité et obtenu de Rome la permission de se consacrer au soin des lépreux. Il s'en fut étudier leur maladie dans les pays scandinaves.

XI

DEVANT LE SAINT-OFFICE
(*1893*)

Le 8 avril 1893, le Saint-Office ordonnait à dom Delatte de s'expliquer sur ce qui le concernait dans les mémoires déposés au sujet de l'Abbesse. Il devait envoyer une justification écrite ou bien venir se mettre à la disposition du tribunal suprême.

Dom Delatte était parti pour Rome le mardi de Pâques, 4 avril, avec son prieur, afin d'assister à la pose de la première pierre de l'église bénédictine de Saint-Anselme, sur l'Aventin. Il arriva juste à point et comparut au moins deux fois devant l'Inquisition, du 8 au 14 avril. Ses explications ne furent pas acceptées. On le déclara suspendu de ses fonctions et on lui ordonna de résider à Subiaco en attendant des mesures ultérieures. On nommait un abbé intérimaire; le prieur était cassé; toutes relations entre les deux monastères de Solesmes étaient interdites ; les moniales seraient placées sous la juridiction de l'évêque et auraient des prêtres diocésains pour confesseurs et chapelains [1]. Ces décisions du Saint-Office furent signées par Léon XIII le 14 avril.

Le 5 mai, l'évêque du Mans, Mgr Labouré, se rendit à

---

1. Ces prêtres furent MM. Lepeltier et Blot, qui desservaient un sanctuaire voisin, Notre-Dame du Chêne. L'Abbesse les subjugua immédiatement et les bénédictines leur ont conservé une vive reconnaissance pour la manière dont ils se comportèrent envers elles dans ces circonstances douloureuses.

Solesmes, avec un mandat du Saint-Office, pour les promulguer et pour installer dom Gauthey comme abbé intérimaire [1]. Le conseil des moines se réunit et lui demanda d'entendre tous les religieux en particulier. L'évêque se prêta à ce désir : il ne posa pas de questions ; il se contenta d'écouter. Tous les religieux déplorèrent les mesures prises par Rome comme de nature à déshonorer l'abbaye ; tous affirmèrent qu'il n'y avait aucun scandale de mœurs ; quelques-uns seulement incriminèrent la mystique de l'Abbesse et son ingérence dans les affaires des moines. L'évêque vit ensuite l'Abbesse, qui se défendit avec dignité [2]. Dès lors il résolut de demander à Rome d'étouffer le procès : il lui semblait inutile de faire du bruit à propos de théories mystiques.

Les mesures prises par le Saint-Office ne furent pas divulguées dans la presse. Le public ne les connut que lentement et oralement. On les commenta. La malignité et la grossièreté populaires s'obstinèrent à prendre le change sur l'affaire. Comme l'Abbé était frappé, on le crut l'amant de l'Abbesse. Des partisans de l'Abbesse exploitèrent eux-mêmes ces commérages pour manifester plus hautement en sa faveur et pour décrier plus vivement dom Sauton et dom de La Tremblaye, tout en sachant bien que ces deux dénonciateurs n'avaient pas attaqué les mœurs de dom Delatte et que les maternités qu'ils avaient dénoncées n'étaient, d'après eux-mêmes, que des illusions de l'esprit. Les gens modérés se contentaient de croire et de dire que

1. Mgr Labouré n'avait pas ignoré les trop grandes relations des deux monastères. Il avait même fait adresser à ce sujet des observations à dom Couturier, par le métropolitain, Mgr Meignan, un jour qu'il les avait réunis à table. Le Père Abbé n'avait pas cru devoir tenir compte de ces avis, estimant les deux prélats trop peu mystiques.

2. A ceux qui lui reprochaient d'être tombée dans de graves illusions mystiques, elle répondait simplement : « J'ai suivi les avis de mon directeur ».

l'affaire sentait le quiétisme et qu'il y avait quelque ressemblance entre l'Abbesse et Mme Guyon [1].

Les bénédictines, voyant leur supérieure menacée, n'employèrent pas uniquement la prière et les autres moyens mystiques pour la sauver. Elles comptaient parmi elles deux princesses de Lœwenstein, filles d'un des plus grands seigneurs de la cour d'Autriche. Ces princesses supplièrent leur père de décider l'empereur François-Joseph à demander au pape le rétablissement de dom Delatte et le maintien de l'Abbesse. L'aînée des princesses sollicita le même service de la reine Christine d'Espagne, son amie. La supérieure des Dames de l'Assomption de Madrid, Mère Célestine, qui possédait la confiance de la reine, intervint également auprès d'elle, sur les instances de dom Logerot, prédicateur de retraites dans différents couvents de l'Assomption. Le parti cécilien ne s'en tint pas à ces interventions impériale et royale; il usa de tous les témoignages possibles.

Il fit croire à l'archevêché de Cambrai, diocèse d'origine de dom Delatte, que les accusations portées contre le père abbé reposaient sur une enquête à laquelle dom Sauton s'était livré dans ce diocèse, cinq ou six ans auparavant, et sur une confusion entre dom Delatte et un certain prêtre de mœurs douteuses portant à peu près le même nom. De Cambrai, on écrivit donc à Rome, pour protester contre un mémoire fondé sur une telle confusion et contre l'indignité du procédé. Pendant ce temps, on recueillait à Solesmes et à Sablé les signatures des femmes et des jeunes filles au bas d'une pièce que l'on destinait au pape et dans laquelle on déclarait que dom Sauton et dom de La Tremblaye étaient « guidés par des passions honteuses ».

1. Sur le cas de Mme Guyon, on peut consulter avec quelque profit le livre de M. Maurice Masson, *Fénelon et Mme Guyon* (1897).

L'intervention de l'empereur d'Autriche et de la reine d'Espagne fit entrer l'affaire dans une voie nouvelle. Pour échapper à la pression des deux souverains, Léon XIII demanda, par deux fois, à dom Delatte sa démission. L'Abbé la refusa, en disant que les plus graves motifs de conscience le lui interdisaient. Le pape, qui ne voulait pas mécontenter les couronnes, l'autorisa à quitter Subiaco et à revenir en France, mais toujours à la condition qu'il ne rentrerait pas dans son abbaye et ne correspondrait pas avec elle.

Léon XIII était décidé à donner une solution politique au procès juridique et doctrinal pendant devant le Saint-Office. Pour la préparer, il envoya à Solesmes un visiteur apostolique, Mgr Sambucetti[1], qu'il chargea de faire une enquête auprès des religieux, des religieuses et de tous les séculiers qui pourraient et voudraient déposer sur l'affaire. Mgr Sambucetti, connaissant les désirs du pape, n'appela devant lui que les témoins favorables au parti cécilien, et il tint peu compte des rares témoins à charge qui se présentèrent eux-mêmes. Lorsque son simulacre de recherches fut terminé, il fit porter son rapport à Rome par le Père Georges de Longueau de Saint-Michel, dont le mérite particulier consistait, pour la circonstance, dans ses particules aristocratiques, et qui était d'ailleurs dévoué à dom Delatte. Le rapport de Mgr Sambucetti était si favorable à l'Abbé que le délégué apostolique ne se gênait pas pour parler de son retour prochain ; il se flattait aussi qu'il obtiendrait du préfet la permission que les moines rentrassent dans l'abbaye. Peut-être l'écho de ces indiscrétions parvint-il à Rome. En tout cas, un beau jour, le délégué apostolique y fut rappelé par télégramme.

1. Archevêque titulaire de Corinthe, mort à Rome le 12 avril 1911.

Le 19 octobre, dom Sauton, alors à Stockholm, adressait au cardinal-secrétaire d'État Rampolla la lettre suivante :

« Eminentissime Seigneur,

« Un devoir aussi pénible que délicat s'impose à ma conscience de prêtre et de moine et je demande à Votre Éminence la permission de le remplir aujourd'hui avec la liberté filiale et le profond respect que réclame votre haute impartialité.

« Dans l'impossibilité où ils se trouvent de se laver des accusations qui pèsent sur eux devant le tribunal suprême du Saint-Office, et pour enrayer cette instruction, dont ils redoutent les conclusions, le R^{me} dom Delatte, dom Cabrol et Mme l'Abbesse de Solesmes ont eu recours à la voie diplomatique et mis en jeu de hautes influences, en surprenant la bonne foi de Mgr le Prince de Lœwenstein.

« Ils proclament que le Saint-Office a agi à la légère et se vantent d'obtenir directement du Souverain Pontife une mesure qui les réhabilite et qui nous couvre de confusion. Les mensonges et les calomnies dont ils usent, dans leur profond aveuglement, pour s'efforcer d'induire en erreur Sa Sainteté, suffiraient à dévoiler leur déchéance morale et leur culpabilité ; une première fois déjà ils se sont brisés devant le Saint-Office ; ils se briseront encore contre « la Chaire de Vérité ».

« Solesmes est un foyer d'orgueil et d'illuminisme ; cette folie d'orgueil et ce délire mystique, c'est Mme l'Abbesse qui les a communiqués aux moines qu'elle a dirigés dans les voies spirituelles : le R^{me} dom Delatte, dom Mocquereau, dom Fromage, dom Oliviéri, etc. Nous en avons fourni les preuves devant le tribunal du Saint-Office. Aujourd'hui les conséquences en sont tellement graves qu'il semble que le désastre soit irréparable : les quelques éléments sains que l'on trouvait encore à Solesmes, environ douze moines, demandent un refuge à Saint-Martin de Ligugé, et plusieurs s'y sont déjà rendus. Quant aux autres, il semble réellement que la passion les conduise jusqu'aux frontières de la folie : c'est ce qui explique les mensonges et les calomnies odieuses qu'ils sèment dans le public ; ils crient au scandale, se disent accusés de relations criminelles (alors qu'ils savent que jamais nous ne les avons accusés sur ce terrain délicat), puis ils nous traînent dans la boue sans aucun égard pour notre sacerdoce. Un public spécial et restreint et de hauts personnages, qui n'ont jamais été initiés à la réalité de la situation, sont devenus les naïfs instruments de ces fausses manœuvres ; Mgr le Prince de Löwenstein est de ce nombre. Quant à Mgr Sambucetti, son attitude, son langage, ses démarches donnent à penser qu'il n'a pas échappé au piège que le parti cécilien lui a tendu ; il est de notoriété publique que les personnes sensées en gémissent et que les personnes indifférentes en rient !... Le scandale qui s'étale sous les yeux du public est plus grand que celui qu'ils ont voulu étouffer.

« Votre Eminence me permettra de Lui donner, en passant, un exemple de la déloyauté dont s'inspirent les moines qui accompagnent le R^me dom Delatte à Paris : depuis bientôt trois mois, j'ai quitté la capitale ; je viens de visiter les lépreux de la Norvège, de la Laponie et du Finnmark ; or ces moines affirment que je n'ai pas quitté Paris, que j'y vis maritalement et qu'*ils me rencontrent souvent*. Je puis me rendre devant Dieu ce témoignage et je le dépose humblement aux pieds de Votre Éminence que je suis innocent de toutes les fautes abominables qu'ils me prêtent et que ma conduite ne s'inspire que des obligations monastiques et sacerdotales ; le tribunal du Saint-Office a constaté sur preuves, après enquête, mon innocence et le caractère calomnieux de ces attaques dirigées contre moi, dans l'unique but d'enlever tout crédit à mes dépositions.

« Nous tournons nos regards et nos cœurs suppliants vers Sa Sainteté pour solliciter le remède à un si grand mal qui ravage la famille de dom Guéranger.

« Oserai-je supplier encore Votre Éminence de déposer cette lettre aux pieds du Souverain Pontife ?

« C'est avec l'hommage de mon plus profond respect et de ma plus entière obéissance que je suis, Éminentissime Seigneur,

« de Votre Eminence,

« le très humble et très reconnaissant serviteur.

« Fr. J. Sauton,
« Moine bénédictin de Ligugé. »

Cette supplique ne pouvait contrebalancer l'influence des couronnes. Léon XIII résolut de maintenir l'Abbé et l'Abbesse à la tête de leurs communautés, mais *ad nutum Sanctae Sedis*, c'est-à-dire que, si de nouvelles plaintes étaient portées contre leur doctrine ou leur administration, ils seraient déposés sans autre forme de procès. La majorité des cardinaux inquisiteurs jugeait cette solution trop bénigne et demandait au pape que le procès doctrinal suivît son cours.

L'affaire en était là, lorsque, le 13 novembre, elle devint, dans le journal *Le Matin*, l'objet d'un article tapageur et scandaleux[1].

Le parti cécilien se fit défendre par Drumont, qui publia, dans sa *Libre Parole* des 17 et 18 novembre, des articles où il traîna copieusement dom de La Tremblaye et dom Sauton dans la boue. Drumont faisait, d'ailleurs, des concessions sur le fond même de l'affaire :

« Les moines de Solesmes, disait-il, s'habituèrent peu à peu à demander des conseils et une sorte de direction religieuse à l'Abbesse de Sainte-Cécile. Les lettres adressées par la Révérende Mère Cécile à ceux qui la consultaient eurent-elles une tendance au mysticisme, se ressentirent-elles de cet illuminisme qui avait inspiré Mme Guyon, la confidente de Fénelon ? L'hypothèse n'a rien d'impossible[2]. »

Dom Bourigaud, qui était alors à Paris, écrivit immédiatement à Drumont la lettre suivante :

« Monsieur,

« Deux de mes religieux sont attaqués par vous.

« Il leur est interdit de répondre, vous n'y avez sans doute pas songé, parce qu'ils sont témoins dans une affaire pendante à Rome, depuis presque deux ans, et liés en cette qualité par le serment.

« Moi, leur chef, qui les connais depuis plus de quinze années, j'ai le devoir et le droit de vous affirmer ce qui suit :

« Leur caractère, leur conduite, la façon dont ils remplissent les missions qui leur sont confiées les mettent au-dessus de toute attaque.

1. Le parti cécilien l'attribua à dom de La Tremblaye et à dom Sauton. Les deux moines ont toujours déclaré qu'ils furent les premiers à le regretter ; ils ont affirmé qu'ils ne l'avaient inspiré ni directement ni indirectement. Le 24 novembre, dom Bourigaud écrivait au primat de l'Ordre : « J'ai enfin acquis, non sans peine, la certitude que l'article est d'un rédacteur du *Matin*, qui tient ses notes de tout autre part que de nous ».

2. *La Libre Parole*, n° du 17 novembre, 3e colonne.

« L'un est depuis quatre mois au milieu des lépreux de la Norvège et de la Laponie ; l'autre conduit ici des travaux honorablement encouragés par le Saint-Siège et bien accueillis par les érudits[1]. Tous deux subissent la dure loi de la discipline qui, en fermant leurs lèvres, les livre désarmés à un ennemi qu'ils ne soupçonnaient pas hier.

« La thèse qui vous a été fournie n'est qu'une réédition quasi-textuelle dont le premier tirage, parfaitement connu de moi, s'est fait, il y a un an, dans des conditions plus avantageuses à ses auteurs.

« On vous a trompé sur l'élection dont vous parlez. Vous dites : acclamation. C'est tout à fait inexact. J'y étais[2].

« On vous a trompé aussi sur l'épisode de la « correspondance brûlée ». Ce qui devait être brûlé l'a été. Dom de La Tremblaye a largement obéi à l'honneur. Ce qui a été remis devait l'être[3]. Il suffira à vos yeux, je le pense, que je l'affirme.

« Je vous affirme encore qu'aucun de mes religieux n'a inspiré l'article du *Matin*.

« On vous a trompé, enfin, sur la façon dont celui que vous prenez le plus à partie a changé de monastère. Vous dites : « A la demande de tous[4] ». C'est à sa seule demande, présentée une première fois le 23 février 1891 à dom Delatte, abbé de Solesmes, repoussée alors avec des considérants flatteurs, représentée le 25 juin 1892 et octroyée enfin par le même supérieur. J'ai en mains plusieurs lettres disant les regrets causés par ce départ, et les noms des signataires ne manquent pas d'intérêt.

« Je n'ai pas à défendre Rome : Rome se défend toute seule.

« Veuillez agréer, Monsieur, mes sentiments respectueux.

« *Paris, ce 18 novembre 1893.*

« † Fr. Joseph Bourigaud,
« Abbé de St-M. de Ligugé. »

Quelques jours après avoir écrit à *La Libre Parole*, le 24 novembre, dom Bourigaud adressa au primat de

---

1. La publication de *La France monastique*, réédition avec notes des travaux des bénédictins des xviie et xviiie siècles. L'entreprise a été continuée sous la direction de dom J.-M. Besse.

2. Drumont avait écrit que dom Delatte fut élu « par acclamation ».

3. Drumont avait écrit que dom de La Tremblaye avait donné à l'Abbesse sa parole d'honneur qu'il avait brûlé les lettres qu'elle lui avait adressées, alors qu'il les avait conservées pour les envoyer au Saint-Office.

4. Drumont avait écrit que dom de La Tremblaye « finalement, à la demande de tous les religieux, dut quitter l'abbaye avec dom Sauton ».

l'Ordre une vigoureuse lettre sur le devoir qu'il avait de
défendre ses moines.

Pour étouffer le scandale causé par l'article du *Matin*,
Léon XIII prescrivit à Mgr Labouré de rétablir immédiatement dom Delatte, *ad nutum Sanctae Sedis*. Le prélat,
qui était devenu archevêque de Rennes, mais qui restait
provisoirement administrateur du diocèse du Mans, obéit
sur-le-champ et, le 25 novembre, son journal officiel, *La
Semaine du Fidèle* du Mans, publiait la note suivante :

« BULLETIN DU DIOCÈSE »

« **Solesmes.** — L'opinion s'est émue d'une récente polémique
de presse concernant les monastères de Solesmes.

« L'autorité diocésaine a le devoir et elle a reçu le mandat de
déclarer que rien dans l'affaire n'était de nature à justifier les
incriminations qui se sont produites.

« Ce qui est exact, c'est qu'une cause, d'ordre tout ecclésiastique, intéressant les abbayes de Solesmes[1], était, depuis plusieurs
mois[2], pendante à Rome, devant la juridiction compétente. Elle
a été examinée et définitivement jugée par la Sacrée Congrégation du Saint-Office, avec la maturité et la prudence que le
Saint-Siège se fait une loi absolue d'apporter toujours en pareille
matière.

« S'il se rencontre, dans l'ordre spéculatif de la doctrine et de
l'enseignement, des torts à redresser, des corrections à faire, le
public catholique peut être assuré que l'autorité pontificale y est
attentive ; et jamais le zèle vigilant du Saint-Office n'a laissé
altérer le dépôt de la foi.

« Pour le reste, nous affirmons hautement que les accusations
malveillantes, les insinuations perfides répandues dans le public
contre des personnes qu'on savait d'ailleurs être dans l'impossibilité de se défendre, sont de tous points gratuites et calomnieuses.

(Communiqué de l'Évêché.)

« En vertu d'une décision de la Sacrée Congrégation du Saint-
Office approuvée par le Saint-Père, Mgr l'Archevêque de Rennes,

---

1. Le monastère de Sainte-Cécile n'était pas érigé en abbaye, bien
que sa supérieure eût reçu la bénédiction abbatiale.

2. La lettre précédente de dom Bourigaud dit : « depuis presque
deux ans ».

administrateur du diocèse du Mans, a remplacé le R. P. dom Delatte à la tête de l'abbaye de Solesmes[1]. »

Quelles étaient ces « personnes dans l'impossibilité de se défendre », victimes d' « accusations malveillantes », d' « insinuations perfides » « de tout point gratuites et calomnieuses » ?

Dom Bourigaud a déclaré qu'il s'agissait de dom de La Tremblaye et de dom Sauton. Il tenait cette interprétation du primat de l'Ordre, qui lui avait affirmé que telle était la pensée du pape et du Saint-Office.

Le parti cécilien soutint partout et constamment que les victimes d' « accusations malveillantes » et d' « insinuations perfides » étaient l'Abbé et l'Abbesse.

L'oracle ambigu publié par l'évêque du Mans (et que certains ont prétendu inspiré par Rome) ne fut que l'avant-dernier acte du procès. Au mois de décembre, sur l'ordre du pape, l'évêque revint à Solesmes pour faire signer aux moines et moniales un formulaire de cinq propositions. Certaines signatures ne furent obtenues qu'à grand peine[2].

Sur ce dernier fait, également, il y eut une double interprétation. Dom Bourigaud a déclaré solennellement que les cinq propositions étaient « extraites des doctrines mystiques de l'Abbesse » et qu'elles « durent être reconnues fausses par les signataires ». Les Céciliens affirmèrent que jamais personne à Solesmes, pas même l'Abbesse,

1. Cette note parut dans la *Semaine du Fidèle* du Mans du 25 novembre 1893 (tome XXXI, page 1047).

2. Traitant du gnosticisme dans son *Annuaire pontifical catholique* de 1912, p. 85, Mgr Albert Battandier a écrit : « Des monastères ont été infectés de cette hérésie, et il n'y a pas bien longtemps que le pape Léon XIII fut contraint de faire souscrire aux moines d'une abbaye célèbre cinq propositions antignostiques, les moines étant peu à peu arrivés à un tel état d'âme que cette mesure s'imposait. Il faut vite ajouter que, selon le mot de saint Augustin : *Errare humanum est, perseverare diabolicum*, tous s'empressèrent de souscrire, de cœur et d'âme, les cinq propositions qui leur étaient imposées. » L' « empressement » ne fut pas aussi général que l'assure le prélat.

n'avait soutenu les doctrines condamnées ; le formulaire n'était qu' « un os que Léon XIII avait jeté à ronger au Saint-Office ».

La signature de ce formulaire, gardée extrêmement secrète[1], n'embarrassa pas l'attitude triomphante qu'avait adoptée le parti cécilien.

Tout ce que le public sut de la conclusion de l'affaire fut que l'Abbesse et l'Abbé étaient rétablis dans des conditions spéciales. Comme le terme canonique latin, dont on affectait toujours de les désigner, manquait totalement de clarté, le change fut facilement donné sur ce point. Dom Delatte disait même parfois, en prenant son air le plus pontifical : « Je suis fier de mon titre d'abbé *ad nutum* ».

Dans ses *Mémoires*[2], le cardinal Ferrata, après avoir raconté laconiquement que le pape fit prendre à Solesmes « quelques mesures utiles et opportunes », ajoute : « Mais tout n'était pas encore apaisé dans les deux communautés et les esprits restaient encore quelque peu divisés. Il fallait donc que le nouvel évêque fût doué de beaucoup de tact et de grande sagesse pour achever l'œuvre commencée par le Saint-Siège. »

D'après ces expressions, le pape dut apporter un soin particulier dans le choix du successeur de Mgr Labouré. Ce fut Mgr Gilbert, ancien vicaire général de Limoges[3], que son évêque appelait « un ange de piété ». Naturellement cet « ange » fut rapidement subjugué par « la Dame aux Anges[4] ».

---

1. Elle fut divulguée, je crois, pour la première fois dans une petite revue peu lue, la *Revue de l'Anjou*, juillet-août 1901.
2. Tome III, page 209.
3. Mort à Rome, en 1914, évêque titulaire d'Arsinoé.
4. Voyez ci-dessous, p. 131.

XII

SAINTES VENGEANCES

(1894-1897)

Au mois de mai 1894, le primat de l'Ordre bénédictin, dom de Hemptinne, vint présider à Solesmes le chapitre général de la Congrégation. Il avait d'autant plus à cœur d'affermir la solution diplomatique imposée par Léon XIII que son propre monastère de Maredsous était, comme celui de Solesmes, flanqué d'un couvent de bénédictines. Le primat était, lui aussi, intéressé à prouver que ce régime ne comporte pas d'inconvénients.

Il prêcha aux supérieurs de la Congrégation de Solesmes le pardon des injures et l'oubli du passé. Il supplia les abbés de Ligugé et de Marseille de faire une visite à l'Abbesse. Dom Bourigaud s'y refusa parce que l'Abbesse ne voulait pas reconnaître qu'elle avait calomnié dom de La Tremblaye et dom Sauton, et qu'ils étaient les victimes dont parlait le communiqué. Le mystique dom Gauthey obéit. A la grille, il fut extrêmement ému. Que de souvenirs doux et amers ! Il avait aimé et vénéré cette femme comme sa propre mère et comme la mère spirituelle de tout Solesmes, et elle, elle l'avait trompé ; elle avait irréparablement compromis la gloire de la congrégation. Bouleversé par ces pensées, il ne put, devant elle, que balbutier quelques paroles et s'effondrer en larmes. L'Abbesse comprit et raconta que, « bourrelé de remords » et

« pleurant comme une Madeleine », il était allé lui demander pardon de l'avoir calomniée[1].

L'Abbesse avait supporté son procès avec sang-froid, en disant : « Nous vivons une page de la vie des saints ». Elle supporta avec un égal sang-froid la solution imposée par Léon XIII. Comme elle n'aimait pas ce pape, qui avait échappé à sa direction et dont le pontificat constituait, à son avis, l'une des plus grandes crises de l'Église, elle jugeait naturel que son administration l'eût tracassée et, finalement, eût été obligée de la laisser en charge et de reconnaître par là même les grâces dont Dieu l'avait comblée. Le Saint-Office s'était fourvoyé; il avait fait le jeu du diable et s'était, pour ainsi dire, vu contraint de lui décerner la double couronne de la sainteté et du martyre.

Elle semblait planer à des hauteurs sublimes. En réalité, elle se montrait quelque peu friande de commérages et avide de représailles contre ceux qui ne l'avaient pas défendue et surtout contre ceux qui l'avaient dénoncée. Elle parut trop soutenir et trop encourager ceux qui s'efforcèrent de briser ou de faire briser dom de La Tremblaye et dom Sauton, et de leur rendre la vie impossible dans leur congrégation et même dans l'Église.

Elle avait exigé que Mme Daniel-Lacombe choisît entre

---

1. Dom Gauthey n'avait pas même médit d'elle. Il s'était abstenu de se joindre à dom Bourigaud pour signaler à Rome son illuminisme. Il n'avait pas voulu non plus livrer certains documents qui prouvaient les intrigues grâce auxquelles dom Delatte avait été élu. D'autre part, si la solution diplomatique imposée par Léon XIII put réussir, c'est que dom Gauthey le voulut bien. Abbé intérimaire, résidant à Solesmes, il acquit la preuve que, malgré la défense, dom Delatte correspondait toujours (par le moyen de visiteurs) avec ses moines et même avec l'Abbesse. Il les laissa à leur conscience et refusa de les perdre irréparablement en les dénonçant au Saint-Office. Mgr Sambucetti se déclara très content de lui.

son amitié et celle de dom Sauton. Comme Mme Daniel-Lacombe n'avait pas voulu rompre avec le médecin qui l'avait soignée avec dévouement, elle la représenta comme sa maîtresse et, lorsque dom Sauton eut quitté la France, elle la représenta comme la maîtresse de dom de La Tremblaye.

Une lettre, qu'elle écrivit en 1894, et qu'elle mit, par distraction, dans une enveloppe portant l'adresse de l'un de ses adversaires[1], la peint telle qu'elle était, à cette époque, dans l'intimité : avide de nouvelles, désireuse de savoir ce que devenaient amis et adversaires, prête à nouer des intrigues pour prendre sa revanche. — Cette lettre était écrite à un religieux qu'elle avait installé à Rome, en qualité de procureur de son monastère :

«14 décembre 1894.

« Mon Révérend et bien Cher Père,

« J'ai reçu exactement vos deux lettres du 9 et du 10 courant.

« Compris pour les indications des papiers soi-disant blancs.

« Vous trouvez ci-joint un dossier que je devais vous envoyer tous les jours et qui correspond à ce que vous me dites. — Je vais écrire à Auteuil. La pauvre Mère aura été débordée[2]. Je suis très contente que vous soyez en mesure de leur rendre un service. Elles sont bien posées partout. Dom Lolli est connu des Dames Marcorelles[3]. Je n'ai rien dit aux susnommées; mais, si vous en aviez besoin, ce serait facile. — D. P.[4] est rentré et je lui ai fait part de vos désirs. Il vous répondra directement. — Julien[5] a vu lever le secret; il est content. Ce qu'il a vu l'a plutôt rassuré. Vous pouvez correspondre avec lui en toute confiance, s'il vous paraît utile. On ne peut être plus délicat, plus intelligent et plus sûr. Je

---

1. Mgr Battandier, mort en mai 1921. — Secrétaire et héritier du cardinal Pitra, il avait trouvé dans la succession de son maître les lettres de l'Abbesse et il la jugeait très sévèrement.

2. Une religieuse des Dames de l'Assomption d'Auteuil.

3. Il y avait, au monastère de Sainte-Cécile, une religieuse de cette famille, la Mère Pétronille Marcorelles, qui décéda en 1920.

4. Dom Paul Delatte.

5. Mgr Gilbert avait ouvert le pli cacheté du sceau de Mgr Labouré, laissé à l'évéché, contenant l'acte de la visite canonique du monastère de Sainte-Cécile et d'autres pièces.

vais l'avertir *illico* de ce que vous me dites pour lui. — Quant à la question qui termine votre première lettre, voici ce que je copie sur un document officiel qui (par une prescription spéciale du pape) devait être communiqué à moi seule : « *ut in officio abbatissae perseveret, ad nutum tamen Sanctae Sedis* » (24 novembre 1893).

« A Chart., si on[1] savait quelque chose de plus, on nous l'aurait dit. Comme le frère de Tyrtée[2] avait été vicaire jusque-là, il paraît plausible qu'on a dû lui délivrer quelques certificats. Tyrtée est venu passer la journée avec son frère et ils sont partis ensemble. Cela suffirait pour expliquer la visite, si vous n'aviez d'autres indices.

« Je sens autant que vous la nécessité de garder pour moi seule la confidence que vous m'avez faite. — Sans un miracle l'insuccès est certain. Tout récemment Ligugé[3] disait : « Tous les matins, je demande au bon Dieu de me soutenir jusqu'à la mort pour que je ne faiblisse pas et m'oppose à l'injustice ». L'injustice, c'est ce que nous avons dit de Z[4] et de Tyrtée ; soyez-en sûr. Je suis non moins convaincue que ni la Congrégation ni le cheik[5] ne nous tireront d'affaires et que le nœud de la question est dans l'animosité de Ligugé. Mais comment calmer cette animosité qui n'est qu'entêtement et suggestion ? La raison y est impuissante.

« L'abbé Audelin, sorti avec éclat et placé dans un petit poste à Rouen, dit et écrit qu'on ne sauvera St-W.[6] qu'en le donnant à Solesmes. Item, l'abbé Denis, vicaire à Connerré depuis sa sortie de Ligugé. A Rouen, on dit communément que l'on va annuler la vente de St-W., à cause de la clause inadmissible de l'appartement conservé par Mgr de Stackpool. Z... aurait *loué* à Passy tout dernièrement un immeuble avec loyer de 10000 francs. On fait des recherches pour savoir si c'est vrai. Sa Marguerite[7] intrigue dans le pays ; s'est fait moucher énergiquement par le maire A[8].

1. M. l'Abbé Sainte-Beuve, de Chartres. Il se fit plus tard bénédictin.
2. Tyrtée est dom Sauton (cf. ci-dessus, ch. viii, p. 44) ; son frère Charles fut vicaire dans le diocèse de Chartres.
3. L'abbé de Ligugé, dom Bourigaud.
4. Dom de La Tremblaye.
5. Le primat de l'Ordre, dom de Hemptinne.
6. Le monastère de Saint-Wandrille (au diocèse de Rouen), alors gouverné par dom Chamard ; M. Audelin y avait été novice.
7. Mme Daniel-Lacombe.
8. Le maire de Solesmes, M. Alain ; de son métier entrepreneur, il avait gagné et gagnait beaucoup d'argent dans les constructions des bénédictins et des bénédictines ; aussi était-il tout dévoué à l'Abbesse et à dom Delatte.

Elle tripote avec Lamothe [1], mais Alain a sur lui certaines lettres d'une commission des plus édifiantes qui les empêcheront de remuer. Ce monde-là est propre. — Après avoir gratté les tiroirs, envoie au procureur [2] une provision de mille [3] ; ne pourrais renouveler souvent ; mais il faut aider les manuscrits (avis). Il est bon de terminer les lettres à un recto. Un vieux routier me disait qu'on les trempe quelquefois dans la benzine sans les décacheter ; l'enveloppe devient transparente et on lit facilement si l'écriture ne présente pas l'envers ; puis la benzine s'évapore et ne laisse aucune trace [4]. — Je veux avoir la preuve de la *débirotade* Lagrange [5].

« Datez vos lettres, je vous prie. Jusqu'ici elles arrivent sans aucune trace d'ouverture.

« A Dieu et à la Madone.

« C. M. de J. [6]. »

Le 24 juin 1895, l'abbé de Silos, dom Guépin, écrivait au primat de l'Ordre :

« Qu'elle est éloquente, cette lettre de la malheureuse Abbesse qu'un aveuglement momentané de sa part a transformée en pièce à conviction démontrant toutes ses menées ! »

Les « menées » s'étendaient dans toute la Congrégation. Le parti cécilien s'efforçait de troubler les monastères de Ligugé, de Marseille, de Silos, afin d'obliger leurs abbés à démissionner. Pour calmer ses jeunes moines, dom Bourigaud crut devoir notifier les explications suivantes, en les lisant lui-même, en plein chapitre, le 7 juin 1895 :

« ... De si étranges et de si graves oublis des prescriptions édictées par le dernier chapitre général, joints à des récits absolument contraires à la justice et à la vérité, mettent l'abbé de

---

1. Châtelain des environs de Solesmes.
2. Le destinataire de la lettre, procureur du monastère de Sainte-Cécile à Rome.
3. Mille francs.
4. Plusieurs de ceux qui ont le mieux connu le caractère de l'Abbesse ont prétendu qu'en ces lignes elle donnait à son correspondant le conseil et la manière de lire les lettres d'autrui sans les décacheter.
5. Mgr Lagrange, l'évêque de Chartres ; on le disait tombé en enfance.
6. Cécile-Marie de Jésus.

Ligugé dans l'obligation de déclarer solennellement à ses moines
de Ligugé ce qui suit :

1° Jamais Ligugé n'a été condamné, ni puni, ni blâmé pour
avoir déposé des Mémoires en cour de Rome.

2° L'enquête ouverte par le Saint-Office a lavé mes deux
moines, dom Sauton et dom de La Tremblaye, de toutes les
calomnies dont on les poursuivait pour donner le change et
enlever tout crédit à leurs témoignages redoutés.

3° Le seul reproche adressé à l'abbé de Ligugé, à ces deux
moines, fut d'avoir tardé aussi longtemps à porter les affaires de
Solesmes devant le tribunal du Saint-Office.

4° Le parti adverse a été condamné par le tribunal suprême
de l'Église : *cinq* propositions extraites des doctrines mystiques
de l'Abbesse durent être reconnues comme fausses par les signatures des moines et moniales de Solesmes.

5° Plusieurs peines disciplinaires furent imposées, quelques-
unes sont encore actuellement en vigueur, et, si le rétablissement
du R^{me} Abbé et de l'Abbesse de Solesmes fut obtenu par de hautes
influences, pour éviter un scandale public, aujourd'hui encore ce
double maintien de l'Abbé et de l'Abbesse est *ad nutum Sanctæ
Sedis.*

Je vous devais ces explications. Voilà ce que vous devez croire
pour demeurer dans la paix et la charité. »

Enfin, le parti cécilien remporta deux vives satisfactions
sur dom Sauton et dom de La Tremblaye. Le premier,
sans cesse de faire partie de l'Ordre, finit par se retirer
au presbytère de son frère, curé dans les Vosges. Le
second rentra dans la vie laïque. Le parti déclara qu'en
rompant avec l'Abbesse et en la dénonçant, l'un et l'autre
avaient voulu en venir là : quitter le monastère, voir du
pays, retourner dans le monde.

LES DERNIÈRES ANNÉES
(1897-1909)

Parmi les nombreux fils que lui avaient donnés ses maternités spirituelles, l'Abbesse n'avait jamais cessé de chercher celui qui réaliserait le nouveau Cluny, le grand Abbé qui préparerait la restauration de l'ordre bénédictin dans son antique splendeur, et même la victoire de l'Église contre la Révolution. Elle croyait l'avoir trouvé dans dom Delatte, et, si dom Delatte n'avait pas ouvert immédiatement l'ère des réalisations, elle expliquait ce retard par les embûches que lui avaient tendues les deux « suppôts du diable », — La Tremblaye et Sauton, — infidèles à leur vocation. Lorsque dom Delatte fut rétabli, elle s'abandonna à toutes ses anciennes espérances.

Hélas ! le gouvernement de dom Delatte fut extravagant. La coterie des « jeunes » devint plus oppressive que jamais.

Tous ceux qui, autrefois, s'étaient montrés hostiles ou simplement froids à l'égard de l'Abbesse ou du nouvel Abbé n'étaient pas partis pour Ligugé ou pour l'autre monde, et quelques-uns des plus ardents céciliens étaient tombés en disgrâce. On craignait que les nouveaux opposants et les anciens ne racontassent aux jeunes profès et aux hôtes ce qui s'était passé. Il s'établit un « régime de terreur [1] ». Seuls, les novices, parqués dans leur clôture spéciale, étaient tranquilles. On les formait dans la véné-

1. Voir ci-dessous, p. 172 (note) et p. 309.

ration de l'Abbesse, mais on ne leur disait plus de quelles grâces spéciales elle avait été favorisée. Le recrutement devenait tout cécilien, mais la Mère Cécile ne le dirigeait plus.

L'Abbesse n'ignora rien de ce qui se passait à l'abbaye Saint-Pierre. Elle sut que l'administration était de nature à susciter des plaintes à Rome et à motiver une intervention, non plus du Saint-Office sans doute, mais de la Congrégation des Évêques et Réguliers. « Est-ce donc pour cela que nous avons tant souffert ? » disait-elle. « Heureusement, nous mourrons. »

Toujours fidèle à dom Delatte, elle l'excusait, en alléguant, hélas ! l'influence d'un autre de ses fils bien-aimés, de celui qui l'avait défendue le plus énergiquement en 1893. Peut-être ne parut-elle jamais plus grande et plus forte que dans les années 1898 et 1899, où elle semblait revenue de toutes ses illusions, et où sa maladie semblait usée, disparue.

Ce ne fut point du côté de Rome qu'éclata le nouvel orage, ce fut du côté du gouvernement, qui préparait une loi sur les associations. En vain le préfet de la Sarthe fit-il savoir à dom Delatte que le gouvernement s'empresserait d'accorder aux bénédictins et aux bénédictines la reconnaissance légale dès qu'ils la demanderaient. La législation nouvelle réveilla toutes les idées théocratiques des fils et des filles de dom Guéranger. L'héritière de son esprit déclara qu'une telle démarche impliquerait l'admission de la République, de la démocratie, des prétendus « Droits de l'homme ». Solesmes ne connaissait que les Droits de Dieu. « Qu'importe, disait-elle, que le monde périsse ! Il faut sauver les principes [1] ! » Il lui semblait d'ailleurs qu'on

---

1. Dupont de Nemours a dit ce mot (souvent attribué à Robespierre) : « Il vaudrait mieux sacrifier les colonies qu'un principe ».

pouvait alors, non seulement « sauver les principes », mais encore leur assurer un éclatant triomphe. S'exagérant la force de l'opposition au gouvernement d'alors, elle pensait qu'il ne durerait pas ; elle croyait que, si toutes les religieuses hospitalières ne demandaient pas l'autorisation et émigraient, les œuvres d'assistance publique seraient incapables de subvenir aux besoins de la charité, et que l'État laisserait alors rentrer sans conditions toutes les congrégations. Aussi conseilla-t-elle aux ordres religieux avec lesquels elle était en rapport un exil volontaire qu'elle assurait devoir être de courte durée [1].

En attendant ces jours meilleurs, la grande fortune de sa communauté lui permit de la transférer facilement à l'étranger.

Au mois de novembre 1901, elle établit son monastère dans l'île de Wight, en face du château royal d'Osborne. Un peu plus tard, elle fit construire un nouveau couvent non loin de l'ancienne abbaye de cisterciens où s'étaient établis les moines de Saint-Pierre. Ainsi elle avait la joie de reconstituer Solesmes et de voir les fils de dom Guéranger auprès de ses filles.

Elle eut encore une autre joie : celle de l'avènement de Pie X, un pape selon son cœur. Il ne marchandait pas au sujet du surnaturel et ne sacrifiait pas les principes. Elle espéra lui faire effacer les fâcheux souvenirs de 1893. Dans ce but, elle lui envoya une nouvelle édition de son traité *De l'Oraison*. Le pape garda le silence. Alors elle lui fit, à l'occasion du centenaire de saint Grégoire le Grand, hommage d'un magnifique missel à miniatures exécuté par ses moniales. Pie X la remercia gracieusement

---

1. Le Père Le Doré, supérieur général des Eudistes, donna le même conseil, mais sans donner l'exemple. Les carmélites de Paris émigrèrent sur son avis et contre celui du cardinal Richard.

pour ce cadeau et, dans la même lettre[1], ajouta, pour le traité de l'*Oraison*, quelques mots discrets, n'engageant en rien l'autorité du Saint-Siège et ne pouvant en rien constituer une opposition ni une rétractation au sujet des mesures prises par le Saint-Office dix ans auparavant.

Les dernières années de l'Abbesse furent pénibles. Frappée d'une attaque d'apoplexie, elle mena une vie diminuée et douloureuse[2]. Quand elle mourut, le 18 mars 1909, son corps était tout contracté. Ses moniales virent dans cette triste fin mystères et merveilles.

Les documents nécessaires à sa canonisation sont prêts. Elle a laissé son autobiographie, — écrite dans le genre le plus surnaturel, — un journal de sa vie mystique, une collection de lettres édifiantes. Ses filles sténographiaient ses conférences et, pendant près de trente-cinq ans, elles ont complété, de leur côté, le dossier de sainte et de thaumaturge qu'elle-même se confectionnait. Naturellement, en 1893, on a épuré quelque peu tous ces recueils.

Elle entre discrètement dans l'hagiographie. Dom Delatte l'a présentée avec tact et aplomb dans la biographie extrêmement idéalisée qu'il a publiée de dom Guéranger[3]. On lit dans la vie d'un vénérable jésuite, le Père Rabussier[4], que le monastère de Sainte-Cécile était vraiment un foyer de perfection. A chaque nouvelle édition, le traité *De l'Oraison* est déclaré, par la presse catholique, admirable. Peut-être ne tardera-t-il guère, le moment

---

1. Lettre datée du 5 mai 1904; elle a été reproduite dans le *Bulletin de Saint-Martin* du mois de novembre suivant.

2. Peut-être cette fin doit-elle être comparée à celle de deux grands mystiques, le Père Surin et Marie des Vallées, qui, après leur guérison d'états névropathiques caractérisés, portèrent pendant quelque temps, — comme le dit M. Brémond. — « tous les traits de l'enfance ».

3. *Dom Guéranger, abbé de Solesmes*, 2 vol. in-8°, Paris, Plon-Nourrit, 1909. — Voyez-ci-dessous, page 276, note 2.

4. *Louis-Etienne Rabussier, de la Compagnie de Jésus (1831-1897)*, 1 vol. in-16, Paris, Beauchesne, 1913.

où les Bénédictines demanderont au pape infaillible d'imposer leur mère à la vénération de l'Église catholique, à la suite des grandes mystiques et des grandes voyantes, les Gertrude, les Hildegarde, les Thérèse, les Marie-Madeleine de Pazzi et les Marguerite-Marie Alacoque.

MÉMOIRE SUR SOLESMES

PAR

DOM JOSEPH SAUTON

MÉMOIRE SUR SOLESMES

PAR

DOM JOSEPH SAUTON [1]

PAX [2]

Les quelques notes que je me propose de consigner dans ces pages ne seront qu'une pâle esquisse de ce qu'il m'a été permis d'entendre, de voir et d'expérimenter à Solesmes, dans la Congrégation bénédictine de France.

Plusieurs princes de l'Église et les deux abbés de Marseille et de Ligugé me firent une obligation de signaler à l'attention bienveillante de Notre Père, de notre Protecteur, le Souverain Pontife Léon XIII, le grave péril que font courir à la famille de saint Benoît la proximité des deux abbayes de Saint-Pierre et de Sainte-Cécile de Solesmes et les relations intimes entre moines et moniales ; de mettre en lumière le rôle prépondérant, tant au point de vue matériel qu'au point de vue spirituel, que joue Madame

1. A moins d'indication contraire, toutes les notes sont de l'éditeur et non de l'auteur du Mémoire.
2. Devise bénédictine. Les membres de l'Ordre ont la coutume de la mettre en tête de leurs lettres et autres écrits.

l'Abbesse de Sainte-Cécile auprès des moines et de l'abbé de Saint-Pierre; de dévoiler enfin les dangereuses et tristes réalités que dissimulent de faux mirages et de trompeuses apparences.

Il nous est très pénible de réveiller le passé et d'étaler sous les yeux du lecteur les misères et le mal profond qui nous rongent; il nous en coûte surtout de franchir la clôture de Sainte-Cécile, de troubler le silence du cloître et la retraite dans laquelle devrait s'écouler la vie de celles qui sont nos sœurs par la Profession monastique, et de toucher enfin à Madame l'Abbesse que beaucoup considèrent comme la plus grande Sainte de notre époque.

Toutes ces répugnances n'ont pu être foulées aux pieds qu'en face du devoir que l'on m'a imposé.

Je déclare auparavant, en mon âme et conscience de moine profès solennel et de prêtre, ne dire que la vérité dans tous les faits historiques que je rapporterai.

Ce mémoire se compose de quatre parties :

La *première* traite de l'histoire de Solesmes jusqu'à la mort de dom Couturier et l'élection de son successeur le R^me dom Delatte;

La *deuxième* renferme les conclusions auxquelles nous a conduit l'examen théologique des phénomènes mystiques de Madame l'Abbesse;

La *troisième*, faisant suite à la précédente, contient les conclusions d'un examen médico-psychologique;

La *quatrième*, enfin, n'est qu'un rapide coup d'œil jeté sur la période et la situation actuelle de Solesmes.

PREMIÈRE PARTIE

L'histoire dira un jour les labeurs de notre illustre et
vénéré Père Abbé dom Guéranger, comment, au milieu des
plus grandes difficultés, il rétablit la vie bénédictine dans
l'ancien prieuré de Saint-Pierre de Solesmes, et compléta
son œuvre de restauration monastique par la création du
monastère de Sainte-Cécile, groupant ainsi moines et
moniales, ses fils et ses filles, dans les mêmes parages. Sans
doute une telle proximité pouvait avoir son péril, mais la
séparation de ces deux monastères, insuffisante, si l'on s'en
tenait aux distances matérielles, devenait absolue, grâce
aux prudentes et sages mesures qu'imposait alors le Père
abbé. Ne disait-il pas que chacun doit vivre chez soi, et
qu'à ce prix seulement le voisinage des deux cloîtres ne
troublerait en rien la paix et les progrès de l'œuvre de
Solesmes?

Durant les trop courtes années qu'il put consacrer à ses
filles, on le vit s'efforcer de leur inculquer une forte direction, et sa paternelle sollicitude s'appliquait spécialement
à former celle qu'il voulait mettre à la tête de cette communauté.

« Ma fille Jenny », disait-il en parlant de la future
abbesse, « est une arme à deux tranchants : si Dieu ne la

prenait pas entièrement pour lui, elle a tout ce qu'il faudrait pour faire une George Sand. »

Mademoiselle Jenny Bruyère, alors âgée de vingt ans, apportait avec elle les ressources d'une précoce et rare intelligence, doublée des plus hautes aspirations à la vie mystique. Toutefois il y avait en elle de dangereux instincts qu'il était urgent d'étouffer dans leurs profondes racines. « Si j'étais restée dans le monde », disait-elle volontiers, « mon bonheur eût été de rouler un homme. » Dom Guéranger connaissait les plis et les replis de cette âme ; aussi la dominait-il de très haut, et Dieu sait si parfois il la traitait fort durement, pour écraser son caractère orgueilleux. Cette formation, hélas ! n'était encore qu'ébauchée, lorsque la Providence, dans ses desseins mystérieux, nous rendit tous orphelins, le 30 janvier 1875.

Dom Couturier, notre nouvel abbé, aussi humble que timide, se laissa éblouir par les côtés brillants et remarquables de cette jeune femme de vingt-neuf ans, et ne se crut pas de taille à la diriger. D'ailleurs, elle le tint à distance et s'affranchit résolument de toute direction. Elle-même m'avoua plus tard que, depuis dom Guéranger, elle n'avait reconnu à personne le droit de la conduire. Bientôt, renversant les rôles, elle aspirera à conduire moines et moniales.

Le choix du premier moine était tout indiqué, c'était dom Logerot, âme candide, naïve et très avide de lectures et de récits mystiques ; il se laissa donc prendre au premier coup de filet et fut le confident de la jeune abbesse. Celle-ci, lancée à fond de train dans les voies surnaturelles, dépourvue du contrôle de son ancien abbé, le grisa par doses sans cesse croissantes, jusqu'à ce qu'il ne vît plus en elle qu'une mystique extraordinaire, une sainte éminente, et trop heureux fut-il de devenir son *dirigé*.

Voilà comment dom Logerot, pour avoir donné une créance trop facile à des récits merveilleux, en est venu à la jeter dans l'illusion et à la détourner du chemin de l'humilité, en l'engageant à se complaire dans les voies extraordinaires. De là résultent une foule d'imperfections, pour ne pas dire davantage ; l'âme croit posséder un bien d'une grande valeur, elle s'imagine être la préférée de Dieu et, satisfaite d'elle-même, elle nourrit des sentiments diamétralement opposés à l'humilité. Tous les auteurs mystiques sont unanimes à affirmer que de telles relations peuvent devenir très dangereuses, et que toujours elles détournent des sentiers de la foi.

L'histoire que nous allons consigner dans cette première partie apporte à cette doctrine un éclatant témoignage.

Madame, se conduisant elle-même, crut peu à peu à la réalité de tout ce qu'elle ressentait et, mauvais juge en sa propre matière, elle affirma que tout était divin.

Quant à dom Logerot, il avait totalement abdiqué dans les mains de l'Abbesse et, pour prix de cette bonne volonté, elle le désignait déjà comme « le véritable successeur de dom Guéranger », dès que la Providence aurait fait disparaître dom Couturier ; d'ici là, il fallait patienter. « Un jour viendra », écrivait-elle, « où l'administration de Saint-Pierre deviendra sérieuse, et où il faudra achever la fondation que notre Père Abbé (dom Guéranger) n'a pu finir. »

Elle s'attribuait, en effet, une telle mission dès que dom Couturier, le seul obstacle à cette œuvre, aurait quitté la terre. Sans doute, dom Guéranger l'avait bien choisi pour son successeur et avait dit : « C'est encore celui-là qui fera le moins de bêtises », mais il ne devait porter qu'une crosse illusoire. A Madame, au contraire, le soin de veiller sur l'œuvre bénédictine, c'est ce que dom Gué-

ranger lui avait déclaré en ces termes avant de mourir :
« Ma fille, je vais bientôt vous quitter, je vous donne mes
fils et mes filles ; à cette condition, je mourrai tranquille ».
N'était-ce pas un mandat solennel ? Désormais, elle serait
la seule héritière de dom Guéranger et prendrait un jour
dans ses mains la crosse de Saint-Pierre pour la joindre à
celle de Sainte-Cécile.

Dom Guéranger confiait-il réellement la direction de
ses moines à cette femme de vingt-neuf ans ? Celle-ci
voulut le croire et le proclama ; quant aux moines sérieux,
ils n'y souscriront jamais, et ne verront dans Madame que
l'abbesse de Sainte-Cécile. Ce qu'il était à propos de désirer, c'est que la bonne harmonie régnât entre les deux
monastères et que, de la sorte, se réalisât, d'une façon plus
complète, la notion de la famille bénédictine : Madame
serait la Mère des moniales et des moines, pendant que
l'abbé dom Couturier en serait le Père avec tous les attri-
buts de l'autorité paternelle. C'est en ce sens, nous semble-
t-il, que l'on doit interpréter les paroles de dom Guéranger.

Jamais, d'ailleurs, il ne pouvait avoir d'autre pensée,
car, plus que tout autre, il respectait le plan de Dieu, qui
dépose le pouvoir entre les mains de l'homme : la mission
de la femme s'exerce sur un terrain différent.

Il n'avait pas moins souci de la hiérarchie, et c'eût été
la méconnaître que de soumettre à une femme un prêtre,
abbé et supérieur général de la congrégation.

Nous pourrions ajouter que le Père Abbé ne faisait point
à Madame, dans les paroles citées plus haut, une recom-
mandation inutile, car la fibre maternelle vibrait si peu
chez elle, qu'il dut l'admonester un jour assez durement,
de la façon suivante : « Ma fille, mais il faut vous montrer
la mère de vos filles ; c'est là votre mission, et vous l'êtes
si peu que, moi abbé, je le suis plus que vous. »

Disons enfin que si dom Guéranger, avant de mourir, avait eu réellement l'intention de lui confier la direction des moines, la suite des événements prouverait qu'il s'est trompé, et rien de plus. Il saluait dans sa fille l'aurore d'un jour nouveau et plaçait en elle de secrètes espérances, mais à la condition expresse qu'elle ne chercherait que Dieu, sans dévier du droit chemin, sinon « elle a tout ce qu'il faudrait pour faire une George Sand ». Plus que toute autre, elle avait besoin du contrôle, de la direction de son abbé. Nous la voyons au contraire secouer la tutelle; dom Couturier, dans une profonde humilité, cherchait à mettre ses pieds dans les empreintes laissées par « son Père Abbé ». Il n'avait d'autre but que de conserver avec soin le dépôt confié à sa garde, mais, nous l'avons dit, il se laissa fasciner par les côtés brillants et les hautes prétentions de Madame ; une certaine timidité l'empêcha de la dominer et, se sentant mis de côté, tenu à l'écart, il n'insista qu'avec une extrême discrétion.

Ce n'est pas à dire que le ciel ne se couvrait pas parfois de nuages. S'il permettait à dom Logerot de répondre à la confiance de l'Abbesse, il n'en conservait pas moins la responsabilité de cette âme et fit savoir ses droits à prendre connaissance du recueil ou « compte rendu de conscience » dans lequel elle se plaisait à relater les phénomènes mystiques dont elle enveloppait son existence de chaque jour. Madame voulait, en s'éloignant du Père Abbé, se soustraire à des conseils qui auraient pu contrarier ses prétentions à une sainteté incomparable. Aussi chacune des tentatives n'amenait-elle qu'un résultat illusoire ; on donnait un os à ronger ; ce petit os suffit cependant à poser un point d'interrogation : « Qui me dit, ma fille, que tout cela est vrai ? » — « N'est-ce pas tuant », ajouta l'Abbesse, en me racontant cette scène, « de s'entendre ainsi interpeller? Il est si terre à terre, le pauvre Père Abbé! » Et plus que jamais elle s'affranchit de cette surveillance importune, tout en conservant les dehors du respect et de la soumission. En revanche, dom Logerot recevait toutes les confidences, qu'il accueillait avec une crédulité aveugle.

A l'instigation de Madame, dom Couturier lui confia bientôt l'importante fonction de maître des novices; n'était-ce pas le moyen de gagner les nouvelles recrues à la cause de Madame et de former une phalange cécilienne que l'on saluera « comme l'espoir de la future fondation » ?

Au début, ce travail s'opérait lentement ; il y avait même, à cette époque, quelque mérite à s'avouer « cécilien » ; les premiers enrôlés se souviennent de la lutte en face des « Anciens », qui se montraient réfractaires.

L'orage se déchaîna contre Solesmes dans les décrets d'expulsion, et, lorsqu'il fut passé, les moines, quittant l'exil, rentrèrent au pays; heureux de retrouver ses fils, dom Couturier leur donnait un abri à l'ombre de notre abbaye, réalisant ainsi sa devise : *Consortia tecta*[1].

Cette vie en plein air rendait plus faciles les communications avec Sainte-Cécile; toute barrière sous peu disparaîtra, et dom Logerot se fera un devoir d'y conduire postulants et novices que Madame accueillera du plus gracieux sourire.

Il m'est pénible de déchirer ici le voile, sous lequel j'aurais voulu abriter à jamais le tableau de mes expériences personnelles, et d'entrer dans certains détails de ma vie intime; le devoir, auquel j'obéis en écrivant ces lignes, m'oblige à fouler aux pieds ces répugnances ; j'aborde donc le loyal et sincère récit de toute ma campagne à Sainte-Cécile, et ces pages d'histoire que je vais fournir,

1. Les expulsions et l'état qui suivit sont décrits dans mon livre *Dom Couturier, abbé de Solesmes.*

plusieurs pourraient aussi les reproduire, s'ils faisaient leurs Mémoires.

Après mes études médicales et un séjour de plusieurs années dans les cliniques de maladies nerveuses et mentales à Paris, j'entrais, au début de 1884, comme postulant à Solesmes[1] ; j'étais alors dans ma vingt-huitième. année. Le R^{me} dom Couturier m'accueillit à bras ouverts. Il connaissait ma longue attente durant laquelle s'était perdu l'enthousiasme qu'éveillait en moi, jadis, la perspective de la vie religieuse, pour ne plus en considérer que les côtés âpres et difficiles ; toutefois, je me mis courageusement à l'œuvre, convaincu que Dieu m'avait autrefois appelé et qu'il était de mon devoir de répondre à cet appel.

Dom Logerot était donc « Maître des novices », et dom Marsille remplissait à ses côtés les fonctions de « Zélateur ». Bientôt, je constatai le rôle considérable que l'on attribuait à Sainte-Cécile, en particulier à Madame l'Abbesse, âgée alors de trente-huit ans.

La réserve que je gardai sur ce terrain fut mal comprise ; on concluait de mon silence à l'hostilité.

J'avais, en effet, des motifs très légitimes de me tenir à distance des bénédictines, et d'être peu satisfait de la façon dont on avait écarté du monastère, en 1878, l'une de mes sœurs, actuellement visitandine à Paris. Dom Couturier m'avouait lui-même que Sainte-Cécile avait, dans cette circonstance, agi avec beaucoup de légèreté, et nous verrons plus tard que Madame se crut obligée de s'en accuser en confession et de m'en faire des excuses « afin, me disait-elle, de soulager sa conscience ».

Mais, je l'avoue en toute simplicité, ce mécontentement

1. Dom Sauton avait pris l'habit une première fois en 1879.

personnel n'était pas le vrai motif de mon attitude réservée. J'estimais qu'il y avait danger à faire des moniales le thème des conversations entre novices. Pourquoi donner un tel aliment à de jeunes imaginations ? J'estimais que l'homme qui veut se donner tout entier à Dieu doit se conserver tout entier pour Dieu, qu'il doit recueillir toutes ses forces viriles, les développer sous une forte discipline et les concentrer sur l'unique but à atteindre.

Cette obligation s'imposait encore davantage à des « contemplatifs » pour éviter le péril de hanter sans cesse en esprit l'asile des moniales, vouées elles-mêmes à la vie contemplative.

D'ailleurs, ces jeunes novices, pour la plupart inexpérimentés, au milieu desquels je me trouvais, étaient-ils suffisamment aguerris ? Avaient-ils suffisamment triomphé des revendications des sens, pour loger, sans inconvénients, des moniales dans leurs jeunes cervelles ? Les luttes qu'ils devaient soutenir sur le terrain de la continence ne rencontraient-elles pas un aiguillon nouveau dans cette recherche dont les bénédictines étaient l'objet ? La folle du logis, que ne saurait arrêter une clôture matérielle, pourrait chevaucher à son gré, et ces malheureux moines ne voyaient pas qu'à leur insu, loin de maîtriser l'instinct qui nous pousse vers le sexe féminin, ils ne faisaient que le réveiller, et qu'ainsi ils s'engageaient avec autant de naïveté que d'imprudence dans la voie qui conduit insensiblement jusqu'à ce terme : « l'adultère de l'esprit ».

Et cependant l'impulsion donnée vers les moniales venait du maître des novices. Dom Logerot n'avait pour excuse que son ignorance du cœur humain et sa naïveté, jointes à la fascination qu'exerçait sur lui l'Abbesse de Sainte-Cécile.

Ces diverses réflexions ne pouvaient m'engager que davantage à jouer le rôle de serre-frein ; quant à dom Couturier, on le tenait en dehors de ce courant.

Mes craintes devinrent plus vives lorsque je me rendis compte de la ligne de conduite adoptée par dom Logerot. Il était facile de conclure de ses conversations et de ses conférences au noviciat que la source à laquelle il nous fallait puiser la vie monastique n'était nullement notre Père Abbé, mais bien Madame l'Abbesse. En elle, et uniquement en elle, vivait dans sa plénitude l'esprit de dom Guéranger, et « nos mères de Sainte-Cécile » devaient nous servir de modèles.

On traitait alors dom Couturier avec un respect officiel, lorsqu'il visitait notre noviciat, et l'on nous donnait à entendre qu'il n'était quelque chose que dans la mesure où il se laissait conduire par Madame l'Abbesse. « Singulière famille », me disais-je, « que celle dont le père est relégué dans l'ombre » ; mais, ajoutait-on timidement, « il n'est pas à la hauteur de sa mission, le Père Abbé », et l'on croyait lui accorder beaucoup, lorsque, dans l'intimité, un novice se hasardait jusqu'à dire que, dans sa conférence spirituelle, dom Couturier était un peu sorti de la banalité.

D'un tel contraste entre l'Abbé et l'Abbesse jaillissait une admiration enthousiaste pour celle-ci. Ah ! que n'étions-nous sous la crosse de Madame ! Et cet enthousiasme réclamait un aliment que dom Logerot nous donnait sans compter. On savait que Madame, quoique exténuée, avait, tel jour, repris la haire ; que la haire de ces Dames était confectionnée de telle et telle façon ; qu'il y avait à Sainte-Cécile une cellule décorée du nom de « Barbe-Bleue » ; c'est là que nos mères prenaient de sanglantes disciplines, et, chaque année, Madame en faisait blanchir les murailles pour effacer le sang dont elles étaient recouvertes ; que Mère Scholastique se chargeait de remettre en état les susdites haires imprégnées de sueur et de sang ; et que les moines désireux de livrer à la lessive leurs cilices ou leurs haires, n'avaient qu'à s'adresser à cette bonne Mère Scholastique...

Dom Logerot nous lisait en conférences les instructions de Madame à ses filles, voulant ainsi nous faire bénéficier, dans la mesure possible, de la nourriture de nos sœurs.

Aux jours de fête, il apportait un « recueil de chansons » composées par Madame, sous l'action enivrante de la grâce. Il n'est pas jusqu'aux correspondances intimes qu'il ne nous ait communiquées. C'est ainsi qu'un soir, durant la récréation, il nous donna lecture d'une lettre confidentielle écrite à Madame par Monseigneur Marango, archevêque d'Athènes ; lettre dans laquelle Sa Grandeur ouvrait son âme, aussi tendre que soumise et respectueuse, à sa bonne et douce mère de Sainte-Cécile.

Il faut ajouter que, si Madame livrait les autres, elle se livrait aussi. Elle transmettait exactement à dom Logerot le récit des grâces et des faveurs dont elle se disait l'objet ; dans ses lettres, elle dévoilait le « Secret du Roi », les révélations, les visions et d'autres phénomènes mystiques qu'elle déclarait avoir expérimentés. C'était le journal de sa vie mystique que dom Logerot faisait copier en double, par de jeunes profès ou de jeunes novices, dont plusieurs sont aujourd'hui rentrés dans le monde. Dom Logerot se nourrissait de ces lectures ; Madame l'Abbesse, nous disait-il, est la personnification de l'Église, dont le sort a été déposé entre ses mains. Les souffrances physiques et morales, auxquelles elle est en proie, sont les souffrances de l'Église ; elle est la victime qui écarte les châtiments par son sacrifice volontaire ; elle a le don de bilocation ;

elle assiste à ce qui se passe à Rome ; elle possède le don de double vue ; elle fait des miracles ; en un mot, c'est la plus grande sainte des temps modernes.

De tels procédés, loin de me gagner à Sainte-Cécile, m'en éloignaient de plus en plus. Dom Logerot résolut de me livrer un assaut. Me trouvant un jour dans sa cellule, il mit la conversation sur Madame, et, prenant, comme par hasard, l'un de ses billets confidentiels sur sa vie mystique, il m'en donna lecture. J'écoutai, puis je me retirai, sans faire aucune réflexion. Bientôt après, il fit une nouvelle tentative ; il me lut une longue lettre qu'écrivait Madame à un moine en réponse à ce que celui-ci lui avait dit de son âme, et les conseils de direction qu'elle lui donnait ; il était facile de reconnaître le moine en question, c'était dom Mocquereau. J'eus beaucoup de peine à ne point déclarer au maître des novices qu'il trahissait à la fois son ami et l'Abbesse, et le résultat de telles manœuvres fut de m'éloigner davantage de Sainte-Cécile.

Je croyais rêver en assistant à cette étrange manière de former les novices, et je ne sortais de ce rêve que pour regarder avec les plus vives appréhensions le but que l'on cherchait à atteindre.

Pendant que dom Logerot chauffait ainsi l'imagination des novices par ces récits, et qu'il allumait chez eux un enthousiasme sans bornes pour les moniales, il reléguait au loin notre supérieur général, le R^{me} Père Abbé dom Couturier, et montrait en Madame l'Abbesse la personnification de l'œuvre de dom Guéranger. Au moyen de perfides insinuations, il donnait à entendre que le bon Père Abbé n'était nullement à la hauteur de sa tâche. Il mettait avec soin en relief de prétendues contradictions entre sa manière d'interpréter certains passages de notre sainte

Règle et le sens que dom Guéranger leur attribuait. En revanche, Madame l'Abbesse avait seule reçu l'héritage de dom Guéranger ; elle seule savait le comprendre, le maintenir et le développer. Aussi était-ce auprès d'elle seule qu'il fallait puiser les véritables notions de la vie monastique, pour abandonner dom Couturier dans sa faiblesse et sa médiocrité.

Où allions-nous sous une telle direction ? N'était-ce pas le renversement de toutes les vraies notions, les plus fondamentales de la famille bénédictine, de l'ordre établi et voulu par Dieu ?

Je ne puis traduire les souffrances que j'endurai. Ces cruelles angoisses, je les conservais secrètement dans mon cœur, et bientôt je me surprenais dans le dessein de frapper à la porte d'un autre monastère. Je me disais que l'œuvre de Solesmes avait un ver à sa racine, et le découragement s'emparait de mon être tout entier. D'autre part, je me trouvais, depuis plusieurs années, dans une nuit obscure, en proie à des doutes terribles, et lorsque le soir, harassé de fatigue, je me disposais à demander à ma couche un moment de repos, le souvenir des angoisses du jour se réveillait plus vivace que jamais et m'arrachait ce cri : « Tu deviendras fou ici ! »

Dans son infinie miséricorde, Dieu me venait en aide pour étouffer ces révoltes, et chaque soir je me disais : « Tu deviendras fou, ici, s'il le faut, mais tu ne sortiras point ; et, si Dieu existe, il verra ton sacrifice et t'en récompensera dans son éternité ».

A ces épreuves, s'en ajoutaient d'autres, que je passerai sous silence, car elles sont étrangères à mon sujet et sortent du plan que je me suis tracé.

Durant mon postulat et mon noviciat, je m'étais mis sous la conduite du Père Abbé et je ne puis assez me louer de sa paternelle bonté, de la sagesse accomplie avec laquelle il me dirigea.

Si ma confiance en lui était très grande, je n'osais toutefois lui parler de Sainte-Cécile, de l'influence néfaste que Madame exerçait sur les novices par l'entremise de dom Logerot.

Le jour de ma profession de vœux simples approchait ; je l'envisageai dans ses graves conséquences, et, froidement résolu, je marchai droit au but, sans tenir aucun compte de mes doutes, de mes révoltes, de mes appréhensions, et, le 1er juin 1885, se leva le jour mille fois béni de ma profession monastique.

Suivant la coutume, on imprima des litanies, pour la neuvaine préparatoire à cette solennelle fonction. La même coutume voulait que j'offrisse à Madame l'Abbesse un certain nombre de ces feuilles de litanies, pour elle et pour chacune de ses filles. L'entrevue fut de courte durée, en raison d'un embarras très sensible de part et d'autre ; mais je sortis, je l'avoue, avec une impression désagréable que m'avait causée la physionomie de Madame ; je lui trouvais, sous des apparences doucereuses, quelque chose du chat-tigre, de la race féline.

Quelques mois plus tard, Madame l'Abbesse de Stanbroock (Angleterre) eut le dessein de venir en France, pour soigner sa santé sérieusement compromise. La présence d'un moine médecin à Solesmes lui permettrait d'atteindre le but de son voyage, et c'était pour elle une bonne occasion de réaliser son vif désir de vivre quelque temps en compagnie de son amie Madame de Sainte-Cécile. Il fut donc décidé que je fournirais à la malade le secours de l'art, et je dus m'incliner devant l'obédience de dom Couturier.

Du 10 septembre à la fin de décembre 1885, je donnai à Madame de Stanbroock des soins presque quotidiens, pour lesquels il me fallut, plusieurs fois par semaine, franchir la clôture de Sainte-Cécile. Elle s'aperçut bien vite de l'attitude très froide de son amie à mon endroit et jugea à propos de lui en faire un amical reproche. Cette intervention produisit son effet. Madame de Sainte-Cécile abdiqua peu à peu sa raideur et, sachant m'être agréable en me donnant le *Cérémonial des Vêtures et des Professions des moniales*, elle me l'offrit après y avoir écrit ces mots : *Causa gratitudinis et charitatis.*

Je n'en continuais pas moins à être très circonspect et à étudier le terrain avant de m'y engager. Pendant ce temps, dom Couturier favorisait visiblement mes relations avec Sainte-Cécile et, s'il n'osait encore m'y pousser malgré moi, du moins il profitait des circonstances qui s'offraient alors pour triompher de mes appréhensions. Bientôt, il me fit la déclaration suivante : « Elle est si bonne, si pleine de cœur, Madame de Stanbroock ; elle aime bien son petit docteur, et Madame de Sainte-Cécile l'aime bien aussi. Ce sont deux saintes âmes ; et j'avoue que j'éprouverais une véritable joie à vous mettre sous leur action, car elles sont très puissantes sur le cœur de Notre-Seigneur. Si elles se chargent de vous, elles vous feront monter très haut. »

Une telle abdication de dom Couturier, entre les mains de deux femmes, quelque saintes qu'elles pussent être, m'étonna beaucoup ; je ne pouvais trouver une explication de sa conduite que dans son extrême humilité ; et cependant les paroles qu'il avait laissé tomber de ses lèvres n'étaient-elles pas, au contraire, le fruit d'une mûre réflexion ? Les circonstances qui les accompagnaient ne leur donnaient-elles point encore plus de gravité ? Car il savait la confiance aveugle que je lui avais vouée, et il savait que je me félicitais de sa direction sans en désirer une autre.

J'ajoute que la nuit obscure au sein de laquelle je vivais depuis quelques années s'était complètement dissipée, et que mon âme jouissait de la paix la plus sereine. Pourquoi alors me confier à la direction de l'Abbesse de Sainte-Cécile ? Mais dom Couturier me laissait entendre qu'il n'était pas de taille à me conduire dans les voies mystiques que prenait mon âme sous l'impulsion de l'Esprit-Saint et que Madame l'Abbesse me serait d'un précieux secours...

Je rentrai donc en moi-même et je me dis que j'avais peut-être tort de me souvenir d'impressions fugitives, de craintes vagues et des répulsions puisées dans le noviciat. Pourquoi ne pas ouvrir les yeux à la réalité ? S'il est vrai, ainsi qu'on me le répète sans cesse, que Madame l'Abbesse est totalement dépouillée d'elle-même ; s'il est vrai qu'elle est parvenue à un haut degré de sainteté ; s'il est vrai, enfin, qu'elle a reçu l'héritage de dom Guéranger et qu'elle en personnifie l'œuvre, n'est-ce pas mon devoir de déposer les armes et d'aller droit à elle ? Mon supérieur, qui est aussi le sien, me pousse lui-même dans cette voie ; je n'ai donc pas à redouter une fausse route ; il s'agit de fouler aux pieds les règles habituelles de la sagesse humaine, et de suivre une voie que j'avais à tort, auparavant, jugée dangereuse. Mon abbé ne prenait-il point à la fois l'initiative et la responsabilité d'un tel acte ? etc.

Je luttais, on le voit, et mes répugnances à me placer sous les ordres de l'Abbesse n'avaient plus de bornes, lorsque je me disais à moi-même : « Je suis un homme, et je n'ai pas le droit de renverser l'ordre établi par Dieu, qui veut que l'homme commande à la femme. Je ne puis donc abdiquer, en faveur d'une femme, le privilège que Dieu m'a départi. Je suis moine et j'ai fait le vœu de militer sous la bannière de mon abbé ; je ne puis donc quitter mon poste, pour me mêler aux rangs des moniales. Par ma profession, je me suis consacré tout entier à Dieu, en vertu d'un contrat irrévocable, je suis le soldat du Christ , et je dois sentir dans mes veines ce sang généreux, *fortissimum genus*, que saint Benoît réclame de ses fils ; je ne m'appartiens plus, il m'est donc interdit de déposer entre les mains d'une femme une parcelle de mon être. Bientôt, déjà, je recevrai l'onction sacerdotale : *Sacerdos, alter Christus* ; c'est la mainmise de Dieu sur mon âme et sur son enveloppe. Que reste-t-il donc que je puisse confier à une femme ? »

Et, cependant, n'était-ce pas de mon abbé, de celui qui est réputé tenir la place du Christ dans le monastère, que j'entendais ces paroles : « Elle est puissante sur le cœur de Notre-Seigneur ; mieux que moi, elle saura vous conduire à lui » ? La femme avait donc disparu pour faire place à la sainteté ; ce n'était pas à une femme, mais à une sainte que j'allais m'adresser, à une sainte dépouillée des infirmités de son sexe, à une sainte revêtue du titre et des privilèges les plus rares que le Fils de Dieu daigne accorder à celles qu'il nomme ses épouses, etc.

C'en était fait, j'étoufferais mes révoltes, j'irais à Madame l'Abbesse, quoi qu'il pût m'en coûter, et n'était-ce pas Dieu lui-même qui m'y conviait par la bouche de mon abbé ? Et pour détruire, jusque dans leurs racines les plus profondes, les craintes, les répulsions que m'inspirait cette démarche, je me livrerais dès le début, pieds et poings liés, comme un prisonnier, au bon plaisir, à la direction de la fille de dom Guéranger ; je me constituerais à l'état d'un petit enfant, dans cette confiance, cet abandon, qu'il met en sa mère, et je serais cette cire molle, prête à recevoir toutes les empreintes que le Christ voudrait marquer en moi par son épouse, devenue ma mère.

Je sollicitai une entrevue et me rendis au parloir de Madame le 22 mars 1886. Je ne voyais plus en elle une femme, mais une sainte ; son union intime avec le Christ la rendait invulnérable. Aussi ne devais-je avoir aucune crainte de troubler, par mes relations, la paix absolue au sein de laquelle le Seigneur, son Époux, l'avait établie.

Quant à moi, j'avais, grâce à Dieu, triomphé des revendications des sens. Mon séjour dans la capitale et les études spéciales auxquelles je m'étais livré, durant plusieurs années, m'avaient permis d'examiner les abîmes de corruption que recèle le cœur humain, depuis le premier pas dans la voie du mal, jusqu'à la dépravation la plus éhontée ; tel était le spectacle que m'offraient certains hôpitaux de Paris, durant mon service d'internat. J'avais pu me familiariser avec la lutte et j'en étais sorti vainqueur ; toutefois ce n'était pas en mes propres forces que je me confiais sur ce nouveau terrain des moniales, mais en la grâce que Dieu accorde à ceux qui ont le cœur pur ; et, si Dieu permettait, dans ses desseins mystérieux, que je trouvasse encore, sur ma route, ce dont se plaignait l'apôtre saint Paul, du moins la prière humble et sincère me viendrait en aide pour me purifier davantage.

La Providence, dans sa miséricorde, m'avait fait, en outre, la grâce insigne d'appartenir à une famille chrétienne. Mes premières années s'étaient écoulées sous les fortes influences du foyer domestique. J'avais connu le respect de l'autorité paternelle. Mon cœur s'était dilaté au contact de la tendresse incomparable d'une mère, et notre famille nombreuse m'avait fait goûter les douces joies de l'affection fraternelle. Aussi, une telle éducation m'avait appris ce qu'est l'amour maternel dans l'ordre de la nature. Je connaissais le paisible abandon, la confiance pleine de tendresse et les respectueuses libertés d'un fils pour une mère chérie. Telles s'étaient conservées intactes en mon âme les influences de ma jeunesse.

Maintenant, j'allais trouver une autre mère, une mère dans l'ordre de la grâce et, comme la grâce s'appuie sur la nature, pour la perfectionner, je n'hésitais point à mettre à la base de mes relations avec Madame l'Abbesse cette fraîcheur que n'avaient point corrompue les miasmes de la vie parisienne ; le cœur d'une mère ne s'y tromperait pas, quand ce cœur a senti vibrer en lui la fibre de l'amour maternel, et Madame fut la première à m'engager dans cette voie.

Lors de notre entrevue, le 22 mars, elle me dit, en outre, qu'elle savait bien qu'un jour je me donnerais à elle, que depuis longtemps déjà elle sentait les progrès de mon évolution vers elle, et que, si elle n'avait point la première provoqué notre entrevue, c'était pour ne point devancer l'heure de la Providence : je devais donner le signal. Aussi l'a-t-elle entendu avec joie et sans surprise. Elle me dit enfin que tout cela était le fruit de ses prières. On se souvient des dispositions avec lesquelles j'avais franchi les obstacles qui me tenaient jadis éloigné de Sainte-Cécile ; j'allais, sur le désir de mon supérieur, me trouver en face de la sainteté, que me restait-il à faire pour remplir mon programme ? Un acte de foi, et je le fis aussi complet que possible.

Cet acte de foi devait me conduire loin dans les sentiers de l'erreur et de l'illusion. Souvent ma conscience protestera ; souvent de vives inquiétudes me troubleront dans tout mon être ; souvent je rougirai de moi-même. Mon unique désir de vivre de la vérité se révoltera en face de ce que je crois l'illusion et, chaque fois, foulant aux pieds toutes ces révoltes, fermant et voulant fermer les yeux pour ne point voir ce que je voyais, je m'accusais d'audace et de témérité : vouloir juger une sainte ? non, mille fois non.... Il ne me restait qu'à renouveler mon acte de foi, et je le renouvelais, en faisant appel à toutes mes énergies.

Madame me dit que dom Couturier lui permettait de correspondre directement avec les moines, sous pli cacheté, et que les moines jouissaient du même privilège. Néanmoins, je pris la précaution d'en parler avec dom Couturier, et toute liberté me fut octroyée pour la correspondance et les visites au parloir.

J'écrivis donc une première lettre sur un ton familial. Madame, dans sa réponse, m'encourageait à prendre ce ton avec elle ; tout était au mieux. Quelques jours après, j'eus avec elle un long entretien, dans lequel je lui ouvris mon âme sans réserve. Ma correspondance prit bien vite le cachet de l'intimité dans la forme et dans le fond. Madame renchérissait encore sur les formules de tendresse dont je me servais, et lorsque je lui demandais s'il n'y avait pas lieu d'en restreindre ou d'en supprimer l'emploi par mesure de sagesse et de prudence, elle s'empressait de dissiper mes inquiétudes. Je me décidai donc à la suivre dans cette voie, mais à une condition expresse : « c'est que jamais personne ne verrait mes lettres ». Elle protesta d'un secret absolu, me le promit solennellement, et je pris acte de sa déclaration. On verra, plus tard, comment elle trahit la foi jurée et me trompa indignement. J'en fournirai les preuves.

Le monde dans lequel j'avais vécu à Paris m'avait mis à même d'étudier les plaies de la société. Les études médicales, la pathologie mentale et des recherches sur les

maladies nerveuses m'avaient fourni l'occasion de connaître
le cœur humain dans ses faiblesses, ses chutes, ses aberrations. Il m'avait fallu coudoyer, interroger, analyser des
malades de toutes conditions et j'en étais sorti ne conservant, me semblait-il, aucune illusion sur la fragilité de la
nature humaine et des femmes en particulier.

Pour conserver ma limpidité d'âme, dans un tel monde,
je m'étais bardé de fer. Une allure des plus décidées,
jointe à une indomptable énergie, me servait de bouclier.
J'avais conquis mon indépendance et l'on me disait blindé
d'acier. Aussi quelle surprise chez ceux qui, ne connaissant que l'écorce, me voyaient dans ma famille déposer
cette armure de combat pour répondre aux tendresses dont
j'étais l'objet !

En face de Madame l'Abbesse, je crus qu'il devait en être
de même, qu'il fallait abdiquer cette prudence, dont j'avais
eu besoin dans le monde. Je me disais que, pour me laisser
façonner par ma nouvelle mère, je devais faire table rase
du passé. D'ailleurs, Madame ne m'avait-elle point elle-
même déclaré que je serais un petit enfant dans ses bras,
prêt à recevoir une nouvelle formation ? Je fis donc un
acte de foi, et tel fut le secret de mon attitude avec elle.

J'avoue qu'il fallut me faire violence pour en arriver
là, car je n'avais pour Madame aucune sympathie naturelle ; l'impression pénible que m'avait laissée jadis sa
physionomie de chat-tigre me poursuivait sans cesse. Je
souffrais aussi du nouveau monde dans lequel il fallait
entrer. Traverser de nouveau cette période de « l'enfant
au maillot », ou du « petit oiseau fraîchement sorti de
l'œuf et que protège à peine un léger duvet », suivant ses
propres expressions, froissait mon naturel. J'avais horreur
de ces rôles qui sentent la contrefaçon. Mais, comme
auparavant, je mis le pied sur ces révoltes pour les com-

primer, et je fermai les yeux pour ne point voir davantage
le ridicule de cette équipée.

Et, cependant, la conversion des mœurs, le progrès dans
la vie monastique ne m'étaient jamais apparus sous cette
forme. Je croyais qu'au lieu de réduire l'homme à l'état
d'enfance, on développait en lui ce qu'il y avait de viril,
en élaguant de jour en jour ce qui pouvait en gêner le
développement ; on le soumettait à une forte discipline qui
le rendît maître des énergies et capable de militer, à la
suite de ces moines, à la fois humbles et vaillants, qui
furent, durant de longs siècles, les chevaliers de la sainte
Église. Ainsi l'on prenait sa croix pour suivre le Christ,
dans une abnégation continue de soi-même, sous la conduite de son abbé.

Je croyais tout cela, je le voulais, et je l'avais voué.
N'était-ce pas un rêve ? Dom Couturier m'avait dit :
« Allez à Madame l'Abbesse ; mieux que moi, elle vous
conduira dans les gras pâturages », et Madame ajoutait :
« Je bénis Dieu qui m'établit votre mère ; soyez le petit
enfant dans les langes, le petit oiseau sortant de l'œuf ;
abritez-vous sous mon aile maternelle. » Que faire ?...

Je me torturai l'esprit et le cœur en silence pour m'incliner devant ce que je regardais comme étant la volonté
de Dieu, et je revins toujours à mon acte de foi. L'allure
que voulut m'imprimer Madame ne s'harmonisait pas avec
mes aspirations. Je sentais une certaine déviation, quand
il fallait me constituer à l'état d'enfant dans ses bras, et,
parfois, je me surprenais dans cette réflexion : « Mais, c'est
de la mièvrerie ! c'est de l'enfantillage ! » Et bien vite je
me reprochais cette audace d'oser juger, de discuter les
conseils d'une véritable sainte. Dans les entretiens fréquents que j'avais avec elle, je lui ouvrais mon âme, lui
rendant compte de ses diverses évolutions, et de temps en

temps je remarquais chez elle de l'embarras pour répondre à mes questions. Ah! j'étais loin de la simplicité et de la profondeur avec laquelle dom Couturier m'indiquait jadis ma ligne de conduite. C'est étrange, me disais-je, Madame se réfugie dans des phrases générales à grand effet ; parfois même elle ne paraît pas comprendre, ou ses ripostes sont évasives et banales. Et, de nouveau, je m'imposais silence ; oser juger les actes et les paroles d'une sainte ? Non, jamais.

Il me faut maintenant, à mon vif regret, soulever un peu le coin du voile qui recouvre le « Secret du Roi » ; mais je le crois indispensable pour comprendre la suite de ce récit. Je le ferai en toute simplicité, me bornant à ce qui intéresse ma narration.

Le 17 mai, pendant la consécration de la messe que je servais, la sainte Trinité se révéla dans une union qui s'imposait. J'en fis part à dom Couturier et j'appris de lui qu'il n'y avait aucune illusion. Dès que Madame eut entendu la relation de ce qui s'était passé, elle me dit : « Maintenant, ça y est, mon cher petit enfant » ; puis, prenant un air inspiré, avec toute la mise en scène que réclamait ce rôle, elle me tint le langage suivant : « Désormais la substance de votre âme est intimement unie à la substance même de Dieu. Cette manifestation de l'adorable Trinité vous établit dans une union stable et définitive. C'est une porte qui a été ouverte et qui ne se refermera plus. Mais sachez qu'un don aussi rare et aussi précieux ne vous est accordé que pour la sainte Église et pour Solesmes en particulier. Votre prière est devenue toute puissante, et vous serez souvent étonné de ses résultats merveilleux. Ils sont vraiment les colonnes de l'Église, ceux qui atteignent ce sommet de la vie unitive ; une seule âme, ainsi unie par sa substance à la substance de Dieu, Un et Trine, suffirait à soutenir l'Église. Remerciez Dieu de ce don inénarrable. Usez de votre crédit pour que vos frères tendent vers le même but et l'atteignent ; plusieurs d'entre eux s'en approchent depuis longtemps déjà et ne peuvent y parvenir. Vous, mon cher enfant, vous y avez été porté bien rapidement ; obtenez ce don pour vos frères et vos sœurs de Solesmes. Désormais, vous ne souffrirez que des souffrances de Dieu ; les autres n'ont pas le droit de vous atteindre. Le diable ne saurait vous nuire ; vous êtes invulnérable. Votre prière aura la vertu de le chasser et, si vous le sentez, ce ne sera qu'à la surface de votre âme, dans le contact d'un esprit enflammé. Priez beaucoup. Votre prière ne sera plus le travail de votre âme ; c'est la divine Majesté elle-même qui priera pour vous dans ce temple qu'elle habite et vous y entendrez des gémissements inénarrables. »

Ce long et solennel exposé que me fit Madame n'était qu'un pâle reflet de ce qui s'était gravé en moi pendant la consécration, avec la rapidité de l'éclair, sans le concours de paroles et d'images. Il semble que la bonté infinie de Dieu ait voulu me fortifier, m'établir sur un fondement solide, au moment même où, par un acte de foi aveugle, j'acceptais les allures et la terminologie enfantines que l'Abbesse m'imposait et qui devaient servir à m'entraîner plus facilement sur les pentes de l'illuminisme. Quant aux cruelles expériences qui se préparaient, aujourd'hui, je remercie la Providence de les avoir faites ; elles m'ont appris les dangers de cet illuminisme et les ressources fécondes de la foi vive et nue. *Virtus in infirmitate perficitur.* Plus tard, sur le point de tomber, mon âme se redressera plus virile et plus forte, et, reprenant le droit chemin, je redirai ces paroles : *Misericordias Domini in aeternum cantabo.*

Mais reprenons la suite du récit. Madame était toujours, à mes yeux, une grande sainte ; me précédant de beaucoup dans les étapes de la vie mystique, elle devait m'y servir de guide. Elle comprit, avec sa finesse féminine, qu'elle m'avait subjugué. Cependant, il restait encore un petit nuage qu'il fallait dissiper.

L'une de mes sœurs avait frappé à la porte de Sainte-Cécile en 1878. Après un échange de correspondances, elle y arrivait à la fin de décembre et dom Couturier l'introduisait dans la clôture. Au bout de trois jours, elle fut invitée de reprendre la route de Paris, sans qu'on l'eût interrogée sur ses désirs, sur ses impressions. Elle recevrait sous peu, lui disait-on, une lettre qui la fixerait d'une façon définitive. Ma sœur revint donc à Paris. « Personne ne m'a interrogée, me dit-elle, et l'on m'a congédiée ; je crois que ma toilette était trop modeste et que j'ai eu le tort de ne pas faire la grande dame. Ce renvoi m'a été fort pénible, car cette forme de la vie religieuse répond à mes aspirations et j'aurais voulu l'embrasser. » Bientôt, en effet, elle reçut une lettre qui la remerciait. C'est alors qu'elle entra à la Visitation, où elle fut bien accueillie.

Madame l'Abbesse n'avait rien oublié de cette aventure, et son silence sur ce point cadrait mal avec notre intimité. Aussi je provoquai une explication, et je le fis dans les termes les plus affectueux. « Vous m'enlevez un poids énorme qui m'écrasait », me dit-elle. « Depuis longtemps, j'avais envie de vous en parler ; puis je reculais, je sentais que ce serait peut-être raviver une blessure. Je ne sais vraiment comment on a pu agir ainsi à l'égard de Mademoiselle votre sœur ; j'étais en ce moment surchargée de besogne et la chose a été réglée en dehors de moi. Je n'ai fait que sanctionner ce que m'avaient dit mes filles. Je vous avoue que, plus tard, j'en ai eu des remords, et j'ai même dû m'en accuser en confession pour soulager ma conscience. »

Je m'empressai de la rassurer sur les sentiments de ma sœur et sur les miens.

Le terrain était donc complètement déblayé, et rien ne s'opposait plus à l'action de l'Abbesse sur son nouveau fils. C'est ici que commence un lamentable chapitre fécond en enseignements.

Madame m'avait enrôlé sous sa bannière ; ce n'était pas suffisant, il fallait tout détruire autour de moi et, sur ces ruines, lui dresser un trône.

Elle avait suffisamment capté ma confiance ; je lui obéirais en aveugle.

Avec une adresse toute féline, elle s'attaqua d'abord à celui qui était mon supérieur et mon abbé. Dans une série de confidences, revêtues du cachet le plus intime, elle me révéla ses ennuis, ses labeurs. N'étais-je pas associé à sa vie ? Ne devais-je point porter avec elle le fardeau qui pesait sur ses épaules ? Ah ! la mort de dom Guéranger l'avait laissée dans l'isolement le plus complet. Sans doute dom Couturier avait le titre de successeur, mais il lui manquait la taille nécessaire pour continuer l'œuvre de Solesmes. N'avais-je pas remarqué que ce pauvre Père Abbé dom Couturier était un homme faible, violent, vulgaire et lâcheur (*sic*) ? Il compromettait, il faussait les situations, laissait tout aller à la dérive, ne savait jamais prendre un parti. Que de fois elle en avait souffert ! N'avait-il pas eu le dessein de leur faire, à l'exemple de dom Guéranger, de temps en temps, la conférence spirituelle ? Ses filles s'en affligeaient, car il avait le talent de les fatiguer, si bien qu'un jour elle dut revendiquer son autonomie et lui faire comprendre qu'elle se chargeait désormais de donner à ses filles la nourriture spirituelle qui leur était nécessaire. Après les expulsions, lors des retours successifs des moines de Saint-Pierre, domptant ses répugnances naturelles, elle ne recula point devant son devoir de rallier les moines sous sa houlette, de se les attacher, de les accueillir, pour conjurer des désastres inévitables.

N'était-ce point la mission que dom Guéranger lui avait confiée avant de mourir? « Ma fille, lui avait-il dit, je laisse entre vos mains mes fils et mes filles, c'est à cette condition que je mourrai tranquille ; je vous les donne, vous les adopterez tous. » Quelle tâche ingrate et douloureuse ! Après tout, la responsabilité de ses filles seules semblait devoir lui incomber, et le rôle de l'abbé n'était-il pas, au contraire, de lui venir en aide ? Mais non, le Père Abbé du Ciel (dom Guéranger) le lui avait fait promettre, elle serait son ombre sur la terre, et ses sollicitudes s'étendraient de Sainte-Cécile à Saint-Pierre. Que de fois l'on a méconnu son mandat ! Dom Couturier, loin de lui venir en aide, semblait la tenir à distance. Qui dira jamais tout ce qu'elle a souffert ? Aussi s'était-elle garée de lui ; c'était le seul moyen de ne pas être entravée dans sa mission. Ne sait-on pas, en outre, qu'il se laisse facilement monter la tête par les jaloux, les mécontents et d'anciennes perruques? Et alors, comme tous les hommes faibles, une fois échauffé, il frappe brutalement. L'essor de Saint-Pierre trouve un obstacle dans cet homme terre à terre ; tout ce qu'elle peut réaliser en ce moment, c'est d'enrayer les progrès de la ruine, jusqu'à ce qu'il plaise à Dieu d'enlever l'obstacle, et alors « elle refera Solesmes » (*sic*).

Le poison que contenaient de telles confidences dans des scènes de larmes et de désolation me fut inoculé à doses progressives, et bientôt mon organisme en était imprégné.

Je crus m'être trompé sur mon abbé, et Madame finit par m'éloigner de lui en sauvegardant les apparences. J'en arrivai à ne plus voir en lui qu'une influence néfaste sur la Congrégation.

Là ne se borna point la tactique de Madame ; il ne lui suffisait point, pour régner en souveraine, d'avoir détruit l'Abbé dans ma confiance et mon estime, il fallait aussi immoler les autres moines et me laisser croire que, seul, j'entrais en plein dans la compréhension de la vie monastique.

Je ne ferai ici que résumer les divers sentiments qu'elle me suggérait à l'égard de mes frères ; aucun n'était épargné dans cette hécatombe, pas même ceux qu'elle appelait ses fils.

Il y a d'abord le menu peuple : dom Joliet, caractère des plus méprisables, aussi faux qu'obséquieux ; dom Parisot, femme nerveuse, avec une figure de satyre ; dom Deharweng, bon petit « nunu ».

Parmi les « tannants », en première ligne, dom Edouard du Coëtlosquet, complet dans le genre ; famille de gens étroits et poseurs. A sa suite, dom Cagin, pauvre Cagin ! il est tout fou ; il part comme une soupe au lait et loge habituellement dans la lune. Encore un qui voulait, comme le précédent, prendre d'assaut Sainte-Cécile pour y loger sa sœur ; assez de Caginades ; on s'est campé devant la porte et l'on a dit : « On ne passe pas ». Dom Renaud trouverait sa place dans « les petites maisons ». Que dire du « braillard dom Paquelin » ? Ah ! il en est parmi les moniales qui ne peuvent le sentir, ni l'entendre chanter la messe.

Et ce pauvre dom Marsille, zélateur des novices, un type de vieille fille, pointu, méticuleux et d'une étroitesse sans pareille. Son physique s'harmonise avec son moral. Aussi quel supplice pour sa cousine, Mère Pudentienne (de Sainte-Cécile), lorsqu'elle reçoit sa visite ! Souvent il y a de la casse et brouille dans le ménage, il faut alors un arbitre pour régler le différend, et c'est elle, Abbesse, qui joue ce rôle. Elle calme les colères, elle panse les blessures de ce pauvre Marsille.

Un bon petit enfant, dom Bouré ; il aime tant Sainte-Cécile ! Aussi il ne peut se résigner à dire la messe ailleurs. De temps en temps il prend sa sucée auprès de sa maman. En outre, il est poète ; sa muse s'est éclose en Bretagne sur les plages de l'Océan. Pauvre enfant, il faut l'entourer de soins ; jadis on craignait pour sa tête ; on le disait tout bas. Dom Houllier, notre sacristain, homme étroit, commun, utilitaire ; il estime les gens en raison de ce qu'ils lui rapportent et sait manger au besoin à tous les râteliers.

Un diplomate ambitieux, aussi souple que fin, c'est dom Cabrol ; il n'a pas de cœur, mais il a des yeux qui gênent, c'est pourquoi on le tient à distance et l'on cherche à le dépister. D'ailleurs, ce n'est pas la faute de Sainte-Cécile s'il fait partie de la famille de Saint-Pierre, car elles ont tout tenté pour l'éconduire. (J'ajoute ici, en parenthèse, que dom Cabrol est aujourd'hui notre prieur, et, depuis ces nouvelles fonctions, tous les défauts d'autrefois ont disparu pour faire place à l'ensemble le plus harmonieux de toutes les qualités.)

Quant à dom Lhuillier, ce n'était qu'un petit bonhomme étroit, méticuleux, pointu, prétentieux ; elle le surnommait « la Fauvette ». — (J'ajoute encore, en parenthèse, que cette « Fauvette » est devenue l'un des piliers de la Congrégation, depuis le jour où il a été nommé supérieur des moines députés de Solesmes pour servir de chapelains aux Moniales de Wisques, essaim de Sainte-Cécile.)

Dans cette œuvre de démolition, Madame ne respectait même pas le côté intime des relations. Les confidences qu'on lui faisait étaient dévoilées à plaisir. Ainsi dom Legeay n'est pas seulement un grand bric-à-brac, un enfant qui fait des colères et que l'on calme en lui passant ses fantaisies, mais c'est un prêtre à la veille de faire la culbute, ses relations avec « la petite » (Rosalie Baunier) l'ont conduit souvent à deux pas de la chute. La miséricorde divine a daigné jusqu'alors conjurer ce désastre. Mais il y a chez dom Legeay un tel abus de la grâce qu'elle en est effrayée. Quand il vient la visiter au parloir, elle lui lave la tête ; il pleure, puis il promet tout ce que l'on voudra, mais autant en emporte le vent. Elle lui a déclaré solennellement que ses poussées de congestion cérébrale sont un avertissement de Dieu. S'il ne veut pas en profiter et modifier sa ligne de conduite, elle ne répondra plus de son salut déjà compromis.

Parmi les Anciens, les vieillards à cheveux blancs, dom Fonteinne, dom Piolin : tous deux très dangereux, les croix de dom Guéranger ; dom Joseph Pothier, notre sous-prieur, un finaud, un vieux policier, dont il faut se méfier ; c'est pourquoi on le ménage, mais tout en le tenant à distance.

Voici venir les deux frères ennemis, tous deux céciliens fanatiques : dom Fromage et dom Logerot. Celui-ci, à la mort de dom Guéranger, se constitua le champion de Madame l'Abbesse, qui le laissa croire à ce rôle. Il fut un temps où Sainte-Cécile lui témoignait en effet une certaine confiance. Madame feignit même de se mettre sous sa direction spirituelle. Aussi avons-nous vu le zèle indiscret avec lequel il cherchait à gagner les novices à la cause cécilienne. Mais, de nos jours comme autrefois, la roche Tarpéienne n'est pas loin du Capitole, et dom Logerot en a fait la cruelle expérience. Madame l'avait choisi faute de mieux ; on le cajolait ; on disait à mots couverts qu'il était l'homme de l'avenir, le futur abbé désiré par Madame. Mais, du Nord, nous arrivait bientôt l'abbé Henri Delatte ; l'arrêt de mort était porté contre dom Logerot. Dès cette époque, il ne vaut plus rien qui vaille, ce pauvre Logerot. Pauvre bonhomme, « si court et si collant », on le subit par pitié. Il est vrai que Madame lui laisse, dans ce désastre, une fiche de consolation ; elle continue à lui communiquer le journal de sa vie mystique et prend avec lui des airs d'intimité. Mais quel ennui d'avoir à le supporter ! Aussi, de temps à autre, pour se débarrasser de lui, elle lui députe la mère Mechtilde ou une autre moniale. Croiriez-vous que « toutou », car c'est ainsi qu'on l'appelle, « le petit toutou » fait à Madame des scènes de jalousie ? Oui, il voit bien qu'on le met de côté, que ses actions sont en baisse, qu'il n'a plus la confiance d'antan ; elle ne lui montre plus le même abandon, et, la jalousie aidant, il laisse parfois échapper des paroles amères. N'a-t-il pas eu un jour la témérité de lui dire qu'elle frisait « l'illuminisme » ! Que voulez-vous, ce pauvre « toutou » n'est pas à la hauteur, et maintenant son âme s'étiole, le flambeau menace de s'éteindre ; il piétine sur place, souvent il recule, toujours il est ensablé, et, lorsqu'elle a sué sang et eau pour le délivrer, bien vite il s'ensable plus que jamais. Ah ! toutes les moniales en sont fatiguées. Mère Mechtilde, fort heureusement, se dévoue et se sacrifie en lui tenant compagnie au parloir. Ce n'est pas tout : comme maître des novices, « toutou » n'est qu'un zéro, et, pour comble de malheur, il est poursuivi par un certain diable qui cherche à l'éloigner de Sainte-Cécile.

(Disons en passant que l'action du diable a été découverte le jour où dom Logerot signalait à Madame le danger de l'illuminisme.) On me demande alors de fourbir mes armes contre le diable; blindé comme je le suis, je n'ai rien à craindre dans ce combat singulier et peut-être aurai-je la bonne fortune d'arracher à ce diable la proie qu'il convoite ?

Quant à son rival, dom Fromage, il trouve en l'abbesse « la dame de ses pensées » et lui écrit : « Ma douce Maman ». Son assiduité est telle qu'il assiste tous les jours aux vêpres des moniales. Après les expulsions, n'eut-il pas le zèle de se constituer leur célébrant pour la messe de communion chaque matin? Et l'on eut grand peine à l'évincer, tout en lui accordant un jour fixe, le mardi, et chacun sait que, pour lui, le mardi est un jour sacré, en raison de cette messe à Sainte-Cécile. Il se croit le confident, le directeur privilégié de Madame ; c'est du moins l'illusion dans laquelle on l'entretient, pendant qu'au milieu des intimes elle l'appelle avec ironie « dom Caseus[1] ». « Dom Caseus, dit-elle, est un pointu, tellement aigre, qu'une seule goutte de son sang suffirait à faire tourner une barrique de lait. » Quel supplice que ses visites au parloir! Jadis il les renouvelait si fréquemment, plusieurs fois par semaine, et les prolongeait à tel point qu'elle dut y mettre ordre, d'autant que le moindre refus de répondre à son désir amenait des scènes. Elle lui fixa le 1er et le 15 de chaque mois, comme jours de réception pour lui, et, faute de mieux, il sut se contenter de la portion congrue. Dom Caseus s'en agace ; elle le sait, et en fait des gorges chaudes avec moines et moniales. La note capitale de ce malheureux, c'est la jalousie. Les faveurs dont le « petit toutou » était l'objet

1. *Caseus,* en latin, signifie « fromage ».

lui portaient ombrage ; il s'en plaignait même avec beaucoup d'amertume. Quant à Madame, cette rivalité l'amu-
sait beaucoup ; mais elle y puisa un vif mécontentement à
l'égard de dom Couturier. Elle-même me narrait l'épisode
de la façon suivante : Un beau matin, le Père Abbé amena
la conversation sur dom Fromage, et parla plaisamment de
cette rivalité dont les échos étaient parvenus aux oreilles
des moines ; il alla même jusqu'à comparer dom Fromage
et dom Logerot à deux petits coqs qui se battent pour une
poule. Blessée du ton sur lequel le Père Abbé lui servait
l'apologue, elle riposta sèchement, déclarant qu'elle
n'avait rien du rôle de coquette, et que c'était à lui à tenir
les moines.... puis elle se drapa dans sa dignité de femme
froissée. Chacun rit des œillades que lance dom Fromage
à travers la grille des dames, dans ses fonctions de maître
des cérémonies. Il ne se doute point, l'infortuné dom
Caseus, que Madame, « sa douce Maman », le traite textuellement de la manière suivante : « Dom Caseus est un
pisseux qui me fait sur les genoux ; je ne puis le tenir un
instant sans qu'il y laisse des traces de son passage ».
Quels affronts n'a-t-il pas subis ? Pendant qu'il disait la
messe de communion au maître-autel, Madame faisait
consacrer une hostie, pour elle, par le célébrant de l'autel
de la Sainte-Vierge, et, ne voulant point recevoir la Sainte
Communion de la main de dom Fromage, se séparait de
ses filles pour la recevoir d'un autre célébrant. Dom
Legeay doit s'en souvenir, car, ayant un jour rempli cet
office spécial, le Père Fromage lui reprocha durement de
l'avoir injurié dans son ministère sacerdotal. Un autre
jour, Madame ne se présenta point à la Sainte Table pour
le même motif, et attendit la messe suivante que célébrait
dom Houllier, et celui-ci, après son action de grâces, fut
prié de se rendre au parloir de l'Abbesse. Lui-même m'a

narré la scène. « Vous avez peut-être été surpris de ce que je n'ai pas communié avec mes filles ? Je tenais à vous en dire le motif, c'est que je ne voulais pas recevoir la Sainte Communion des mains de dom Fromage, et je vous prie de lui dire de ma part que je ne veux plus le voir; j'en ai assez ; dites-lui que je ne veux plus le voir, que j'en ai assez... »

Dom Houllier fut tellement bouleversé du ton sur lequel était faite cette communication, qu'il se mit à pleurer en quittant le parloir. Dom Fromage en fut informé et, furieux, protesta que jamais il ne remettrait les pieds à Sainte-Cécile. « Il ne faut cependant point rompre brutalement », reprit dom Houllier, et dom Caseus, dès que sa colère fut passée, fit de nouveau sa cour à Madame, et les assiduités d'autrefois prirent un nouvel essor. Les moniales le traitaient avec mépris et se moquaient sans cesse de lui. « Le fromage, quel fromage! Grand Dieu! Quel fromage! Est-il aigre!... » Il n'est pas besoin de commentaires.

Plus favorisé que le précédent, dom Mocquereau occupe une place de choix dans le cœur de Madame. Il est vrai qu'il ne pense, qu'il n'agit, qu'il ne vit qu'avec elle. Il est lancé dans les hautes voies mystiques et croit fermement que tout ce qu'on lui dit à Sainte-Cécile est arrivé. Madame ne résiste pas cependant au désir de battre en brèche cet ami dévoué. « Il est bon, excellent, mais si maladroit qu'il est souvent nuisible. »

Dom de La Tremblaye lui tient au cœur; c'est son « René », « son fils René ». N'est-il pas, d'ailleurs, le fruit de ses larmes? Elle l'a recueilli, alors qu'il était sur le point de sombrer. Il lui a causé et lui cause encore de vives inquiétudes, car depuis longtemps il met obstacle à la grâce... Oh! il l'a fait souffrir, et ce qui la tourmente le plus, c'est de voir qu'il ne se rend pas.

Dom Guépin, prieur de Saint-Dominique de Silos, « n'est qu'un pantin », « aussi léger que sans consistance », « une vraie mousseline ». S'il se permet de franchir la limite d'action qu'elle lui impose, la correction ne se fait pas longtemps attendre. Il doit encore se souvenir des coups de cravache qu'elle lui a sévèrement appliqués, il y a environ trois ans, à propos de dom Delatte. Nous reviendrons sur ce point.

Passons maintenant aux abbés de Marseille et de Ligugé.

Savez-vous ce qu'est le R^{me} dom Gauthey, abbé de Marseille ? « Une tête de linotte. » Jadis dom Guéranger l'appelait « ma colombe », mais il n'est pas si colombe qu'on le dit. Oui, n'a-t-il pas l'audace de vouloir secouer sa tutelle ? Il se montre têtu, récalcitrant, lui qui n'a qu'une cervelle de linotte ! Aussi, Madame se voit dans la nécessité de lui tracer la ligne de conduite qu'il devra suivre ; au besoin elle lui sert de longues admonestations. Témoin ce long mémoire de quatorze pages, qu'elle lui envoya, il y a environ trois ans, et, pour imposer cette longue série d'avis, elle ajoutait en terminant : « Je ne suis pas libre de ne pas vous écrire ce que je vous écris ». — Que fit le R^{me} Père dom Gauthey ? Il lui répondit des banalités, sans aucune allusion à ce long grimoire, et, « si jamais elle m'en parle, me dit-il, je lui déclarerai que ses quatorze pages n'avaient pour moi aucune valeur, puisqu'elle avouait en terminant qu'elle n'avait pas été libre de ne pas les écrire ». Nous verrons plus loin que Madame le poursuit de ses représailles et qu'on veut l'amener à donner sa démission.

Quant au R^{me} dom Bourigaud, abbé de Ligugé, Madame en parlait peu. La tactique consistait à le noyer dans l'oubli, parce qu'on redoutait son caractère ferme et loyal[1] ;

1. Vingt ans plus tard, dom Sauton le jugeait plus sévèrement : « Dom Bourigaud avait la ténacité des Vendéens, mais il avait deux

mais bientôt le trop-plein du vase devait déborder, et les qualificatifs les plus odieux lui seront décernés par la phalange de Sainte-Cécile.

Il n'est pas jusqu'au Cardinal Pitra qui ne doive trouver en Madame un Mentor...

Il lui donne le doux nom de « ma mère », lui confie son âme, et jamais direction ne fut plus utile, car « ce bon Cardinal, disait-elle, a si peu de tête, tout savant qu'il est ! » Mais nous reviendrons plus tard sur ce sujet et nous assisterons à une brouille complète entre Madame et son Éminence.

Je pourrais continuer cette narration et redire l'appréciation de l'Abbesse sur les personnes du dehors, sur les Évêques, sur les Cardinaux, sur le Souverain Pontife ; je me borne pour le moment au terrain strictement monastique.

Il est facile de se rendre compte du désastreux effet que devaient produire en moi de pareilles confidences de la part d'une personne réputée éminemment sainte, et devant laquelle je faisais un acte de foi aveugle. Elle m'arrachait à mon abbé, qui n'était qu'un homme vulgaire, « violent et lâcheur », qui mettait par sa présence un obstacle à l'essor de la Congrégation ; aussi devais-je me garer de lui, tout en gardant les apparences. Puis elle démolissait sous mes yeux chacun de mes confrères, trahissant leurs secrets les plus intimes, et les déshabillant pour les travestir d'une façon méchante et grotesque. Elle me laissait croire enfin que, seul, j'avais sa confiance, et

---

grands défauts fonciers. Dans les situations entraînant des responsabilités sérieuses, il savait lancer les autres en avant et, au moment psychologique, s'il y avait de la casse, il la leur mettait sur le dos ; au besoin même... il posait en victime.

« En second lieu, il était soupçonneux ; s'alimentait de potins et avait la rancune tenace. » — Lettre du 28 décembre 1911.

se posait comme l'unique héritière de dom Guéranger,
dont elle joignait la crosse à la sienne. Disons de suite que
Madame usait auprès des autres moines de la même tactique, leur infusant dans les veines le même poison et les
entretenant dans les mêmes illusions. Si je partageais
leurs illusions, je partageais aussi le même sort. J'appris
en effet que Madame me livrait à eux, qu'elle les mettait
en garde contre moi et me tournait en dérision. Nous en
aurons la preuve plus loin.

Que restait-il à faire pour qu'à mon tour, suivant l'expression consacrée par Madame, « je fusse aussi rendu » ?
Amonceler autour de moi les ruines que je viens d'esquis-
ser n'était qu'une première étape ; il s'agissait maintenant
pour l'abbesse de dresser sur ces ruines un trône, où elle
monterait en souveraine, la crosse à la main, et l'auréole
de la sainteté sur la tête. Déjà la crosse lui était remise :
elle avait su l'arracher à dom Couturier. Quant à l'auréole
de sainteté, voici comment Madame parvint à m'en éblouir.

Sachant qu'elle ne me prendrait jamais par la tête, elle
visa droit au cœur. Écoutons-la plutôt promener habituellement ses doigts sur un clavier pour en faire jaillir
toutes les notes de la sentimentalité. Elle savait bien que
je n'avais pour elle aucune sympathie naturelle. Quoi de
plus simple, pour combler cette lacune, que de sembler ne
point l'apercevoir ? Et alors elle s'ingénia à me servir tous
les termes de la tendresse maternelle : « mon cher fils »,
puis « mon bien-aimé fils », bientôt « mon cher enfant »,
« mon bien-aimé petit enfant », « mon petit enfant chéri ».
Que sais-je encore ?

Ces grains, déposés en terre, devaient germer. Un beau
jour, j'appris, en effet, une grande nouvelle : « ma nouvelle
naissance » ! Oui, cette bonne et douce mère m'avait
engendré de nouveau ; elle m'avait porté dans son sein,

grâce à une maternité toute virginale. Ne fallait-il pas
donner un nom au nouveau-né ? Il reçut celui de
« Tiburce ». Que de charmes dans ce doux nom ! Que de
souvenirs il éveillait dans le cœur de Cécile (prénom de
Madame) ! « Oui, vous êtes désormais mon fils Tiburce »,
« mon cher petit Tiburce ».

Ce ne fut pas sans grande surprise que je me vis changé
en « pauvre petit Tiburce ». J'étais donc le fruit d'une
maternité virginale ! Quel mystère ! Après tout, qu'importait ma surprise ? Le monde surnaturel n'est-il pas rempli
de mystères que l'on ne peut sonder ? Aussi n'aurais-je
point la hardiesse téméraire d'approfondir ce problème ;
arrière toute tentative d'un esprit rationaliste ! Je ferme
les yeux ; je ne veux point voir davantage ; je fais mon
acte de foi. Il me suffit de savoir que celle qui me tient ce
langage est une sainte consommée dans la sainteté, et
désormais je serai « le petit Tiburce de ma mère Cécile ».
Mais le plus profond silence régnerait sur ce merveilleux
enfantement. Tout regard profane en serait banni, et la
mort ensevelirait ce secret avec nous dans la tombe.
Madame m'en fit la promesse solennelle. Nous verrons
bientôt ce secret devenu le secret de Polichinelle. Moines
et moniales, à ma stupéfaction, me salueront du nom de
Tiburce. Mais passons ; il faut me suivre sur la pente qui
conduit au péril, et, disons-le, aux tristes réalités de l'illuminisme le plus scabreux.

Qu'allait devenir ce pauvre petit Tiburce ?

N'était-il pas une cire bien molle et toute prête à recevoir, en aveugle, les empreintes que lui imprimerait
sa mère Cécile ? Oui, ma mère Cécile m'avait enfanté ;
c'est en elle qu'après une mort toute mystique, j'avais
puisé la vie. Le nouveau-né reposait dans les bras de sa
mère ; on l'enveloppait de langes, et Dieu qui donne à l'oi-

seau le petit grain de mil lui donnerait aussi la nourriture.

Cette maternité virginale n'était pas un vain mot ; la mère nourrissait son fils de sa propre substance, elle le nourrissait de son lait virginal. Et comment ? Ah ! dans çe monde des réalités surnaturelles, toute distance disparaît, les obstacles matériels s'évanouissent ; qu'importait cette grille placée par la nature entre la mère et son fils ; la mère n'en presserait pas moins son enfant sur son cœur, prélude du suave commerce dans lequel ce petit être répond à l'appel de sa mère, et puise à son sein un lait non moins virginal que mystérieux. Honni soit qui mal y pense ! Qui donc verra d'un œil mauvais l'enfant se jouer sur le sein de sa mère ? Qui donc prétendra lui ravir ses caresses ? Est-il rien de plus pur que ces tressaillements maternels ? Dieu l'a voulu ainsi ; ne crains rien, petit Tiburce. Tu connaîtras un jour les sublimes prérogatives auxquelles tu participes en ce moment. Ces entrailles qui t'ont porté d'une manière surnaturelle, n'ont-elles point abrité le Sauveur durant neuf mois ? Ce sein que tu presses entre tes lèvres, n'a-t-il point allaité le divin Enfant de la Crèche ? Sans doute la faiblesse de ton âge ne te permet point encore de connaître ces merveilles, d'en goûter les harmonies surnaturelles ; peut-être un jour seras-tu digne de les apprendre ? Alors tu comprendras l'éminente sainteté de celle que tu nommes « ta mère Cécile ».

Tiburce buvait à longs traits ce perfide breuvage ; il grandissait sur les genoux de sa mère, et son origine n'avait rien de la terre. Son nom lui disait assez qu'il devait vivre en compagnie des anges. Aussi écrivait-il : « Tiburce était le favori des anges ; je veux en prendre les mœurs et c'est à ce titre que je vous embrasse tendrement ». Dans cette même lettre, il s'ouvrait ainsi :

Votre petit enfant, ma mère chérie, a le dessein de mourir davantage à lui-même pour compléter *quod deest passionum Christi*. Et cette blancheur virginale, ne me la faudrait-il pas, quand je sais l'union étroite et constante dont mon âme a reçu l'immense faveur? J'ai soif d'avancer plus haut, de m'oublier, de disparaître. J'ai soif de vous aider, de partager vos peines et vos travaux. J'ai soif de vous consoler, ma pauvre mère, et cela en souffrant avec vous de vos souffrances. Oui, j'ai soif de ne plus vous être à charge. Oh! j'ai soif du sacerdoce!...

Madame avait un fils, Tiburce. Devait-elle lui laisser ignorer l'existence de ses sœurs, — car les moniales étaient devenues ses sœurs?

Déjà les soins dont j'avais entouré dom Schmitt jusqu'à sa mort m'avaient mis en relations avec sa sœur, Mère Lucie, et sa cousine, Mère Abre. Toutes deux cherchaient à me témoigner leur reconnaissance. Nos entrevues se multiplièrent pour s'épanouir dans une commune vénération à l'endroit de Madame l'Abbesse. Celle-ci ne manqua point de leur signaler la naissance d'un nouveau fils, devenu leur frère, et mère Abre s'obstinait à lui donner le nom de « Jean ».

Toutes deux se réjouissaient de mon intimité avec « notre douce maman ». Elles me voyaient grandir de jour en jour. « Le petit poulet était sorti de l'œuf, il avait percé sa coquille. » Bientôt « de petites plumes faisaient leur apparition »; « pauvre petit poulet, comme il aimait à se réchauffer dans le sein de sa mère! ». « Un jour les ailes lui poussèrent, et quelle ne fut point leur surprise quand elles virent que le petit poulet prenait son essor, et, déployant ses ailes, planait comme un aigle dans les airs! » « Le petit Jean avait grandi; son nid s'était transporté sur des hauteurs que n'atteignent point les bruits du monde, et son œil était fait pour contempler le divin Soleil. »

Toutes ces élucubrations me paraissaient bien étranges. Volontiers j'en aurais secoué le joug importun, d'autant

que ces deux moniales ne me tenaient nullement au
cœur ; une certaine honte me gagnait et j'en sortais
amoindri. De plus, quelques soupçons hantaient ma tête.
Il est des flammes que l'on doit éteindre, et, continuer de
telles relations, n'était-ce pas, au contraire, leur fournir
un aliment ? Mes sens semblaient dormir, mon cœur
n'éprouvait aucune émotion ; j'avoue même qu'il m'en
coûtait de suivre ces deux moniales sur le terrain de l'intimité. Ce qui m'inspirait une vague appréhension, c'était
la physionomie passionnée de la mère Lucie, et le vapo-
reux sentimentalisme de la mère Abre. — Il fallait néanmoins imposer silence à toutes ces appréhensions, et se
laisser faire, puisque tel était le bon plaisir de l'Abbesse.

Peu de temps après, Madame m'insinua qu'elle me verrait avec joie nouer des relations avec Mère Pudentienne.
Pourquoi ? Je ne la connaissais pas et n'éprouvais aucun
besoin de la connaître. — C'est vrai, mais un tel caractère me serait sympathique. Du granit de Bretagne ! Déjà
plusieurs fois, elle a connu les déceptions d'un cœur généreux, ardent, qui se donne à des moines et qui s'en voit
plus tard abandonnée. Elle est, en outre, très intelligente,
et probablement les votes se porteraient sur elle pour succéder à Madame. — Ce désir de Madame était pour moi
un ordre ; j'obéis. Mère Pudentienne avait en effet un
cœur ardent, très chaud, mais fécond en soubresauts ; je
me livrais sans me livrer et je crois qu'elle en fit autant[1].

Quant aux correspondances échangées avec ces trois
moniales, elles passaient sous les yeux de l'Abbesse. Plusieurs fois, je lui demandai s'il y avait lieu de modifier la
forme, le ton, et, pour toute réponse, elle me disait : « Non.
C'est très bien comme cela. N'ayez aucune inquiétude. »

---

1. « *Je me livrai* signifie ouverture du cœur, d'âme. » D. S. — Cette
note est de la main de dom Sauton.

Quelle ne fut point ma surprise d'entendre un certain jour Mère Lucie et Mère Abre m'appeler Tiburce. — Tiburce, mais quel Tiburce? De qui parlez-vous ? — Rouges comme des cerises, elles me dirent en souriant : Mais il s'agit de Tiburce; vous nous comprenez bien. — Je vous demande pardon; de qui parlez-vous? — Oh ! nous connaissons bien le petit Tiburce de notre mère Cécile. — J'étais livré et fis contre mauvaise fortune bon cœur. Dès que je vis Madame, je me plaignis de son indiscrétion. Comment avait-elle pu trahir un secret qu'elle m'avait solennellement promis?

Prenant un air candide, sous lequel se cachait mal son embarras, elle me dit : « Mais oui, elles savent que je vous appelle Tiburce. Elles sont fines, vos petites sœurs; elles auront vu sans doute que je mettais un *T* entre votre prénom et votre nom, lorsque je vous écris, et elles auront deviné que ce *T* signifie Tiburce. » Une telle explication, on le comprend, n'était qu'une défaite mal déguisée. « D'ailleurs, » ajouta-t-elle pour détruire l'impression pénible qui se traduisait sur mon visage, « il n'y a aucun inconvénient pour mes filles de connaître le nom de leur petit frère; elles sont, au contraire, très heureuses d'avoir un petit Tiburce. » — Quelques jours après, Mère Pudentienne me saluait à son tour du nom de Tiburce.

Une autre circonstance me fit poser un pénible point d'interrogation. Dom Marsille avait maille à partir avec sa cousine Mère Pudentienne; la querelle tournait à l'aigre. Madame se mêla au procès, et j'allai droit à dom Marsille, qui me témoigna à la fois son étonnement et sa gratitude. Dès le lendemain soir, Madame m'écrivit un billet dans lequel elle me reprochait durement d'avoir mis mon bonnet de docteur sur ce terrain. Le ton et la nature de ces reproches me bouleversèrent.

Peut-être avais-je manqué de prudence avec dom Marsille en lui donnant du pain alors que sa complexion maladive ne pouvait supporter que du lait? Mais le rôle d'une mère ne consistait-il point à éclairer son fils, à lui montrer les inconvénients d'une intervention trop précipitée, au lieu de le blâmer durement d'avoir accompli la tâche qu'on lui avait confiée? A ce point d'interrogation s'en ajouta un autre, qui s'était dressé devant moi quelques jours auparavant et que j'avais cherché à ne point scruter.

Au milieu de phrases sentimentales, que Madame écrivait à son cher petit Tiburce, s'étaient glissés quelques mots étranges. En les lisant, je m'écriai soudain : « Mais c'est faux; jamais la fibre maternelle n'a rendu de telles notes! Si Madame avait pour moi un cœur de mère, jamais elle ne me parlerait ainsi ! Me suis-je donc trompé en croyant à sa maternité? »

Ce fut un cruel moment d'angoisse; toutes mes énergies se révoltaient, et je ne sais ce qui dominait en moi, de l'indignation ou de la douleur. Le souvenir de la fausse explication derrière laquelle elle avait abrité la violation du secret de Tiburce, joint à ces deux incidents, me remua profondément. L'orage grondait; il menaçait d'éclater dans une rupture radicale avec Sainte-Cécile.

Avant de réaliser ce projet, je me mis à prier et à implorer le secours de Dieu. Le lendemain, ma résolution était prise. Je verrais Madame, je lui ouvrirais, une dernière fois, mon cœur, tout en mettant une sourdine à mon émotion, pour ne point brusquer un dénouement.

Je me dirigeai donc du côté de Sainte-Cécile; une cruelle anxiété m'accompagnait chemin faisant. Je me faisais violence pour avancer, et j'aurais voulu m'abstenir de cette démarche.

Dès le début de l'entrevue, Madame se rendit compte du danger. Quoi de plus simple pour le conjurer ? Oh ! oui, c'était bien ce vilain diable qui travaillait Tiburce. Elle l'avait senti avant même que je fusse au parloir, et ce diable, ne l'avais-je point reconnu ? Le diable qui s'acharnait à éloigner dom Logerot de Sainte-Cécile. Pauvre petit Tiburce, encore un peu, et il était victime de son dévouement ! Mais à ce prix il a délivré dom Logerot...

Elle joua ensuite une scène de larmes, accompagnée d'une série de variations sur le thème de l'amour maternel le plus tendre, et voilà comment Tiburce, renouvelant son acte de foi, ajouta l'acte de contrition d'avoir, pour un moment, douté du cœur de sa mère Cécile et de sa sainteté.

Je lui écrivais le lendemain soir :

Hier soir, avec quels charmes maternels vous cherchiez à me montrer dès le début de l'entrevue que rien dans votre cœur n'avait changé !

La meilleure preuve (et, certes, il n'y en a plus besoin, car le diable se cassera désormais le nez), oui, la preuve qui m'est la plus douce, c'est que vous avez songé à Tiburce, pour vous venir en aide dans cette lutte qu'il faut engager, et dont l'issue doit avoir une influence aussi grande sur le Noviciat.

On le voit, le soleil radieux se levait au lendemain de l'orage. Cette crise, loin de m'enrayer, me donnait une nouvelle impulsion ; j'avais à réparer les soupçons d'un instant.

Parloirs et correspondances se multiplièrent, et je ne puis rapporter ici tout ce qui s'échangea de tendresse entre Tiburce et sa mère Cécile. Madame passait le bras à travers les deux grilles, je lui prenais la main, et baisais son anneau ; avant de me congédier, elle me bénissait solennellement et m'accompagnait jusqu'à la porte du parloir. « Oh ! oui, allez ; j'aime bien mon fils. »

Les conversations allaient bon train, on les prolongeait

durant le dîner ou la récréation; parfois même on y consacrait le temps des vêpres.

Quand je la voyais fatiguée, je cherchais à la distraire. Aux scènes de larmes succédaient les éclats de rire. « Voyez », me disait-elle, « mon petit Tiburce », en soulevant un peu sa tunique, « les pieds de votre maman sont enflés, ce qui lui donne des jambes d'éléphant ». Un autre jour, il s'agissait de me passer un paquet trop volumineux pour le confier au tiroir qui glisse sous les grilles. « Attendez, me dit-elle, voici une bonne idée, je vais enlever le tiroir, je vous donnerai mon paquet directement par l'ouverture béante. Je sais bien que ce n'est pas canonique, mais, avec son petit Tiburce, on passe outre, n'est-ce pas? » Hélas ! le tiroir était muni d'un point d'arrêt, impossible de l'enlever. — « Attendez, mon petit Tiburce, il faut nous résigner à mettre le paquet dans le tiroir, je pousserai de mes forces, et vous tirerez. » Nous nous mîmes à l'œuvre ; après de nombreux efforts entrecoupés d'éclats de rire, le tiroir céda brusquement et je faillis tomber à la renverse.

La plupart du temps, il est vrai, nous nous lancions à fond de train dans les régions du mysticisme le plus échevelé et le plus scabreux.

Madame m'avait permis la lecture de ses lettres de jeune fille, de son autobiographie, dans laquelle elle décrit le merveilleux de ses premières années ; les œillades de saint Denis dans son vitrail de Saint-Roch[1] ; l'aventure du doigt pris dans une porte de la Madeleine, à Paris ; la robe tachée,... etc. Je n'en parle point davantage ici, me réservant de traiter le sujet plus tard. J'en dirai autant de ses « chansons », de ses « notes sur la vie de dom Guéranger ». Elle m'avait, en outre, conseillé de lire le *Cantique spirituel*

---

1. L'église Saint-Roch, paroisse de la famille Bruyère, à Paris.

et *Vive Flamme* de saint Jean de la Croix. « Vous serez content de lire « *Vive Flamme* », me disait-elle ; « vous y verrez la description de ce que vous vivez ; vous vous y reconnaîtrez. »

Tous les ressorts furent ainsi mis en jeu pour me lancer dans le mysticisme et me montrer en l'Abbesse la consommation de la sainteté.

Que l'on me permette de glaner ici quelques épis en attendant la moisson.

Sous l'empire d'une imagination surchauffée, je prenais mes rêves pour la réalité. Lui disais-je que je croyais avoir vu, durant la messe de minuit, quelque chose de blanc, sur ses genoux, sans doute le petit Enfant de la Crèche ? « Quel petit Tiburce ! » me répondait-elle pour me confirmer dans mon illusion. « Il a des yeux qui découvrent tous les secrets de sa mère Cécile ! »

Plus tard, durant les leçons prophétiques du Samedi-Saint, assis sur les degrés de l'autel et faisant face à ces dames, je me mis à penser, dans mes rêveries mystiques, que je traversais la grille pour me réfugier à côté de ma mère ; et lorsque je lui en fis enfin le récit, elle ajouta : « C'est bien vrai, mon petit Tiburce, pour vous il n'y a plus de grille ; je vous faisais sauter sur mes genoux, et c'est bien là votre place, n'est-ce pas ? »

Tout devenait mystérieux ; le moindre petit incident se transformait en phénomène mystique et, loin d'arrêter son fils, Madame le lançait à toute vapeur dans les sentiers de la plus étrange illusion. Cette nouvelle vie, me répétait-elle souvent, est bien plus vraie que l'ancienne, dans la mesure où les réalités surnaturelles l'emportent sur les réalités du monde matériel. Aussi devons-nous nous affranchir toujours davantage de la servitude du corps. Et, se donnant elle-même, suivant son habitude, comme le modèle parfait de cette métamorphose, elle me montrait ses doigts, et me disait en les faisant jouer dans leurs articulations : « Voyez, ils n'ont plus que les apparences des doigts de chair ; tout a la souplesse du caoutchouc, comme s'il n'y avait plus de nerfs, d'os ni de chair. »

Et, cependant, quoique son corps eût les privilèges des corps glorieux, la souffrance épuisait encore sur lui toutes ses rigueurs. Puis elle passait brusquement de la fatigue la plus extrême à un renouveau complet. N'était-ce pas, d'ailleurs, pour elle une vie d'emprunt que la sienne, depuis le jour où Dieu, dans ses décrets éternels, devait rompre le fil de son existence ? Il était écrit que la quarantième année marquerait pour elle « la plénitude de l'âge du Christ », et déjà elle prenait son essor vers les régions célestes lorsque le Seigneur Époux, dans une apparition, lui fit comprendre que la terre réclamait encore sa présence. L'une de ses filles, Mère Geneviève Gueslin, se substitua dans le sacrifice de sa vie pour conserver Madame ici-bas, et bientôt la tuberculose immolait sa victime. Ah ! c'est que, semblable à la mère du Sauveur, Madame consent à prolonger son exil sur la terre ; ne faut-il pas que, dans cette solitude mystérieuse, elle établisse l'Église du Christ parmi les hommes ?

Elle-même écrivait : « L'Esprit de Dieu me communique les trésors de la Divinité... Jadis, tout était impuissance... aujourd'hui tout est en acte... Ineffable certitude d'un merveilleux épanouissement de vraie et intelligente sainteté autour de moi, et pour ceux qui s'attacheraient à ce néant que Dieu a daigné regarder. »

Le Diable voyait en elle l'ennemi le plus redoutable, et lui livrait de terribles assauts. Ne pouvant atteindre son âme, il s'en vengeait sur l'enveloppe. Tantôt il la secouait dans son lit, agitant la paillasse avec violence ; tantôt il la rouait de coups ; d'autres fois il se contentait de laisser une odeur de soufre, trace de son passage.

De telles luttes, jointes à sa sublime mission, réclamaient un secours plus efficace que celui d'un ange gardien ordinaire. Le Seigneur lui avait à cet effet député saint Michel, avec qui elle vivait dans une constante familiarité, et tous les autres anges lui faisaient cortège. Les Moniales disaient de l'Abbesse qu'elle était « la Dame aux Anges ». « Qu'ils sont jolis tous ces anges, mon petit Tiburce. Ils voltigent sans cesse autour de moi, me font entendre de célestes concerts ; parfois même ils m'assourdissent à tel point que je suis obligée de leur imposer silence. » — C'est sous leur dictée, nous affirmait dom Logerot, que Madame a écrit son *Traité de l'Oraison* ; à peine pouvait-elle les suivre dans la rapidité de leur diction.

Inutile d'ajouter que Madame jouissait du don de double vue, du don des miracles, du don de bilocation. Nous reviendrons plus loin sur ce sujet pour l'examiner au point de vue théologique.

Ajoutez à cela le remarquable talent avec lequel Madame maniait la plume. Les lignes suivantes, qu'elle écrivait le 24 octobre 1876, en donneront un exemple, et l'on comprendra la fascination qu'elle exerçait sur son entourage.

Ma main inhabile ne sait ni peindre ni crayonner, et néanmoins je veux garder quelques-uns des traits si beaux de mon royal Epoux. Je ne parle que de sa beauté plastique. Quant à l'autre, la philosophie et la théologie peuvent étaler leurs merveilles pour nous apprendre quelque chose de sa beauté morale, intellectuelle et divine.

Les artistes tâtonnent et se tiennent plus ou moins éloignés, dans leurs reproductions, du *Speciosus forma prae filiis hominum*. Les formes athlétiques de Michel-Ange sont encore plus loin de la réalité que les figures trop grêles de Fra Angelico. Ceux qui donnent l'ampleur matérialisent trop le Seigneur ;

ceux qui sont plus spirituels enlèvent de cette vigueur qui est dans la réalité. Comment accorder, dans une si parfaite harmonie, des qualités si diverses et présenter aux regards ravis ce merveilleux assemblage de force, de grâce, de puissance et de délicatesse, de douceur et d'énergie, de majesté et de condescendance, de simplicité et de splendeur ? Toutes les tentatives restent infructueuses pour maintenir l'équilibre ; chacun prend un des traits et, en l'accentuant au détriment des autres, enlève la ressemblance. L'esprit conçoit à peine cette beauté achevée, mais la main, encore plus indocile, ne sait pas même retracer cette perfection du beau créé.

Le cher Seigneur est de haute taille, plus grand que les hommes grands de nos contrées, mais la proportion de ses membres est si parfaite que, si l'on est près de lui, il ne semble pas si grand. Son port est majestueux ; les épaules sont larges et robustes, avec une nuance de distinction qui lui enlève une apparence trop herculéenne. Il y a dans sa marche une dignité et une noblesse vraiment royales.

Les pieds sont admirables, ni trop grands ni trop petits, bien cambrés.

Les mains sont vigoureuses, nerveuses, admirablement modelées, plutôt longues qu'effilées. Rien de mou, d'efféminé, dans leurs proportions ; à elles seules elles raviraient et désespéreraient tous les artistes. Elles sont blanches et les veines y sont assez apparentes. Mais que dire de cette tête incomparable, de la seule attache de son cou ? On ne peut imaginer tout ce qu'il peut exister de force, de grâce dans une ligne tant qu'on ne l'a pas vu. Les contours sont arrondis sans mollesse ; les cheveux et la bouche, l'oreille forment un ensemble ravissant sur ce cou aux admirables proportions.

Les cheveux sont châtain ardent, d'un ton si chaud que je n'en vis jamais de semblable sous notre pâle soleil d'occident. Ils semblent un or bruni par le temps et devenu plus harmonieux ; ils sont fins et soyeux et ondulent gracieusement et sans rien de tourmenté sur le front et sur les tempes, et tombent en gros anneaux sur le cou, sans être ni courts ni très longs. Ils se partagent en haut de la tête et passent derrière l'oreille, par un mouvement plein de charmes.

La barbe est d'une teinte un peu plus claire que les cheveux, fine, soyeuse, frisée sans être crépue. Elle est abondante, pas trop longue, moins séparée au menton qu'on ne le fait généralement. El'e orne le visage, encadre les lèvres, mais elle n'envahit pas toute la figure. Le front est magnifique, haut, large, sans être dégarni ; il a toujours quelque chose de lumineux. Les sourcils ont une arcature incomparable, une courbe si parfaite et si nette que je n'en ai jamais vus de si beaux.

Le nez s'y rattache sans aucune ligne tourmentée, et cependant sans qu'il prenne dans le front, à la manière des profils grecs. Le nez a la fierté, la noblesse ; il est aquilin sans être si ong et si maigre qu'on le fait généralement. Les narines dénotent dans leur mouvement l'énergie, la puissance du sentiment, la dignité.

La bouche est fine, admirablement et délicatement dessinée sans être mince. Les lèvres sourient avec grâce et bonté. Les paroles qu'elles laissent échapper sont la vie, la joie, la force de toutes les créatures. Le menton est gracieux et allongé, sans être pointu. Les yeux ne peuvent être regardés que si le bien-aimé Seigneur ne nous regarde pas lui-même ; autrement ils brillent comme deux lampes ardentes. Ils sont entre le bleu et le châtain, grands et si limpides, si brillants ! Leur forme est magnifique. Le regard du Seigneur est profond et doux, mais on sent qu'il pourrait être terrible. Les cils sont longs et bruns et paraissent comme une riche frange, quand les yeux sont fermés. Le teint est brun et chaud sans être brûlé ; plutôt pâle que coloré. L'aspect général de Monseigneur Jésus est calme et imposant. Il semble que d'un seul trait on le peindrait, tant les lignes sont simples et pures.

Voilà bien l'Homme-type dans sa beauté royale, sa force pleine de noblesse, sa maturité parfaite, ornée de toutes les grâces de la fraîcheur et de la jeunesse. Cette beauté, quoique créée, sera la joie des yeux de nos corps ressuscités, lorsque nous serons dans la Jérusalem céleste. Comment s'étonner que, dès ce monde, quand l'Amour se montre ainsi à sa Psyché, elle soit à jamais invulnérable à toute autre beauté !

N'est-ce point là un tableau tracé de main de maître, remarquable surtout par le fini et l'harmonie des détails ? L'on juge de l'effet qu'il était appelé à produire dans l'imagination des moines et des moniales fanatiques admirateurs de Madame.

Un autre genre de littérature pénétrait plus avant sur le terrain de la vie mystique. Je demande la permission d'en reproduire ici un spécimen, du 18 décembre 1873 :

L'Époux, quand j'eus reçu la sainte communion, me sembla tout petit et, tout en m'emportant comme à l'ordinaire, ce fut d'une manière plus douce, plus mystérieuse, et son action était plus cachée.

Sans quitter le chœur, je me trouvai comme dans notre cellule, Notre-Dame était assise dans notre fauteuil, et moi, agenouillée près d'elle, à son côté droit, à moitié assise sur mes talons. Il me semblait que nous étions du même âge, environ une quinzaine d'années, et que nous parlions de la future naissance de notre petit bien-aimé. Oh! que Marie était belle! Tout ce que la pureté virginale a de plus précieux, de plus velouté, de plus innocent rayonnait autour d'elle...

Jamais je n'avais compris, jusqu'ici, le ravissant contraste entre cette apparence virginale de notre belle reine et sa maternité si complète et si réelle, dont on voyait en elle les indices prochains. Jamais cette parole du Cantique ne se justifia ainsi : *Venter tuus sicut acervus tritici vallatus liliis.* Ce qui me ravissait surtout, c'étaient les traits si purs, si simples, si tranquilles et si jeunes de ce visage sans pareil. L'ovale de sa face parfaitement correct et un peu allongé; son front haut et large sans un pli; ses sourcils bien arqués et bien dessinés, sans être trop fournis; ses yeux si doux et si beaux, à demi voilés par de longues paupières bordées de longs cils, comme d'une riche frange; son nez droit un peu allongé et fin ; sa bouche aimable et gracieuse, son teint pâle et mat, mais avec une certaine nuance chaude qui n'est pas de nos pays, son cou large et fort souple !

Je ne l'entendais pas par paroles, car nous nous comprenions par une sorte de compénétration mutuelle.

Comme elle me parlait beaucoup des divines joies de sa grossesse, je me pris à lui dire qu'elle regretterait sans doute de se séparer de son cher fardeau. Cela la fit sourire, et elle me regarda avec de beaux grands yeux si brillants et si doux.

Puis elle me parla des joies qui suivraient la fête de Noël, et surtout du bonheur ineffable qu'elle avait à nourrir son cher petit Fils. Dans ce moment-là, je compris, d'une manière que je ne puis traduire, que, dans sa mignonne apparence, notre doux Jésus avait les facultés de son âme dans son entier développement, comme il les avait déjà.

Par instants, Marie me semblait devenir diaphane, et c'était surtout quand l'amour de son cher Fils la faisait parler.

Elle avait aussi une longue tunique de laine unie et de couleur peu définie, avec une ceinture assez large, pareille. Un grand voile était sur sa tête. Je n'ai point analysé son vêtement, mais il me parut aussi simple, aussi tranquille, aussi virginal que toute sa personne. Elle me parut grande et svelte.

Je revins à moi après un quart d'heure ; dans ce moment il m'était impossible d'être autrement avec Marie qu'avec une sœur.

Aux vêpres, lorsqu'on chanta l'antienne *O custos virginum* [1], je fus toute saisie de reconnaître, pour ainsi dire, tout ce que j'avais vu le matin. Le fauteuil était près de la cheminée ; elles conversaient toutes deux doucement, comme par compénétration. Marie présentait surtout l'idée de la virginité par excellence. Sa ravissante jeunesse formait contraste avec sa maternité. Elle causait, comme avec une amie, de ce qu'elle ferait quand Jésus serait né.

Il semblait que Marie était l'organe de Notre Seigneur, et que c'était par elle qu'elle communiquait avec lui... *Pulchra ut luna...*

Pourquoi nous arrêter en chemin ? Quels que soient les ravins, les précipices au-dessus desquels serpente le sentier, suivons, sans jeter un coup d'œil en arrière, celle qui nous conduira sur les cimes les plus élevées de la vie mystique. *Ascende superius.* Montons, montons toujours plus haut. Les cœurs intrépides et consommés par l'amour divin franchissent ces régions que désolent des neiges éternelles ; ils affrontent les tourmentes au-dessus des abîmes et, si le pied touche encore le sol, l'âme, du moins, plane dans ces hauteurs inexplorées depuis le vol sublime de l'Aigle de Pathmos. Mais voici que Madame descend de la montagne. Recueillons les accents solennels qui s'échappent de ses lèvres :

---

1. Ce n'est pas *Custos virginum*, mais *O virgo virginum, quomodo fiet istud? Quia nec primam similem visa es, nec habere sequentem. Filiæ Jerusalem, quid me admiramini? Divinum est mysterium, hoc quod cernitis.* — Antienne à *Magnificat, in Expectatione Partus B. M V. die 18 decembris. Antiphonaire monastique* à l'usage de la Cong. bénédictine de France, Solesmes, 1891, p. 519.

Tous les mots de cette antienne sont, en effet, curieux à rapprocher de la scène décrite par l'Abbesse, et cette antienne était entonnée par l'Abbesse, de son trône abbatial, au fond du chœur, entourée de ses filles.

Le Père était mon père, et Il était uni à moi et moi à Lui, comme un Père l'est à sa fille, puis Il l'était plus encore, parce que nous semblions avoir un lien commun dans *la Maternité virginale qui m'a été donnée sur les âmes*. C'est toujours le Christ qui est formé dans ces âmes, auxquelles le Père dit : « *Filius meus es tu ...* »

Je me sentais unie au Verbe Incarné, comme à mon frère, à mon Époux et, *par les âmes, comme à un fils*. Union dont je ne puis rendre la force, l'égalité et la similitude de celle que j'avais avec le Père.

Enfin, l'Esprit Saint était uni à mon âme ; il y opérait de façon à la transformer tout entière, à la rendre apte aux autres liens, consumant tout ce qui est combustible et ne laissant de créé que ce qu'il fallait pour l'union.

Ces trois opérations du Père, du Fils et du Saint-Esprit étaient égales et d'une unité que je ne puis dire, si ce n'est par le mot « *Sponsa Dei* », car les trois divines Personnes s'unissant à l'âme humaine font l'épouse parfaite.

Il y a 25 ans (en 1861), *tout était alors en puissance*, maintenant tout est en acte... Ces ineffables certitudes étaient gravées en moi, sans que j'y prisse garde... celles d'un merveilleux épanouissement de vraie et intelligente sainteté autour de moi et pour ceux qui s'attacheraient à ce néant que Dieu a daigné regarder[1].

L'âme puise continuellement la vie, l'être à sa source même qui est Dieu ; elle puise cette vie pour elle même, enfant de Dieu ; elle puise pour les autres, comme épouse de Dieu, et où elle puise, c'est l'Esprit de Dieu qui habite en elle, et lui communique les trésors de la divinité.

Et ce que je dis emprunte un complément et un achèvement nouveau dans le sentiment profond, intime, de la présence du Seigneur Jésus. On dirait que là est le centre, la source, le point de départ de toute œuvre, de tout sentiment envers le prochain. Tout y revient aussi et y fait écho. C'est encore une forme dans laquelle l'âme n'est qu'un lieu où Dieu réside pour opérer par elle selon son bon plaisir.

... Tout me vient par Notre-Dame, c'est elle qui veut que je demande que Dieu daigne reproduire en moi quelques-uns de ses traits. En la regardant, seulement, je puis comprendre le plan divin sur moi...

---

1. Comparez ci-dessous, page 218.

Voilà ce que Madame disait d'elle-même à ses filles. Les moines céciliens en lisaient le récit. Nous reviendrons sur ce document plus loin. Toutefois, voyons encore comment cette *sponsa Dei* recevait les trésors de la divinité, comment cette maternité virginale ne se bornait point à enfanter des âmes, et comment le plan de Dieu sur elle ne trouvait son explication que dans la vue des mystères de Notre-Dame. Voici les pensées principales dans leur substance, et je mettrai entre guillemets ce qu'il y aura de textuel, à défaut du texte tout entier, que je ne possède pas, et qui se trouvait jadis entre les mains de dom Logerot.

Notre-Dame, après m'avoir embrassée comme une sœur, me montra que, « dans mon identification totale avec elle », j'expérimentais ce qu'elle-même avait fait, il y a dix-huit siècles : « le double rôle d'épouse et de mère de Dieu et de l'Église ». Je vécus d'abord la jeunesse de la Vierge, puis les chastes noces et la maternité. « La plus suave période de ma vie merveilleuse fut celle de la grossesse, dont le début remonte à cette grandeur mystérieuse et écrasante d'amour brûlant et irrésistible du *Virtus altissimi obumbrabit tibi*. Les intimes faveurs de l'Époux, que j'avais connues auparavant, n'en étaient qu'un pâle prélude. Quels effluves d'amour, quelle consomption d'amour lorsque je me sentis en possession du gage attendu. Je portais en moi le doux fardeau. » « Je le sentais remuer dans sa prison volontaire » ; « il vivait de sa mère et de son épouse. » « Mais il avait hâte de sortir de mes entrailles pour courir au salut du monde. »

Vint la nuit de Noël, quelle douce émotion ! « Mère-Vierge, dans mon humilité, je n'osais présenter au divin poupon ce que l'enfant demande à sa mère. Mais l'enfant était aussi l'Époux », il en avait toute la force, « et l'amour de l'Époux triompha par ses caresses de mes chastes résistances ».

« Quelle pâmoison d'amour ! lorsque les lèvres de l'Époux attiraient la substance de ma vie et que je me sentais ainsi passer dans mon bien-aimé ! » « *Ce ne sont pas des figures ou des visions de l'âme, mais des phénomènes réels et réellement vécus pour l'être physique et pour l'être moral. Chacun de mes fils m'a été donné par la continuation de ce mystère.* Il en est, hélas ! qui me griffent au sein si cruellement que le lait qu'ils y prennent est tout teinté de sang. »

Et dom Logerot de proclamer que Madame était la plus grande sainte des temps modernes. Aussi avec quelle vénération recueillait-il tout ce qui sortait de la plume ou des lèvres de l'Abbesse, précieux matériaux, disait-il, pour une canonisation prochaine. En attendant, nous ornions déjà son front de l'auréole de la sainteté ; le but était atteint.

Continuons maintenant notre récit.

De tels germes, on le comprend, devaient produire leurs fruits, ainsi que nous allons le voir. Tiburce avait grandi. S'il conservait encore avec sa mère Cécile ses allures enfantines, du moins cherchait-il à les harmoniser avec les aspirations de l'âge mûr. Ces énergies d'autrefois, qu'il avait dû réduire au silence, se réveillaient en face des labeurs de sa mère ; dans son ardeur précoce, il s'essayait à gravir ces pentes escarpées sur lesquelles se jouait l'Abbesse, et, plein de confiance en celle qui lui servait de guide, il crut un jour, dans un mirage, avoir atteint la cime d'où elle s'élançait dans l'immensité de Dieu.

A mon tour je descendais aussi de la montagne. Quels

flots de lumière j'y avais reçus ! A l'obscurité de la nuit, au sein de laquelle m'avait plongé ma nouvelle naissance, avaient succédé les pâles lueurs de l'aurore, puis les éblouissants rayons du soleil.

J'entrevoyais alors l'ampleur de ma mission. Tiburce était sans doute le fils de Cécile, et, dans l'unique filiation divine, il devenait son frère ; Tiburce, intimement uni à l'Époux de Cécile, partageait avec Lui ses droits sur l'épouse ; en vertu de cette harmonieuse unité, Cécile était donc à la fois ma mère, ma sœur et mon épouse, et tout se perdait dans cette profonde assimilation à la maternité virginale, dont Marie nous avait donné le type incomparable !

Je m'empressais d'en faire la relation à Madame ; l'accueil réservé à ma lettre me laissa la persuasion qu'il en était réellement ainsi.

De temps en temps, ainsi qu'il était convenu, je donnais au Père Abbé un petit os à ronger. Je ne soulevais que très discrètement le coin du voile. Je crus bientôt remarquer chez lui un peu d'inquiétude. Parfois il mettait une sourdine à mes confidences à peine ébauchées, ou rectifiait quelques-unes de mes affirmations. « Il est essentiel, me disait-il, de s'en tenir aux solides principes de la théologie. »

De ce léger choc jaillit une étincelle, et le souffle discret de dom Couturier suffit à réveiller les souvenirs du passé qui dormaient comme le feu sous la cendre.

Je me rappelais ce passé. Que de charmes dans l'accueil si bienveillant de mon Père Abbé ! Et cette bonté paternelle, ces sages avis, ces touches si délicates qu'embaumait le parfum de la plus sincère humilité ! Et cette confiance filiale qui m'avait servi de phare au milieu des tempêtes du noviciat ! Et ces joies si fortes et si douces, si fécondes et si calmes du jour béni où ce bon Père Abbé me consacrait à Dieu, en m'enrôlant sous la bannière de saint Benoît !... Ah Dieu ! quel contraste avec la mise en scène, les allures et les hautes prétentions de l'Abbesse !

Après une longue étape, le voyageur fatigué s'arrête ; il interroge l'horizon et se demande où il en est de sa route.

A cette question : « Où suis-je ? » une cruelle inquiétude m'envahit. Oui, où étais-je ? Ah ! j'ignorais où j'étais, mais ce dont je ne pouvais douter, c'est qu'un abîme me séparait de mon Abbé. Jadis je lui donnais le nom de Père, j'étais son fils, je cherchais Dieu sous sa conduite. Sans doute, c'était lui-même qui m'avait envoyé à Sainte-Cécile, et, pour répondre à son désir, j'avais dû fouler aux pieds de vives répulsions. « Courbe la tête, fier Sicambre, m'étais-je dit, adore ce que tu as brûlé. » J'avais courbé la tête, mais, hélas ! j'avais brûlé ce que jadis je vénérais. Je me dérobais à mon Père Abbé et je ne trouvais plus en lui qu'un supérieur importun. Jamais cauchemar ne fut plus pénible. Etait-ce un cauchemar, un rêve douloureux ? Mais non, grand Dieu ! la réalité se dressait sous mes yeux.

D'un seul regard, je contemplai les ruines amoncelées autour de moi. Saisi d'effroi, je poussai ce cri : « Mon Dieu, ne suis-je point dans l'Illuminisme ? » Je n'osais envisager une telle perspective, et je fermais les yeux pour ne point voir.

C'est alors que le médecin qui dormait, secouant le joug, se réveilla tout entier, et le scalpel à la main me fit sentir le tranchant de l'acier : Oui, me dit-il, tu t'abuses sur ton état, tu cherches à te bercer d'un fol espoir dans tes divagations mystiques. Ouvre donc tes paupières, con-

temple le péril ; ce péril, jadis, tu l'as sondé, tu t'efforçais
de le conjurer. Jadis, tu te croyais invulnérable au milieu
de ces pauvres femmes devenues la proie d'un délire mystique ; jadis, tu soignais leurs délires ; aujourd'hui, tu délires
avec elles ; la contagion t'a gagné. Pauvre insensé ! Te
souvient-il du cri que tu poussais autrefois dans ton noviciat ? Je deviendrai fou ici... Hélas ! tu n'avais que trop
raison de le craindre ; si tu continues, bientôt tu ne seras
plus qu'un pauvre fou mystique... Il en est temps encore ;
pour échapper au naufrage, reviens courageusement aux
vrais principes de ta vie monastique.

Accablé de fatigue, brisé d'émotion, je cherchai le repos
de la nuit, et le lendemain la crise se calma peu à peu ;
bientôt se produisit une réaction. Était-il possible que mon
Abbé m'eût ainsi fourvoyé ?

L'esprit d'obéissance m'avait seul conduit vers l'Abbesse,
et Dieu pouvait-il permettre que l'obéissance à mon supérieur légitime me plongeât dans l'illusion et l'erreur ?
Avais-je donc oublié que l'Abbesse est une sainte, totalement dépouillée de sa personnalité féminine. Non, mille
fois non ; ce serait me montrer ingrat et me couvrir de
honte que d'accueillir de tels soupçons. Le diable avait
revêtu les livrées du médecin pour me livrer un terrible
assaut et me prendre dans ses filets. Arrière toute trace
d'esprit rationaliste. Je crois et je veux croire que ma Mère
de Sainte-Cécile est une sainte, la fille du Père, l'Épouse
du Christ, le temple de l'Esprit-Saint ; Dieu parle par sa
bouche, et ce serait résister à Dieu que de me refuser au
rôle d'instrument aveugle et passif dans les mains de
Madame. Qu'ai-je à redouter ? Si j'étais dans l'erreur, elle
me remettrait bien vite en droit chemin, car elle sait que
je compte sur elle, que je ne cherche que Dieu et que,
pour cela, je m'abandonne à sa direction maternelle. Je

retournai donc à Sainte-Cécile, croyant obéir à la volonté de Dieu.

A cette époque, le médecin ordinaire des Bénédictines tomba malade pour ne plus se relever. Sur le désir formel de dom Couturier, je répondis à l'appel de Madame et devins provisoirement le médecin de ce monastère dont il me fallut fréquemment franchir la clôture. On devine que ma première visite à Madame ne fut pas sans une certaine émotion. Tiburce voyait enfin sa Mère Cécile, dans l'intimité de sa cellule, cellule pleine de mystères et dont les blanches murailles rediraient bien des choses si elles pouvaient parler.

Mais Tiburce ne connaissait pas le monastère. En un clin d'œil, le plan fut dressé. Pendant le dîner des Moniales, nous serions bien tranquilles. Il fallait, il est vrai, passer près du réfectoire, et l'ouverture des fenêtres pourrait nous trahir. Non, en rasant les murailles, nous dépisterions la curiosité toujours en éveil des petites sœurs. Tout à coup nous voici bloqués, avant d'avoir terminé notre visite d'inspection, les Moniales quittaient la table pour se rendre au chœur ; nous n'eûmes de ressources que dans un « sauve-qui-peut » assurément fort étrange, et nous nous réfugiâmes à la sacristie, par le chemin de ronde qui y conduit et, peu après, Tiburce s'envolait du colombier.

Un autre jour, Madame me montrait le petit mobilier de sa cellule. C'est ici qu'elle travaille, c'est là qu'elle repose. « Pauvre petit Tiburce », me dit-elle, « que vous seriez bien ici avec votre maman. Je vous ferais un petit nid dans ce petit coin, vous n'en sortiriez pas. Oh ! votre présence ne troublerait pas votre maman et nous ferions bien bon ménage. »

Et, voyant que je buvais ces paroles comme du lait, elle ajouta sur un ton câlin : « Oui, je mettrais mon petit

Tiburce dans un bon petit nid, on lui donnerait un voile, une guimpe, ce serait ravissant. » Et Tiburce de dire qu'en effet ce serait ravissant !

Le cloître, depuis peu, abritait une statue de saint Tiburce. Comme elle ne se trouvait point sur mon passage habituel, on résolut de m'y conduire. Mère Lucie se chargea de l'office, et Madame décida qu'elle remplacerait la portière à ma prochaine entrée. Le jour choisi, mère Lucie m'ouvrit la porte et me dit aussitôt en me conduisant dans la direction de la statue : « Attention ! il ne faut pas qu'on nous aperçoive ; à la première alerte, nous nous effacerons de notre mieux. »

Une sœur converse entre sous le cloître. « Vite ici, Tiburce, derrière ce pilier ; elle va à la cuisine, nous n'avons rien à craindre. »

A peine nous remettions-nous en marche, que plusieurs Moniales descendent l'escalier du fond. « Vite, Tiburce, nous sommes pris ; sauvons-nous. » Nous prenons à la hâte le couloir qui conduit au chœur, ma compagne m'entraîne avec elle dans un cul-de-sac, au-dessous de l'orgue, près de la soufflerie ; nous voilà blottis dans un petit coin. Je lui dis alors : « Que penserait-on si l'on nous voyait ici ? » Nous nous mîmes à rire, et, le danger passé, la statue de saint Tiburce reçut notre visite. Peu après, entré chez Madame, je lui narrais les péripéties de la campagne, et l'aventure l'amusa beaucoup.

Ce n'est pas ici le lieu de commenter ces faits. Je me contente de les décrire.

La réputation de haute sainteté de Madame avait franchi l'espace. Aussi son amie, mon ancienne cliente, l'Abbesse de Stanbroock, m'écrivait à la veille de mon diaconat (9 juillet 1887) : « Vous savez, mon R. P., si je vous félicite d'une manière toute particulière de votre privilège d'être enrôlé dans la phalange sainte, sous les yeux de sainte Cécile. »

Elle m'écrivait encore : « Et puis, n'avez-vous pas un peu appris de la Dame de Sainte-Cécile ce qu'elle a vu *in ria*? N'en sait-elle pas plus que Madeleine *in prima sabbatorum*? Vous savez ce que je pense, alors laissez-moi vous féliciter. » Et dans une autre lettre me parlant de Madame, elle disait « Madame, notre Sainte Mère ».

Ce n'est point à dire que mon existence s'écoulait sans secousses. De temps en temps, mes anciens points d'interrogation me causaient une vague inquiétude; le médecin faisait une courte apparition et me mettait sous les yeux cette terrible menace : « Pauvre insensé, ne vois-tu pas que tu t'achemines vers la folie? Bientôt tu ne seras plus qu'un fou mystique. » Et ces paroles me poursuivaient de plus en plus. Le médecin, habitué par des études spéciales à l'analyse des divers états psychologiques, initié à l'art d'en découvrir les déviations, ce médecin analysait le moine qui lui était intimement uni.

Bientôt, je me familiarisai davantage avec un léger doute sur la réalité des phénomènes devant lesquels je m'étais incliné par un acte de foi aveugle.

L'homme, me disais-je, doit tendre de plus en plus à un sage équilibre. Les facultés naturelles servent d'appui aux dons de la grâce qui les met en œuvre, les élève pour les introduire dans le monde surnaturel, aussi doit-on les maintenir le plus possible dans un fonctionnement harmonieux. Comment? Par une sage hygiène de l'esprit et du cœur. Était-ce là le programme que suivait en moi le moine? Non, lui répondait le docteur, tu surchauffes ton imagination; tu te nourris de chimères, tu veux jouer le rôle d'un ange et tu ne vois pas que tu remplis celui de la bête?...

En entrant à Solesmes, j'avais renoncé, sans arrière-pensée, à l'exercice de la médecine. Dieu permit que mes études, autrefois si chères, m'apportassent la planche du salut. Un peu de logique amena cette réflexion : Je marche en aveugle à la suite de l'Abbesse. Si je dévie de la voie droite, l'Abbesse la première a fait fausse route. C'est donc sur elle que doit porter mon attention. Sans doute, je n'ai pas qualité pour juger sa haute spiritualité, mais ce qui en est la base, le jeu de l'organisme, tombe sous mon contrôle et, si ce point de départ n'offre pas les garanties nécessaires, je ne dois la suivre qu'avec une extrême réserve sur le terrain mystique.

Passant de la théorie à la pratique, Tiburce évoqua le médecin dans ses visites à Sainte-Cécile. Bien vite il reconnut chez la Mère Cécile le défaut de la cuirasse; il ne pouvait en douter.

Que faire? La situation était aussi délicate que pleine de périls. La Providence me fournit l'occasion de prendre un parti.

Un jour, j'étais au parloir, lorsque Madame me dit, au milieu de la conversation, qu'elle se sentait au bout de son rouleau, que sa tête se refusait à tout travail, même léger... Je pris la balle au bond, et lui dis, sur un ton filial, que je la trouvais en effet très fatiguée, qu'elle ferait bien de prendre un peu de repos.

— C'est vrai, mais qu'y faire? Je n'y puis rien.

— Moins vous dépenser en ce moment. Sans doute, votre rôle maternel est beau, fécond, mais ne serait-ce pas l'entraver dans la suite que de continuer ces labeurs excessifs?

— Je n'y puis rien. Que voulez-vous? Arrivera ce qui voudra; plus tard, je me reposerai. En attendant, je suis obligée de me donner à tous, de faire mon œuvre chez les moines. Dieu me viendra en aide. D'ailleurs, je ne suis pas dans les conditions ordinaires qui relèvent de la médecine. Mon organisme n'est plus soumis aux infirmités humaines. Tout est chez moi surnaturel, et, quand Dieu le veut, je passe sans transition de l'anéantissement le plus complet à la plénitude de la vie. Je suis très touchée de la sollicitude de mon petit Tiburce et je l'en remercie.

Je crus devoir insister. Je respectais, elle le savait, l'action de Dieu en elle. Cependant, mon double rôle de fils et de médecin me faisait en conscience le devoir d'attirer son attention sur son surmenage et les surprises qui pourraient en résulter. Ne croyait-elle pas qu'il fût possible de restreindre, pour un temps du moins, le nombre et la durée des parloirs? Et, peu à peu, j'arrivai à lui dire que les symptômes de fatigue qu'elle accusait m'inspiraient une certaine inquiétude du côté du système nerveux, et que celui-ci ne se surmenait pas impunément.

Je vis alors sa figure se crisper. Ses yeux s'allumèrent et la physionomie de chat-tigre se réveillait dans l'expression de la fureur. Il était grand temps de mettre la conversation sur un autre terrain.

Le coup était porté. Madame avait compris que, désormais, j'ouvrais les yeux sur elle; il n'en fallait pas davantage pour signer mon arrêt de mort. C'est ce que la suite des événements va démontrer.

Il s'agissait donc de m'éloigner, parce que je commençais à sortir de mon rêve, et que, partant, je devenais dangereux. Sans doute, on ne me ferait pas ouvertement la guerre, ce serait s'exposer à la lutte à ciel ouvert. On continuerait, au contraire, à me faire bon visage, jusqu'au jour où l'on serait parvenu à me brouiller avec mon Abbé, avec tous mes frères, et, lorsque je serais ainsi tombé dans un discrédit général, il suffirait alors de me tourner le dos.

L'œuvre de démolition serait consommée. Ce plan fut exécuté sans retard.

Peu de temps après la dernière entrevue que j'ai décrite, je vis Madame. Elle me raconta sur un ton mystérieux et câlin que dom Couturier était très monté contre moi.

— Pour quel motif?

— Mon Dieu, vous le connaissez bien, le bon Père Abbé; il subit toutes les influences; certains abusent de leur crédit auprès de lui pour satisfaire de petits mécontentements personnels.

— Je ne vois pas comment je leur ai donné prise.

— Mon Dieu, vous savez bien qu'il y a partout des jaloux et des mécontents. Le Père Abbé est faible; on lui dit que vous avez tort de vous obstiner à soigner certains malades; on lui dit de vous frapper, et, comme les hommes faibles, il a résolu de vous frapper brutalement.

— Mais les malades que je soigne, c'est avec l'obédience du Père Abbé.

— C'est vrai, mais dom Couturier est si faible... Je me suis interposée de mon mieux et j'ai obtenu qu'il ne vous frappât pas comme il voulait le faire.

Ne pouvant vivre avec cette épée de Damoclès sur la tête, je résolus de parler au Père Abbé.

— Vous punir, mon cher enfant, mais pourquoi? Que voulez-vous dire?...

— Parce que je m'obstine à soigner certains malades et, cependant, vous savez que je n'en soigne aucun sans votre obédience?...

— Je le sais bien, et, quand je vous donne mon obédience, je vous la donne; alors, pourquoi vous punirai-je?...

— Enfin, mon R^{me} Père, la personne qui m'a tenu ce propos a qualité pour être bien renseignée, je vous l'assure ; elle prétend que c'est à elle-même que vous avez confié votre dessein de me punir, et que, grâce à son intervention, vous ne séviriez pas.

— Mon cher enfant, je vous affirme que c'est faux ; jamais je n'ai dit cela, je ne l'ai jamais pensé. On vous a dit un mensonge, vous pouvez en croire votre Abbé.

Je sortis pour cacher mon émotion : Madame avait menti.

Était-ce possible ? Mais pourquoi vouloir encore me nourrir d'illusions ? Dom Couturier m'affirmait n'avoir ni dit ni pensé ce que l'Abbesse lui prêtait. « C'est un mensonge... » Ces paroles résonnaient à mes oreilles et m'enfonçaient un glaive dans le cœur. Ma plume ne saurait peindre mon indignation. Oui, j'irai la voir sans plus tarder. Je lui mettrai son mensonge sous les yeux ; j'ajouterai que je lui pardonne en chrétien, mais que je l'efface de mes souvenirs et que je la raye du cadre de mon existence.

Dieu seul pouvait panser mes blessures et combler le vide. *In te, Domine, speravi; non confundar in aeternum.*

Vous le savez, mon Seigneur et mon Maître, je n'ai voulu que vous, le monde peut crouler... *Tu autem permanes* ; et mon âme se tourne vers vous pour y puiser la vie et se rassasier de la vérité... Je priai longtemps et je me relevai plus fort. Aux sentiments d'indignation et de mépris succédaient ceux de la pitié, de la miséricorde. La nature humaine est infirme, me disais-je ; j'avais simplement le tort de croire qu'en Madame elle avait complètement disparu. L'histoire de Noé traçait ma ligne de conduite ; oui, je couvrirais du manteau de la charité la faiblesse honteuse dont le spectacle m'avait d'abord révolté. Il fallait à tout prix en épargner la vue à mes frères. Je retournerais donc encore à Sainte-Cécile, non plus en bébé aveugle et candide, mais en fils dévoué. La cruelle expérience que je venais de faire me rendrait prudent, je marcherais avec précaution sur ce terrain dangereux, et, loin de m'appuyer sur Madame, dans un téméraire abandon, je m'efforcerais, dans la mesure du possible, de lui venir en aide. C'était plus que jamais au médecin de surveiller attentivement. Un tel alliage de fourberie et de prétendue sainteté ne trouvait d'excuses que dans son état psychologique défectueux. D'ailleurs, cette pauvre Abbesse n'était-elle pas sous le coup d'une hérédité maladive ? Je ne le savais que trop et j'avais eu la naïveté de n'en tenir jusqu'alors aucun compte. Loin d'abandonner cette malheureuse femme, je lui apporterais le tribut de mon dévouement filial.

Au bout de quelques jours, je repris contact avec elle et, doucement, j'amenai la conversation sur les inquiétudes que me causait sa santé. Mon silence eût été une trahison. Sentant que je l'importunais, je lui dis :

— Je puis me tromper dans mes craintes, mais ce que je puis affirmer, c'est que mes paroles ne sont dictées que par un sentiment filial.

— Je le sais bien, répondit-elle sur un ton agacé ; vous me parlez en médecin, et votre langage me prouve vos bonnes intentions.

Je ne me dissimulais pas les difficultés d'une mission aussi délicate. Je me heurtais à un parti pris de n'accepter aucun contrôle médical. Madame laissait percer des sentiments d'indignation que dissimulaient mal de doucereuses apparences. L'horizon se chargeait de nuages et déjà la tempête menaçait. « Qu'avez-vous donc, me disait Mère Lucie ; pourquoi n'êtes-vous plus le même avec notre Mère ? — Mais je n'ai rien, je suis toujours son fils très dévoué. »

Madame se plaignait de moi auprès de ses filles et posait

en victime. Du côté du Père Abbé, le ciel aussi s'était assombri. Souvent il me regardait d'un air attristé. La paternelle bonté d'autrefois faisait place à un accueil glacial. Que se passait-il donc?

Je me préparais au sacerdoce. Ne pouvant vivre dans cette fausse situation avec mon Père Abbé, je provoquai respectueusement une explication de son changement d'attitude à mon endroit, et tout à coup je fus écrasé par ces terribles paroles : ... « Vous faites mon désespoir, car vous êtes à la veille du sacerdoce, et vous n'avez rien, absolument rien, de ce qu'il faut pour devenir prêtre. »

La terre sembla s'entr'ouvrir sous mes pieds. Puis, recueillant mes forces dans un suprême effort, je lui répondis d'un ton aussi ferme que résolu :

« Mon R^{me} Père, s'il est vrai que je n'ai rien, absolument rien, de ce qu'il faut pour devenir prêtre, vous avez le devoir de m'arrêter.

— Hélas! c'est trop tard, vous serez ordonné prêtre. »

Qu'avais-je donc fait pour encourir une telle condamnation? L'on me frappait sans m'en donner les motifs, et, si j'avais démérité, pourquoi ne pas m'en exposer la cause?

Je rapportai cette scène douloureuse à Madame, et je n'obtins pour réponse que des paroles évasives, toujours les mêmes. Le bon Père Abbé se laissait monter la tête, elle me l'avait bien dit, et, une fois monté, il frappait brutalement.

Dom Couturier chercha bientôt à panser une blessure qu'il avait cruellement ouverte et me dit : « Mon pauvre enfant, j'ai cru devoir vous avouer que vous me causez de vives inquiétudes; d'ailleurs, Madame l'Abbesse les partage; elle est de mon sentiment. » Et d'où venaient ces inquiétudes de dom Couturier? Il n'en savait rien, ne pouvait en formuler aucune, sinon que Madame était fort

inquiète sur mon compte. Imprudemment livrée par dom
Couturier, je la prenais en flagrant délit de lâche duplicité.
Elle avait monté le Père Abbé contre moi, et lui, croyait
à un péril d'autant plus grave qu'il ne le définissait pas ; et
voilà pourquoi on m'avait écrasé. Pour donner le change,
Madame semblait s'apitoyer sur mon sort, regretter l'injustice et la violence avec laquelle m'avait frappé mon supérieur. Il s'était laissé monter la tête, disait-elle, et
maintenant je savais que c'était elle-même qui la lui avait
montée.

L'illusion n'était plus possible, et quoi qu'il m'en coûtât,
je devais reconnaître que le rôle joué par l'Abbesse était
odieux. J'avais désormais la solution de tous les problèmes
que j'avais rencontrés sur mon chemin, et que je m'efforçais toujours de résoudre dans un sens favorable à
Madame. Oui, tout était pour le mieux, il n'y avait qu'un
seul petit Tiburce sur la terre, tant que mettant, pour lui
plaire, mon Abbé de côté, je n'avais d'yeux que pour elle,
tant que je n'étais dans ses bras qu'un bébé aveugle et
soumis ; mais le jour où le bébé, se dégageant des jupons
de l'enfance, renonçait aux jouets, aux poupées et disait à
sa mère : « Maintenant, je suis votre fils, les énergies que
Dieu dépose en mon cœur sont à vous, je partagerai vos
labeurs en fils dévoué », ce jour demandait pour un tel
mal un grand remède. Il fallait étouffer ces énergies par
une nourriture frelatée, des récits mystiques, des rêveries
scabreuses, un sentimentalisme puéril, et, bientôt réduit à
l'impuissance, ce pauvre moine se bornait à brûler de l'encens aux pieds de celle qui montait au trône la crosse à la
main et l'auréole de la sainteté sur la tête.

J'avais traversé « cette crise de formation », et l'on
remerciait Dieu du succès ; suivant l'expression consacrée,
« j'étais rendu ». Mais, ô terreur, si le moine est captif,

s'il est fasciné, en un mot, « s'il est rendu », voici le médecin qui sort du profond sommeil dans lequel on l'avait plongé ; il regarde, il scrute, il analyse, il dit à Madame : « Prenez garde, ma Mère, vous vous surmenez trop ». — De son œil perçant, Madame voit le péril, son trône va crouler. Non, jamais elle ne saurait permettre que quelqu'un eût l'audace de l'assimiler à de pauvres mortels, de ne point la croire à l'abri des infirmités humaines ; c'en serait fait de sa sainteté merveilleuse ; périsse plutôt le traître ; on ne saurait payer trop cher le salut.

Voilà tout le mystère de son mensonge, puis de ses calomnies auprès du Père Abbé, dans le but de me sacrifier.

Plus tard, j'entendrai le Père Abbé me dire : « Mon pauvre ami, c'est moi qui vous ai fourvoyé en vous envoyant à Sainte-Cécile ; vous avez beaucoup souffert, et c'est moi qui vous ai porté le coup le plus cruel, à la veille de votre sacerdoce ». Lui-même voyait clair, hélas ! trop tard ; il se sentait impuissant à conjurer la ruine.

Allais-je renoncer au programme que je m'étais tracé ? Non, plus le mal était grand, plus aussi mon rôle de dévouement devenait impérieux.

Ne fallait-il pas tenter d'arracher la malade à ses illusions, pour lui conserver la vie ? Refoulant au fond de mon cœur les répugnances qui me montaient à la gorge, et m'appuyant sur Dieu, qui connaissait mes intentions, je frappai de nouveau à la porte du parloir de Madame.

Après un échange de banalités, le médecin prit la parole sur un ton filial et lui dit : « Ma bonne Mère, vous m'avez confié la santé de vos filles et je réponds à cette confiance dans la mesure de mes forces ; à ce titre se joint celui de fils pour veiller sur la vôtre. Je vous demande pardon de mon importunité, et, si je me permets d'insister encore, c'est que votre état me paraît plus sérieux que vous ne semblez croire. Dans un excès de fatigues, tel que le vôtre, le système nerveux doit en subir un fâcheux contrecoup. Peut-être même bien des phénomènes s'apaiseraient s'il puisait dans un peu de repos un meilleur et plus complet équilibre. Dans le tourbillon d'affaires qui vous dévore, il peut arriver que votre attention soit distraite, car on ne peut suffire à tout, et je voudrais éviter les fâcheuses conséquences qui pourraient en rejaillir sur vous et sur les vôtres et cet injuste reproche de vous faire « toute à tout » lorsque vous voulez être « toute à tous ».

L'orage, qui grondait depuis longtemps, éclate avec fracas.

Madame se lève frémissante. Un tremblement nerveux l'agite et, les yeux pleins de fureur et de mépris, elle s'écrie : « J'en ai assez. C'est trop fort, quelle audace ! » Puis elle ouvre la porte et la referme sur elle avec violence.

J'attendis quelques instants avant de prendre à mon tour tranquillement ma porte. Cette crise tragique ne me troubla en aucune manière. C'est une malade, me disais-je, je dois conserver d'autant plus mon sang-froid qu'elle s'emporte davantage.

Toutefois, la crise à laquelle je venais d'assister me découvrait dans l'Abbesse un profond abîme, celui de l'orgueil. Jusqu'alors je n'avais cru chez elle qu'à une constitution organique défectueuse entraînant le besoin étrange de mentir et de lancer sur le compte des autres des insinuations malveillantes. De tels désordres avaient leur gravité, mais l'on pouvait encore, à la rigueur, les concilier avec un degré peu ordinaire de sanctification ; l'instrument dont se servait l'âme avait des lacunes,

lacunes d'origine maladive. Mais, aujourd'hui, une question beaucoup plus grave se posait :

Comment harmoniser le dépouillement de soi, la sainteté, l'humilité, avec l'accès de fureur dont elle m'avait rendu témoin ? Eussé-je été d'une maladresse excessive, elle **ne** devait voir dans mes paroles que le dévouement, la sollicitude d'un fils pour sa mère. Son rôle maternel lui imposait le calme, la douceur, la dignité. Et l'humilité chrétienne, la plus élémentaire ? A plus forte raison, la prétendue sainteté, où la retrouverait-on dans cette scène de parloir ? Nul besoin d'être docteur en théologie pour dégager la conclusion de ces prémisses ! Le mensonge **et** la calomnie sont incompatibles avec la haute sainteté.

Quant à l'orgueil, il est la négation de la sainteté. Or, cette femme avait certainement menti et calomnié, et, dès qu'elle vit poindre dans mes paroles un léger doute sur ses prétentions mystiques, blessée dans son orgueil, elle se dressa devant moi, dans un bond de panthère. J'avais ouvert une plaie qui ne se fermerait plus.

Elle comprit bientôt l'insigne maladresse de sa conduite. Pour y remédier en partie, elle m'envoya le soir même de ce jour un petit billet, me disant que nous ne pouvions rester sur les paroles échangées, et qu'elle me suppliait de répondre à son appel.

Jouant un air confus et doucereux, elle déclara que nous nous étions quittés sur un malentendu. Oui, c'était la forme qui l'avait blessée dans mes paroles, et rien de plus.

Je lui répondis que j'avais peut-être manqué de forme, mais qu'elle ne pouvait se méprendre sur mon intention toute de dévouement filial.

« Oh, oui, reprit-elle, personne ne m'en a donné une preuve aussi solide. » Puis elle noya la scène de fureur de la veille dans un déluge de larmes dont son mouchoir fut inondé.

Je n'en sortis pas moins persuadé que, désormais, elle ne verrait en moi qu'un ennemi, et qu'elle ne me pardonnerait jamais les torts qu'elle s'était donnés à mon égard. J'appris qu'elle continuait à me nuire dans l'esprit des moines et des moniales ; quelques indiscrétions me donnèrent l'écho de ses plaintes, de ses invectives.

« Voyez-vous, disait-elle, cette prétention du Père Sauton d'arborer avec moi son bonnet de docteur, de trancher à son gré ce qui me concerne personnellement ! » Et, parlant de ma correspondance : « Ah, certes, il y aurait de quoi, avec ses lettres, nous faire brûler en pleine place de Grève. »

Le jour de mon ordination sacerdotale approchait. Madame garda en cette circonstance un mutisme absolu. Je calquai mon attitude sur la sienne, et, le 31 mars (1888), en la fête du Samedi-Saint, je devins prêtre dans l'église de Sainte-Cécile.

En qualité du plus ancien des trois prêtres ordonnés la veille, je fus désigné pour la messe de communion de ces Dames, le jour de Pâques. Au moment où j'arrivais pour célébrer cette première messe, je trouvai dom Mocquereau sous le narthex de l'église des Bénédictines. Il m'attendait et, d'un ton très ému, il me dit :

— Père, avez-vous vu Madame ?

— Pourquoi cette question ?

— Oh ! Père, je vous en conjure, allez voir Madame.

— Vous a-t-elle chargé de me le dire ?

— Non, mais, Père, vous n'oserez jamais monter à l'autel sans l'avoir vue.

— Je vous en prie, mon Révérend, je sais ce que je dois faire.

— Oh! Père, je vous en prie, que Tiburce aille voir sa mère Cécile.

Il se jette à mes pieds, s'agenouille et ajoute : « Oh ! Père, je tremble à la pensée que vous osez ainsi monter à l'autel pour votre première messe.

— Tranquillisez-vous, mon Révérend, j'ai la conscience en paix, je sais ce que je vais faire ; je vais célébrer ma première messe. »

Et mettant fin à cette scène aussi étrange qu'indiscrète, je me dirigeai vers la sacristie, où je trouvai à mon adresse le traditionnel purificatoire que Madame brode pour tous les nouveaux prêtres ; je l'en remerciai ensuite, en lui portant ma bénédiction.

L'intervention maladroite de dom Mocquereau me fournit une nouvelle preuve du chantage que faisait Madame à mon sujet, posant toujours en victime et dévoilant, à qui voulait l'entendre, mon nom de Tiburce, en témoignage de l'intimité à laquelle elle avait bien voulu m'appeler. Dom Mocquereau pensait sans doute que j'avais commis un sacrilège en montant ainsi à l'autel. Les autres moines céciliens me regardaient avec anxiété. Mère Lucie et Mère Schmitt[1] me disaient : « Madame a beaucoup de chagrin ; pourquoi donc notre cher petit frère Tiburce a-t-il changé d'attitude avec elle ?

— Mais je vous assure que je suis toujours très filialement dévoué à Madame.

— Vous ne venez plus la voir aussi souvent.

— C'est possible. Vous savez que j'ai de nombreuses occupations Je viens quand je le puis.

Lorsque je retournais, malgré mes répugnances, au parloir de Madame, nos entretiens roulaient sur des banalités ; elle se livrait à de continuels efforts de gymnastique

1. Lire : Mères Lucie et Abre Schmitt.

intellecluelle pour se donner le dehors de l'aisance. Ces exercices d'équilibre sur la corde raide, outre la fatigue réciproque qu'ils engendraient, ne produisaient aucun résultat utile. Une situation aussi tendue ne pouvait durer. Ne comptant que sur Dieu, sur le secours de la grâce, j'entrai de nouveau dans l'arène.

Quelle ne fut point ma surprise de la voir accueillir, avec des larmes de reconnaissance, les marques de dévouement qui jadis la mettaient en fureur. Pleurant comme une Madeleine, elle me dit : « Mon cher petit Tiburce, vous avez eu raison de me parler comme vous l'avez fait, et je vous remercie de tout mon cœur ; jamais personne ne m'a donné une preuve plus grande de dévouement. Que voulez-vous ? Je suis seule, toute seule. Depuis la mort de dom Guéranger, je n'ai trouvé que des labeurs, et je n'avais personne pour me conduire, pour me diriger. J'ai traversé de terribles épreuves ; vous savez que dom Couturier, loin de me venir en aide, de prendre ma défense, m'abandonnait, quand il n'était pas lui-même pour moi une source de difficultés. Les autres moines qui m'approchaient ne cessaient de me brûler de l'encens ; pas un seul n'a eu la simplicité, le courage de me dire si je me trompais. C'est ainsi que j'ai pu arriver à me faire illusion. Mais vous, mon cher Tiburce, vous n'avez pas reculé devant ce que vous dictait votre conscience, et, si l'avertissement m'a d'abord été pénible, du moins je reconnais aujourd'hui que vous avez rempli votre devoir d'un fils dévoué, et je ne vous en aime que davantage. »

Je crus et je crois encore que ces accents étaient sincères. La pauvre malheureuse jetait un cri de détresse. Bénissant Dieu dans le fond de mon âme à cette lueur d'espérance, je lui répondis : « Ma Mère, vous ne vous trompez pas sur mes intentions. Je n'ai point qualité pour vous conduire, et je ne puis y prétendre, mais je me mets à votre disposition. Ou je continuerai à vous signaler ce que je crois être pour vous un écueil, ou je garderai le silence : dictez-moi ma conduite, formulez votre désir, et je vous promets de m'y conformer. »

Elle protesta du désir de m'entendre. Ce serait lui rendre un grand service sur lequel elle comptait, puisque personne ne s'en était chargé depuis la mort de dom Guéranger.

Une nouvelle plainte douloureuse s'échappa de ses lèvres, avec une expression de sincérité profonde : « Mon cher Tiburce, mon fils bien-aimé, j'ai connu de cruelles angoisses. Partout le vide, partout l'obscurité. Que d'heures angoissantes, et je me demande alors avec stupeur : Où suis-je? Serais-je abandonnée ? Une lassitude étrange m'envahit, je n'ai où poser le pied... » Et des sanglots l'étouffèrent.

Mon cœur fut ému en face d'une telle infortune; j'oubliai tout le passé. Pauvre malheureuse, me disais-je, pendant qu'elle se grise d'un faux surnaturel et qu'on la croit enivrée des joies du Ciel, elle est le jouet de la tempête, au milieu des plus obscures ténèbres, et se demande avec effroi si elle n'est pas à la veille de sombrer. Je me promis alors de lui tenir compagnie, de ramer avec elle pour arriver au port, et retrouver, dans la lumière de la foi, un terrain plus stable et plus ferme.

Cet espoir, hélas ! ne devait durer, comme les roses, que l'espace d'un matin.

A peine avais-je quitté Madame que son naturel reprit incontinent le dessus. Son orgueil froissé, joint au regret de m'avoir dévoilé ses angoisses, se traduisit de nouveau dans des insinuations malveillantes et perfides sur mon compte. Elle se plaignait aux moines et aux moniales de mon ingérence, de mes audaces... J'allai la voir.

L'entrevue fut maussade. Elle avait peine à déguiser sa colère; je crus prudent de ne parler que de banalités.

Peu après, je retournai encore auprès d'elle, et voilà que, sur un ton enjoué, avec une désinvolture calculée, elle proteste de la paix, du calme, de la joie au sein desquels s'écoule son existence. A l'entendre, elle n'avait jamais connu les ténèbres, les angoisses. D'ailleurs, sa vie n'était plus de ce monde et nul autre qu'elle-même ne pouvait en comprendre la trame...

Je ne savais que faire en face de telles contradictions ; toutefois, après un instant de réflexion, je résolus de lui ravir le narcotique avec lequel elle se grisait. Je lui rappelai nos conventions. Elle-même m'avait prié de lui signaler les écueils à éviter; elle comptait sur ce secours. Pour remplir ce devoir, je lui dis qu'elle me semblait fatiguée par un excès de travail et de préoccupations ; dans cet état son système nerveux pouvait se troubler dans ses fonctions, de là il était facile de commettre des distractions, oublis, parfois même des erreurs.

— Erreurs ? en quoi donc me suis-je trompée ?

— Mon Dieu, je ne précise rien, je veux seulement vous mettre en garde contre un excès de fatigues.

— Parlez. Précisez, vous en avez trop dit pour que nous en restions là.

— Je vous avoue, ma Mère, qu'il m'en coûte beaucoup de préciser, mais, puisque vous le désirez et que vous comptez sur l'entière franchise de votre fils, je vous citerai un fait, non à titre de reproche, mais pour vous montrer que mes craintes ne sont pas imaginaires. Il vous souvient de m'avoir annoncé un jour que le Père Abbé avait résolu de me punir? Sans doute vous étiez fatiguée, distraite, et vous avez mal compris, car le Père Abbé m'a déclaré que jamais il n'y avait songé.

— Alors, me dit-elle en courroux, ce n'est pas le Père Abbé qui a menti?

— Je ne vous accuse point, ma Mère, répondis-je très doucement. Je vous signale seulement votre méprise, en vous répétant ce que m'a affirmé dom Couturier.

— C'est bien, cela me suffit, j'ai menti. C'est dans l'Éternité, mon cher Père, que je vous donne rendez-vous pour savoir qui, de l'Abbé ou de moi, a menti.

— Vous le voyez, ma Mère, la conversation revêt un caractère de plus en plus pénible. Il m'en coûtait de remplir auprès de vous un rôle aussi difficile, et je ne le faisais que pour répondre à votre désir formel. Je crois qu'il est beaucoup plus sage que je m'abstienne à l'avenir de toute observation. Vous êtes la fille de dom Guéranger ; je suis son fils, nous travaillerons chacun de son mieux à cette œuvre commune, dans la mesure qui nous est départie par la Providence. Si vous le voulez bien, faisons ce qu'on appelle une « lessive générale », et que tout ce qui a pu se passer entre nous soit oublié à jamais. Y consentez-vous ?

— Volontiers, dit-elle sur un ton décidé; passons l'éponge là-dessus, qu'il n'en soit plus question.

— C'est entendu, l'éponge est passée, vous pouvez compter sur moi et je compterai sur vous.

J'avoue que je m'estimai heureux de cette conclusion que ne me laissait point espérer le début de cet entretien. La paix était donc signée d'une façon définitive.

Ici encore, je m'abusais. Dominée par son organisme malade et cédant à un orgueil effréné, Madame se remit à son œuvre de destruction avec acharnement, exploitant l'allure et la terminologie enfantine qu'elle m'avait jadis imposées, mettant mes confrères en garde contre moi, en donnant beaucoup à penser, par de vagues allusions, à mes libertés de plume qu'elle appelait « des mièvreries » et qui pourraient « la faire brûler en place de Grève ». Que sais-je encore? Je jugeais sans appel les choses et les gens, parfois sur une petite apparence mal interprétée. « Avec ma tête d'Allemand », je ne consentais jamais à démordre. Je manquais de frottement et d'éducation, et, pour couronner le tout, je n'étais qu'un rêveur et un ingrat. Et ces perfides accusations, Madame les colportait, non seulement auprès des moines et des moniales, mais aussi auprès des personnes du dehors, et plusieurs d'entre elles m'en ont informé.

Je me contentai d'attirer son attention sur les procédés de tel ou tel moine à mon endroit. Elle s'esquiva d'abord, mais, comme je citais des faits, elle voulut se disculper en disant que « tous ces gens-là parlaient à tort et à travers ». Au récit de la scène de dom Mocquereau, le jour de ma première messe, elle répondit avec humeur : « Que voulez-vous ? j'ai vivement regretté son intervention, et je le lui ai dit. Ah ! il n'y a rien de plus terrible que les amis maladroits... et j'en suis enveloppée. » Puis, pour faire diversion et me donner le change, elle ajouta que souvent le diable lui jouait de vilains tours. « Ainsi l'on m'aperçoit, l'on m'entend donner un ordre, et l'on me dit ensuite que l'on m'a vue, que j'ai donné tel ordre, alors que je n'y suis pour rien ; c'est le diable qui a pris toutes mes apparences, et je vous assure que gouverner dans ces conditions n'est pas chose facile. »

Voyant qu'elle continuait à me poursuivre de ses représailles, j'eus le dessein de tenter un dernier effort. Je lui écrivis une longue lettre. En voici le sens, à défaut du texte que je n'ai pas eu la précaution de prendre en double. Il s'agissait de détruire tout malentendu. Jadis elle avait eu la bonté de m'accueillir, et, pour me conformer à sa direction, je m'étais constitué à l'état de petit enfant entre ses mains. Peu à peu l'enfant s'était développé en entourant sa mère d'une filiale tendresse. Une fois devenu homme, sa tendresse et sa reconnaissance n'avaient rien perdu de leur profondeur en revêtant la forme du dévouement filial. C'est ce que son cœur maternel pouvait constater en moi et, loin d'en concevoir de l'inquiétude, elle y puisait la paix et la joie. J'ajoutais enfin qu'un fils ordonné prêtre devait jouir d'une certaine émancipation, le caractère sacerdotal le mettant dans une classe à part et privilégiée, mais que cette émancipation n'apportait que plus de force et de générosité à son dévouement filial.

Cette déclaration de principes, sur lesquels je voulais asseoir désormais mes relations avec Madame, n'obtint pas le résultat que j'en espérais, et fut mal interprétée. Essayant ensuite, dans mes entretiens au parloir, de donner à ma lettre son véritable sens, je reçus cette flèche en pleine poitrine :

« Dévouement filial, dévouement filial, tant que vous voudrez, mais j'ai perdu votre estime. »

Et comme je protestais de mon mieux, en m'appuyant sur les principes exposés dans ma lettre, elle me coupa brutalement la parole : « Mon cher Père, quand l'estime disparaît, tout disparaît ».

C'est ainsi qu'elle me donna congé. Tout était fini, la rupture était consommée. Le bruit s'en répandit même au dehors, et les commentaires d'aller leur train. Une amie d'enfance de Madame l'Abbesse m'offrit son intervention pour négocier un rapprochement de Sainte-Cécile. Je ne conservais aucune illusion. Toutefois, je donnai carte blanche à cette personne, et je m'engageai seulement à renouer les relations officielles en souvenir de dom Guéranger. Voici la réponse que l'Abbesse écrivit, le 27 mai 1888 :

« Réflexion faite, je préfère que vous ne disiez rien à dom Sauton. Il m'a jugée et condamnée, sans m'avoir entendue, et je sens peser sur moi quelque chose de méprisant, qui m'a d'abord brisée, mais qui est accepté maintenant. Certaines choses se perdent sans retour, quand elles se perdent. Je me sens bien le courage de porter ce fardeau, mais pas celui d'entendre encore ce que j'ai entendu.

« D'ailleurs, je sens que sa charité est intacte et même généreuse à mon endroit et que sa prière ne me fait pas défaut. De mon côté, je n'ai pour lui que de l'affection et une prière constante. Je me sens réduite à l'impuissance hors de cette sphère, et j'ai une sorte de besoin de n'en pas sortir...

« Il est venu vers moi sans sympathie ; je crois très bien qu'il peut se passer d'un si mince secours que celui que je pourrais lui donner extérieurement... Attendons... Au ciel, il verra que j'étais peut-être un peu moins noire qu'il ne l'a cru. Je ne crois pas qu'en ce monde il sache jamais *revenir* d'une opinion [1]. »

Madame l'Abbesse se peint dans cette lettre. Je vais en dégager les notes principales :

D'abord des *insinuations*, telles qu'on les trouve souvent sous sa plume et dans ses paroles :

« Je me sens bien le courage de porter ce fardeau, mais pas celui d'entendre encore ce que j'ai entendu. »

Des *calomnies* :

« Il m'a jugée et condamnée sans m'avoir entendue » ; « je sens peser sur moi quelque chose de méprisant » ; « je ne crois pas qu'en ce monde, il sache jamais revenir d'une opinion. »

Le *dépit* :

« Il est venu vers moi sans sympathie. » « Au Ciel, il

---

1. Dom Sauton a, sans doute par discrétion, un peu corrigé le texte de cette réponse. L'Abbesse tutoyait son amie d'enfance, Mme Daniel-Lacombe. Le texte original finissait ainsi : « Puis tu n'as pas besoin d'émotions ; attendons, ma bien-aimée. Nous sommes toujours sûres qu'au ciel il verra que j'étais... », etc.

verra. » « Je me sens réduite à l'impuissance hors de cette sphère. »

La *contradiction avec elle-même* :

« Je sens peser sur moi quelque chose de méprisant » ; et « je sens que sa charité est intacte et même généreuse à mon endroit. »

La *fausse humilité* :

« Quelque chose de méprisant qui m'a d'abord brisée, mais qui est accepté maintenant » ; « je crois bien qu'il peut se passer d'un si mince secours. »

N'est-il pas vrai que chacune de ces lignes révèle le caractère dominant de l'orgueil le plus accentué et blessé au vif ?

Il me semble bien difficile d'harmoniser tout ce qui précède dans ce récit avec la consommation dans la sainteté, et j'ajouterai que depuis de nombreuses années déjà, Madame, ainsi qu'elle me l'a dit elle-même, a émis « le vœu du plus parfait » !

« La vaine complaisance, dit un théologien mystique [1], qui fait se dilater et se réjouir dans les faveurs exceptionnelles, est un mouvement tellement naturel à l'homme, qu'il se produit, si l'on n'est pas attentif à le réprimer, même dans les grâces véritablement divines ; mais, avec les illusions de l'Ange orgueilleux, il est inévitable.

« Un bon moyen de découvrir de quel principe procèdent ces complaisances secrètes d'une âme, est de la soumettre à l'épreuve de l'humiliation, en la reprenant sévèrement, brusque-

---

1. J. Lopez de Ezquerra, *Lucerna mystica*, t. IV, ch. xviii, n. 164-165, p. 77.

A cette note de dom Sauton, il est peut-être permis d'ajouter un texte de dom Guéranger :

« Les dons de la miséricorde divine, soit qu'ils s'appliquent aux particuliers, soit qu'ils aient pour but les nations, semblent bien plutôt l'objet d'une humble et discrète reconnaissance qu'un sujet de se glorifier... Je crois dans ma simplicité que l'humilité et le *silence* sur les *grâces reçues* disposent davantage le ciel à nous en continuer l'aumône... » Dom Guéranger, *Lettre à Mgr l'Archevêque de Toulouse*, 1844, p. 28.

ment, avec quelques paroles qui sentent un peu le mépris et même l'injure.

« Avec l'esprit de Dieu, ces reproches font éclater l'humilité et la soumission. Le visage pourra bien exprimer d'abord la honte et l'embarras, mais la paix et le respect ne seront point compromis. Si, au contraire, le démon exerce son influence, on se troublera, on s'attristera, on s'irritera, on répondra peut-être par l'injure à ce que l'on croit être une injure. »

Or, le récit des événements montre avec évidence les précautions oratoires, la douceur, le respect filial, le dévouement dont je m'inspirais pour signaler à Madame les inconvénients d'un excès de fatigue pour le système nerveux. Nous sommes loin de la brusquerie, de la sévérité, du mépris, de l'injure que le théologien réclame comme pierre de touche de la sainteté, et qui ne produisent, si réellement l'Esprit de Dieu est dans cette âme, que la soumission et l'humilité.

« A plus forte raison, écrit Scaramelli[1], Dieu est-il loin d'une âme qui serait, non seulement avide de succès, de popularité et d'admiration, mais attentive à faire et à dire tout ce qui peut la mettre en relief ; qui, prenant en main sa propre cause, se louerait, se vanterait, divulguerait et proclamerait, à temps et à contre-temps, les grâces dont elle se croit honorée. De telles préoccupations, de telles pratiques, si elles ne procèdent pas de la nature, ne peuvent être inspirées que par l'esprit mauvais. »

« Il est à peine nécessaire », suivant Ribet[2], « de signaler comme partant de l'esprit mauvais le merveilleux joint à de folles assurances de sainteté éminente, de mérite éclatant, de prédestination exceptionnelle ; à de vaniteuses prétentions qui ne concordent ni avec la foi ni avec le bon sens, et que rien ne soutient, sinon les dires de ceux qui s'en glorifient. »

N'est-il pas vrai que, Dieu étant la source de la vérité, de la bonté, de la justice, de la miséricorde, de la paix, toutes ses œuvres doivent revêtir ces mêmes caractères ? Mais cet

1. *Direttorio mistico*, t. IV, ch. XVII, n° 231, p. 329.
2. Ribet, *La mystique divine*, t. III, p. 167.

ordre de considérations trouvera mieux sa place dans l'examen théologique que nous ferons plus loin.

Si j'avais obéi à un sentiment naturel, toute espèce de relations avec Sainte-Cécile aurait disparu. Toutefois, en souvenir de dom Guéranger, et pour éviter les doutes que pourraient éveiller, à l'égard de ces Dames, une rupture notoire et publique, je conservai quelques points de contact avec Madame. A certaines dates rappelant des anniversaires, je lui envoyais quelques lignes respectueuses l'assurant toujours de mon filial dévouement. De son côté, elle me répondait officiellement sur le même ton. Mais la mort du médecin ordinaire de Sainte-Cécile me fournit une belle occasion de déclarer ma mission terminée, en tant que médecin de ces Dames. Je n'avais que le titre « provisoire ». Il fallait désormais un « titulaire », la place étant devenue vacante. J'en parlai à dom Couturier. « Sans doute, lui dis-je, j'ignore si ces Dames ont l'intention de me conserver encore en qualité de médecin traitant. Mais je regarderais mon maintien dans ces fonctions comme étant de nature à créer de nombreux ennuis ou inconvénients aux moniales, aux moines, aux personnes du dehors et à moi-même. »

C'est pourquoi je lui demandai de vouloir bien me retirer cette obédience. Dom Couturier accueillit cette demande, et je fus relevé de mes fonctions de médecin de Sainte-Cécile. Inutile de dire que Madame et ses filles, pour donner le change, et, en même temps, sembler expliquer mon éloignement de leurs parloirs, insinuèrent que j'étais blessé au vif, parce qu'elles avaient fait choix d'un autre médecin. C'est ainsi qu'elles écrivent l'histoire !

J'eus un jour le dessein de relever certains faits personnels consignés dans ma correspondance avec l'Abbesse. Pour le réaliser, je lui en parlai, la priant de me donner des lettres de telle et telle période, et je les lui retournerais sous peu. Elle sortit un instant, puis, revenant une liasse de papiers à la main, elle me dit : « Je vous prie de m'excuser, vos lettres ne sont point classées ; en voici une partie, peut-être y trouverez-vous ce que vous cherchez, sinon je collationnerai les autres et vous les remettrai ».

Ma surprise fut grande, en parcourant ces lettres, d'y rencontrer des traits de plume, des ratures sous lesquels on pouvait encore déchiffrer les mots que Madame voulait effacer. Elle les trouvait donc blâmables et dangereux, ces termes de tendresse filiale ; et cependant, qui donc m'avait encouragé à user avec elle de cette terminologie enfantine? On sait qu'il m'en coûtait d'agir et de parler ainsi. J'avais honte de ces niaiseries; mais, fermant les yeux, je croyais répondre à la volonté de Dieu en me conformant aux désirs de l'Abbesse.

Une découverte plus pénible encore se préparait. On se rappelle que ma correspondance avec Madame, autorisée par dom Couturier, n'avait été établie qu'à une condition absolue, celle d'un secret inviolable. Souvent, je lui avais redit cette condition, et bien vite elle protestait de sa fidélité la plus entière à le garder. Hélas! ici encore, j'étais trompé, j'étais trahi.

Madame livrait ma correspondance. J'en avais trouvé la preuve, écrite de sa main, dans cette mention au-dessus d'une lettre du 31 mars 1886:

« Spécimen à rendre, S. V. P. » (*sic*).

Madame, en me remettant la liasse prise au hasard, avait oublié d'en examiner le contenu, voilà comment me fut remise cette pièce à conviction. Une telle trahison, après les promesses les plus solennelles, est une infamie. Elle se peignait exactement, Madame, le jour où elle disait cavalièrement à quelqu'un que je connais : « Si j'étais restée dans le monde, mon bonheur eût été de rouler un homme ».

Et cette malheureuse femme, entrée dans le cloître pour s'exercer et exercer les autres dans la pratique de toutes les vertus chrétiennes et monastiques, s'applique au contraire à rouler, non pas un homme, ainsi qu'elle aurait aimé à le faire dans la vie conjugale, mais un moine, un moine qui vient à elle dans l'unique but de trouver Dieu, un moine revêtu du sacerdoce ! Et, non contente de violer la loi du secret, de trahir la promesse jurée, elle livre les confidences que lui fait ce prêtre sur ce qu'il a de plus intime, sur son âme. Une telle conduite ne saurait s'allier avec la sainteté.

Il était naturel que, dans ces conditions, je réclamasse ma correspondance. La pensée m'était venue de prier dom Couturier de me rendre ce service. Mais, dans la crainte que Madame n'en tirât à tort la conclusion que je l'avais influencé en sa défaveur, je résolus de m'adresser à dom Delatte. Son titre de prieur et l'intimité de ses relations avec Sainte-Cécile semblaient le désigner pour cette mission délicate. Je frappai donc à sa porte, et lui fis part du but de ma démarche. Il se rappelait peut-être qu'autrefois, sur le désir de dom Couturier, mes relations avec Madame avaient pris un caractère de profonde intimité. Depuis longtemps déjà l'attitude et les propos de Sainte-Cécile me donnaient de légitimes motifs de me plaindre. Il savait peut-être aussi les phases pénibles qui s'étaient déroulées, et, comme la résolution, adoptée par Madame, de me tenir à distance, ne me laissait aucun doute, je ne lui reconnaissais plus les mêmes titres que jadis à la possession d'une correspondance toute confidentielle.

Dom Delatte, poussant de gros soupirs, me dit: « Ah ! Père, Père... » Des larmes lui remplirent les yeux, et de nouveau il répéta : « Père, Père... », d'un ton suppliant.

Je lui fis remarquer qu'il s'agit d'un moine sollicitant de son prieur la protection à laquelle il a le droit de faire appel. Madame se sert des lettres de ce moine pour lui porter préjudice. Elle exploite mon style épistolaire qu'elle - même avait inspiré. Elle donne lecture de ces papiers qu'elle avait promis de garder secrets. Ce moine a donc des motifs aussi impérieux que légitimes de réclamer sa correspondance. Il supplie donc son Prieur de lui venir en aide pour obtenir satisfaction.

Dom Delatte se contenta de gémir encore : « Père, Père... »

Et comme je gardais le silence, il reprit avec des larmes dans la voix :

— C'est donc une rupture ?

— Non, mon Père, ce n'est pas une rupture. Je ne veux rien briser ; le passé le prouve suffisamment, mais je crains que ces lettres ne tombent entre d'autres mains.

— Mais, Père, vos lettres sont bien gardées par Madame.

— Je le croyais jadis, maintenant j'ai la preuve de ses indiscrétions.

— Père, je vous en prie, ne les réclamez point ; ce n'est pas que je me refuse à porter votre requête, mais je crains une rupture.

— Il ne s'agit nullement de rupture, mais d'une simple mesure de prudence. Madame n'est pas immortelle, et je ne veux point qu'à sa mort ma correspondance tombe sous les yeux de ses filles. Dans cette circonstance actuelle, je me permettrai d'attirer votre attention sur Sainte-Cécile. Regardez avec soin, examinez sans vous arrêter aux apparences, et peut-être un jour vous reconnaîtrez dans ce point d'interrogation que je pose devant vous une preuve de mon sincère dévouement à votre endroit ? »

Pour toute réponse, il me dit de réfléchir encore. Lorsque je retournai chez lui, pour le confirmer dans mon désir, il ajouta : « Bien, mon Père, je vais précisément à Sainte-Cécile ; je verrai Madame, et je lui réclamerai vos lettres.

— Je vous en remercie, mon R. P., mais je vous prie d'insister auprès de Madame, afin d'éloigner de son esprit toute idée d'une rupture. Vous pouvez aussi lui faire remarquer la loyauté de ma conduite, puisque, avant même de rentrer en possession de ma correspondance, j'ai détruit la sienne, dans la crainte qu'elle ne tombât un jour sous des yeux étrangers. »

Deux heures après, dom Delatte me rapportait un rouleau cacheté. Il me fut facile de constater que beaucoup de lettres manquaient à l'appel, et spécialement celles que je considérais comme les plus importantes.

Un procédé si peu loyal me fit regretter, mais un peu tard, de n'avoir pas conservé certains autographes propres à la confondre.

Ici se clôt le récit de mes aventures avec Sainte-Cécile. Ainsi que je le disais au commencement, cette page d'histoire, d'autres pourraient l'écrire, mais ils sont rares ceux qui se sont arrachés à ces funestes mirages, après en avoir été plus ou moins longtemps la proie ; presque tous les disciples de Madame ferment encore les yeux et s'endorment dans leurs illusions. « Mon pauvre enfant, me dira bientôt dom Couturier, c'est moi qui vous ai fourvoyé, en vous envoyant à Sainte-Cécile. Maintenant, je vous trouve, et je vous garde. La Providence a permis que vous fissiez ces cruelles expériences. Qu'elle soit bénie de vous avoir conservé. Combien à votre place se seraient perdus ! C'est désormais pour vous une grande force. Après avoir été rationaliste durant vos études de médecine à Paris, vous avez vu de près les dangers de l'illuminisme, et Sainte-Cécile vous en a appris davantage pour connaître et guider les âmes dans les sentiers de la foi, que d'autres n'en apprennent dans les livres, après de longues années d'étude. »

A cette époque, dom Couturier avait enfin vu clair ; ses illusions sur Sainte-Cécile s'étaient évanouies. C'est alors qu'il voulut s'opposer aux ravages de l'erreur. Hélas ! il était impuissant à combattre une ruine déjà commencée. Mais n'anticipons point sur la marche des événements.

Dom Couturier ne se rendait pas encore un compte exact de la situation. Il ne se doutait point du but que poursuivait Madame, et moins encore des tristes manœuvres dont il était la victime.

Nous allons voir le vide s'accentuer de plus en plus autour de lui. Les germes déposés par l'Abbesse chez ses fils ne seront point stériles. La moisson se prépare ; elle approche ; qui donc y mettra la faucille ? Sera-ce dom Logerot, celui qu'on proclamait jadis le futur et véritable successeur de dom Guéranger, « l'abbé de Madame » ? Hélas !

> Comment en un plomb vil l'or pur s'est-il changé ?

Après être monté au Capitole, dom Logerot trouvera, dans un nouveau venu, sa roche Tarpéienne. C'en est fait, ce fils chéri des jours d'antan sera sacrifié. Aujourd'hui on l'abandonne, le mot d'ordre est venu de Sainte-Cécile. « Le petit Toutou », car c'est ainsi qu'on l'appellera, n'est plus bon qu'à jeter aux chiens, et demain le nouveau venu l'enverra d'office grossir les rangs des moines de Saint-Maur et réfléchir sur la fragilité de la fortune ici-bas.

Veut-on savoir la note du discrédit dans lequel il était tombé auprès des moines céciliens ?

Peu de temps avant l'obédience de Saint-Maur, le Père Marais [1], encore novice, disait de son maître, dom Logerot : « Quand donc nous débarrassera-t-on de cet être-là ? » et le nouveau venu déclarait que « le Père Logerot n'était bon qu'à confesser des vieilles filles ». Qu'était-ce donc que ce nouveau venu ? Le rôle qu'il va jouer à l'avenir nous oblige à entrer à son sujet dans quelques détails.

[1]. Dom Félix-Raphaël Marais fut, pendant un an, mon confrère au grand séminaire d'Angers. Nous nous liâmes d'amitié, et ce fut moi qui l'aiguillai vers Solesmes. Dès son noviciat, il fut conquis par le parti cécilien et il s'y livra à toutes les gamineries et impertinences qui y étaient coutumières. Plus tard, il tomba en disgrâce et, ne pouvant supporter ce qu'il appelait le « régime de terreur » (lettre du 20 octobre 1898), il sollicita la permission de se retirer à la Grande Chartreuse. Dom Delatte lui refusa cette faveur et l'envoya au prieuré de Kergonan, puis à l'abbaye de Saint-Maur. J'ai conservé de lui quelques lettres ; elles attestent sa ferveur et ses déboires. Il mourut à Beaupréau (Maine-et-Loire) en 1908, âgé de 39 ans, dans la dix-huitième année de sa profession religieuse.

DOM DELATTE

M. Delatte, issu d'une humble famille du Nord[1], avait embrassé la carrière ecclésiastique. Son intelligence brillante et surtout une mémoire très fidèle lui avaient donné un certain relief dans les divers postes qu'il occupa comme vicaire ou comme professeur d'un collège diocésain, lorsqu'il vint frapper, en 1874, à la porte de Saint-Pierre de Solesmes.

Dom Guéranger vivait encore, et la réponse fut que l'Abbé Delatte s'en retournerait par où il était venu.

« J'ai éconduit un postulant », disait ensuite le Père Abbé, « il est brillant, mais il a besoin de jeter son feu dans le monde », et, ajoutait Madame, « un jour, il reviendra », paroles prophétiques qu'elle attribuait au Père Abbé, peut-être pour amortir le coup porté par le refus. C'est ce que nous apprendra la suite de ce récit.

L'Abbé Delatte rentra donc dans le Nord et se contenta de placer plusieurs de ses philothées à Sainte-Cécile. Madame comprit alors qu'il lui serait utile de mettre la

1. Voici son acte de baptême :
« L'an mil huit cent quarante-huit, le vingt-sept mars, après nous être assuré que la déclaration de naissance voulue par la loi a été faite, a été baptisé, par nous soussigné, Olisse-Henri-Joseph Delatte, né le même jour à deux heures et demie du matin, fils de Charles Delatte, charron, et de Philippine Lauthier, son épouse légitime, domiciliés en cette paroisse.
« Le parrain, Henri Lebeau, sabotier, la marraine, Céline Bernard, écolière, tous deux domiciliés en ladite paroisse, ont signé avec nous, ainsi que le père présent.
« Signé : Henri Lebeau ; Bernard Céline ; Charles Delatte ; Montay, curé. »
[Extrait du registre paroissial aux actes de baptême de la paroisse de Saint-Martin de Jeumont, diocèse de Cambrai (Nord).]

main sur ce sujet, et de le placer à la tête de sa phalange dévouée.

Elle l'attira si bien qu'il se laissa prendre et revint à Solesmes à la fin de 1884. Un peu plus tard, devenu postulant, il nous disait, au noviciat, dans un moment d'abandon : « Quand dom Guéranger me vit en 1874, ce n'est pas avec un congé temporaire qu'il me renvoya dans le Nord, mais bien avec un congé définitif ». On voit que nous avons quelques raisons de ne point attacher grande importance à la prophétie dont parle Madame. Une autre confidence complétait le renseignement : « Si j'ai encore frappé à la porte de Solesmes, c'est grâce à Madame l'Abbesse, et pour elle. »

L'Abbesse avait su deviner en cet homme une nature impressionnable et enthousiaste qui ne pourrait résister à son influence féminine, et les côtés brillants de l'intelligence, joints au titre de professeur de philosophie à l'Université catholique de Lille, poste auquel il était en effet parvenu, seraient de nature à l'imposer aux moines.

Il prit donc le froc de saint Benoît, à la grande surprise de ses compatriotes qui redisaient : « L'Abbé Delatte reviendra ». Mais les choses n'allaient pas toujours au gré de Madame. Il y avait du tirage. Que de fois ne me disait-elle pas de beaucoup prier pour lui, afin qu'il s'enrôlât sous sa bannière.

La lutte succéda au premier mouvement d'enthousiasme. Venir ici pour elle, oui, mais à la condition de la dominer, et non d'être dominé par elle. Le Frère Delatte ne pouvait en ce moment admettre les prétentions de l'Abbesse sur le terrain théologique. Chacun son métier, pensait-il tout haut. Et qu'était-ce que cette femme posant devant lui pour la théologienne ? Se courber devant un bas-bleu ? Jamais... Et, cependant, il allait bientôt courber l'échine, en attendant qu'il fût son humble serviteur. Madame se plaisait à me narrer cette scène, qui décida de la victoire.

Le Frère Delatte vint au parloir visiblement ému. Il s'approcha de la grille avec raideur, et voici que ses airs de conquérant se dissipent... Elle le regarde... elle lui dit quelques mots ; et le pauvre Frère Delatte tombe à genoux, verse des larmes et fait sa soumission. Jadis, à son baptême, on l'avait appelé « Aloysius[1] » ; plus tard, ce fut « Henri » ; désormais, ce sera « Paul ».

« Priez bien pour mon grand *Paul* », me disait Madame ; « le diable le travaille, il cherche à me le ravir et à entraver sa formation nouvelle. Ne m'écrivait-il pas dernièrement une lettre commençant par ce mot « Madame ». Je lui répondis aussitôt : Votre « Madame » me frappe au cœur comme un coup de poignard. »

Peu de temps après, je vis le Frère Delatte dès le matin, tout en pleurs dans l'église de Sainte-Cécile ; bien vite il demanda Madame au parloir. Comme je la voyais quelques jours plus tard, je lui dis : « Qu'avait-il donc encore, ce pauvre Frère Delatte ? » — « Ah ! toujours la lutte, il est bouleversé pour un rien. Que voulez-vous ? C'est le travail de la grâce, *mais il faut remercier le bon Dieu, car mon grand Paul devient de plus en plus bébé.* »

Une fois « rendu », il se montra docile ; l'Abbesse ne fut pas seulement sa mère, elle fut encore son « directeur ». Il se laissait « imbiber goutte à goutte ». « Seul », disait-on, « il est capable de comprendre Madame ».

En mars 1885, le Frère Delatte fut admis à la profes-

---

1. Faux. Comme on l'a vu ci-dessus (p. 173, note) il s'appelait Olisse. A Solesmes, il cacha soigneusement ce prénom, fit ou laissa croire qu'il s'appelait Aloys-Henri, et que son prénom habituel était Henri. Comme il n'existe pas de saint Olisse, peut-être celui qui lui infligea ce prénom avait-il lu de travers, sur son calendrier, le nom d'Ulysse.

sion monastique. Avec quel soin l'Abbesse lui fit remettre un anneau de dom Guéranger ! Il le porta sur lui durant cette fonction et reçut une secrète investiture ; lui-même déclara « qu'il avait senti quelque chose de très particulier ». Plus que jamais, correspondances et visites au parloir se multiplièrent. L'on coulait des jours heureux en songeant à l'avenir, et, souple dans la main de Madame, il se laissait guider par elle dans les sentiers de la vie spirituelle. C'est alors qu'arriva l'aventure suivante à laquelle nous avons fait allusion. Dans un voyage qu'il faisait dans le Nord de la France, le Prieur de Silos, dom Guépin, n'avait-il pas eu la malchance de recueillir certains échos, d'ailleurs très répandus, sur dom Delatte ! C'était un homme de talent, disait-on, mais peu sérieux.... On allait jusqu'à dire qu'il avait eu raison de s'enfermer dans un cloître, car ses allures avec certaines personnes donnaient à causer. Dom Guépin, en homme dévoué à l'Abbesse, lui rapporta ces bruits avec les meilleures intentions du monde.

Bien mal lui en prit, la prose qu'il reçut ensuite le lui prouva. Il connut le coup de crosse, tel que sait l'appliquer une femme que l'on blesse et qui veut s'en venger.

Habile dans l'art de créer une opinion, et grâce au prestige que lui donnait son auréole de sainteté, Madame voulut préparer les voies à « son grand Paul ». Dès que la place de lecteur en théologie fut vacante, on insinua bien vite au Père Abbé que dom Delatte devait l'occuper. Ainsi le lecteur de théologie était mis en évidence, et, quittant le noviciat prématurément, l'on avouait, par le fait même de son passage chez les Pères, que sa formation n'avait pas besoin du stage, ni des épreuves qu'imposent aux jeunes profès, deux années durant, nos constitutions.

Il en prit à son aise avec « les anciens ». L'on se rappelle à regret les procédés dont il usa à l'endroit du vénérable dom Gardereau, alors notre Prieur, qu'il ne cessait de ridiculiser [1].

Plusieurs moines me disaient encore dernièrement : « Il faut une forte dose de charité pour pardonner à dom Delatte la façon dont il traita jadis dom Gardereau ».

Sur ces entrefaites, dom Gardereau s'endormit dans la paix du Seigneur. La place de Prieur était vacante. Madame agit et fit agir *discrètement* auprès du Père Abbé, et dom Paul Delatte, quoique tout nouveau profès, fut investi de la charge de Prieur. On lui mettait le pied à l'étrier. Les moines céciliens avaient maintenant un chef officiel dans la personne du Père Prieur. Le nouveau mot d'ordre fut de l'entourer de tous les témoignages de respect et de vénération. « Il a, disait-on, toutes les qualités de dom Guéranger, sans en offrir les lacunes. » D'un seul bond, il a franchi les étapes de la vie spirituelle pour rejoindre Madame sur les hauteurs sublimes de la vie unitive. Il a le don des larmes, le don de discernement des esprits, il fait des miracles... En fallait-il davantage pour le désigner comme futur abbé de Solesmes ?

Le 4 novembre 1888, dom Couturier tomba malade et dut s'aliter. Sa santé, jusque-là très robuste, n'avait pu subir impunément les fatigues d'un long voyage en Espagne.

Une phlébite s'était déclarée. Cette grave et longue maladie le condamnait à un repos absolu ; l'occasion fut

1. Dom Gardereau (Eugène-Victor), né à Angers le 22 octobre 1807 ; profès à Solesmes le 31 mai 1838 ; mort prieur à Solesmes le 16 mai 1888.

En ridiculisant dom Gardereau, dom Delatte suivait l'exemple de dom Guéranger, qui dépeignait ce docteur en droit, ancien vicaire à la cathédrale d'Angers, comme « un extravagant qui va toujours droit devant lui, même au risque de se fendre la tête, ou contre un mur, ou contre un arbre, et de culbuter les passants en se jetant sur eux ». Voir A. Ledru, ouvrage cité, page 67.

bonne pour dom Delatte de se mettre à la tête du convent et de l'entraîner à sa suite.

Madame, croyant à une catastrophe prochaine, multiplia les témoignages d'une profonde vénération pour le bon Père Abbé, et l'on priait Dieu de nous le conserver longtemps encore. Ce qu'il y avait de vrai dans ces protestations, c'est que Madame trouvait un peu prématurée la disparition de dom Couturier. « Son candidat à la succession » n'était pas encore mûr. Devant les menaces de la maladie, il n'y avait plus à hésiter. On se hâta de hisser dom Delatte sur un piédestal. Les moines céciliens, fidèles à la consigne, l'enveloppèrent de toutes parts, lui décernèrent pompeusement le titre de « grand homme » (c'est ainsi que l'appelaient les moniales), et reconnurent que lui seul était digne de recueillir la crosse de Saint-Pierre de Solesmes.

Après une courte période d'amélioration, dom Couturier eut une rechute au début du mois de janvier 1889. Ce fut le signal d'une nouvelle impulsion donnée aux moines par Sainte-Cécile en faveur de dom Delatte ; on le désignait ouvertement comme le futur abbé. Il était déjà l'heure d'habituer sa main au commandement.

Plusieurs épisodes que je passe sous silence, pour abréger ma narration, firent la lumière au Père Abbé. Il constata lui-même que le pouvoir lui échappait, et que ces Dames, les Bénédictines, menaient une véritable campagne pour l'élection future de dom Delatte.

Le choc fut douloureux. « Ils veulent, mon pauvre ami », me dit-il, « me *confiner au coin du feu*, et je n'ai plus que vous pour m'aider à réagir ; mais ne craignez rien, nous marcherons tous deux. »

Survint une période de convalescence, et j'annonçai que le Père Abbé pourrait bientôt courir les grands chemins.

Les moines céciliens ne purent taire leur désappointement, et la confiance dont m'honorait dom Couturier
m'exposait aux représailles de tous les mécontents. Madame
m'écharpait et donnait le mot d'ordre : « Défiez-vous du
Père Sauton, c'est un esprit dangereux ». Telle était la
leçon que faisaient les moines céciliens à tout nouveau
profès quittant le noviciat pour entrer chez les Pères.
Plusieurs m'avertirent dans la suite que, s'ils m'évitaient,
c'était pour obéir au mot d'ordre de Sainte-Cécile.

Notre bon Père Abbé put bientôt entreprendre le voyage
de Marseille, où l'appelaient les affaires de l'abbaye de
Sainte-Madeleine. Une terrible découverte l'y attendait.
Dom Delatte, profitant d'une absence de son Abbé, avait
écrit une lettre à dom Lévêque, moine de Marseille. Ce fut
cette lettre qui tomba sous les yeux du Père Abbé.

Le Prieur de Solesmes racontait, pour se disculper
d'avoir, comme secrétaire du dernier chapitre général,
rempli un blanc-seing dans un sens opposé à la volonté du
chapitre, qu'il avait été violenté dans sa liberté par le
R^me Abbé de Solesmes ; que, sans doute, c'était une faiblesse
qu'il avouait et dont il se repentait, et que, plus tard, il
dévoilerait la violence qu'il avait subie.

Dom Couturier, après avoir lu cette lettre de son prieur,
dom Delatte, dit textuellement : « Cette lettre est pour moi
un coup de poignard ». Puis il en prit lui-même une copie,
et ajouta : « C'est un mensonge, et j'attends une rétractation ».

Désormais, ses illusions s'envolèrent, et il comprit qu'il
était roulé par Sainte-Cécile, dont son Prieur n'était que le
serviteur aveugle.

De retour à Solesmes, il attendit vainement les excuses
de son Prieur et s'en plaignit un jour à Madame l'Abbesse,
qui lui répondit d'une façon évasive.

Plus que jamais, dom Delatte empiéta sur son Abbé, et ses amis maladroits livraient le fond du sac de la façon la plus grossière. « Le Père Abbé nous embête », me disait l'un d'eux dans un moment d'humeur. Je ne tarirais pas si je voulais narrer tous ces éclats de colère mal contenue. Un autre tenait ce propos : « Le Père Abbé va mieux ; ce n'est pas malin, il boit tant de vin de Bugeaud. Moi aussi, je me porterais mieux, si j'en buvais. »

L'Abbesse touchait au but. La majorité des moines s'éloignait ouvertement de dom Couturier et formait la cour de dom Delatte. S'apercevant de la manœuvre cécilienne, le Père Abbé recueillit le peu de forces qui lui restaient, et voulut reprendre le gouvernail. « Il ne s'agit plus de faire le bonhomme », me disait-il alors, « et de s'endormir sur la route. Vous comprenez les choses, je m'appuie sur vous, nous marcherons résolument. » Et les moines de lui reprocher son obstination à s'emparer de nouveau du timon des affaires.

Convaincu qu'il voyait clair dans toute la triste comédie que jouait Sainte-Cécile, je lui dis quelques mots seulement des cruelles expériences que j'y avais faites. « Quel malheur, mon pauvre enfant », répondit-il. « Les faits sont des faits, on ne peut les nier. Oh ! voyez-vous, ces têtes de femmes sont terribles, quand elles sont de travers. » Un autre jour, en parlant de son Prieur : « Je me suis bien trompé sur son compte ; ses brillantes facultés m'avaient fait illusion sur ses profondes et regrettables lacunes. » Et peu après, ramenant la conversation sur l'Abbesse, il me dit : « Quel malheur, mon pauvre enfant, et c'est moi qui vous ai porté le coup le plus cruel. Je vous ai fourvoyé et je n'ai d'autre excuse que de m'être fourvoyé moi-même. » La nouvelle attitude, beaucoup plus réservée, que prenait dom Couturier à l'égard de Madame, et qu'il n'osait accuser dans la crainte de tout briser, fit poser un point d'interrogation.

Comment l'expliquer ? Ce fut très simple, mais ce fut odieux ; les moines céciliens, se faisant l'écho de Madame et des Bénédictines, déclarèrent sur un ton mystérieux que le pauvre Père Abbé était « ramolli » (*sic*) et qu'il subissait la néfaste influence du Père Sauton.

J'abrège ces récits douloureux pour arriver de suite au voyage de Saint-Maur, qui précéda de quelques semaines la mort de dom Couturier. Je me contenterai de rapporter exactement quelques-unes des paroles qu'il m'adressa en particulier.

« Mon pauvre ami, je suis heureux de faire cette petite fondation [1] avant de mourir, c'est une graine que je dépose en terre, et qui, je l'espère, portera ses fruits. A Solesmes, ils désertent les traditions, ils veulent la sanctification par la science, ils veulent faire figure, mais ils sont à côté. Bientôt, s'ils continuent, ils ne seront même plus des moines. Il faut, avant tout, s'attacher aux traditions de notre Père Abbé, dom Guéranger, se sanctifier par la conversion des mœurs, l'obéissance et l'office divin ; la science n'est qu'un accessoire, elle n'est pas le moyen [2]. Attachez-vous fortement, mon cher enfant, aux traditions que je vous ai transmises ; laissez-les aller de travers, sans les suivre. Tenez bon. Je ne sais ce que la Providence réserve à

1. Saint-Maur-sur-Loire ou Glanfeuil, au diocèse d'Angers. Sur cette fondation, cf. mon *Dom Couturier*, p. 225-226.

2. D'après ces paroles, on pourrait croire que Solesmes était alors envahi par des infiltrations scientifiques. En réalité, seul un très petit groupe de moines montrait de nouvelles tendances en matière d'histoire et dom Delatte semblait les favoriser. Ces quelques moines peinaient dom Couturier en se délectant dans la lecture de la *Revue critique d'histoire et de littérature,* que le P. Abbé n'osait pas leur refuser parce qu'ils la disaient nécessaire à leurs études.

Solesmes. C'est à elle que je le confie. Mon seul espoir est que cette petite fondation de Saint-Maur devienne, un jour, une pépinière de vrais moines, fidèles aux traditions monastiques. »

Chacune de ces paroles révèle les inquiétudes poignantes de dom Couturier. Pendant de longues années, il avait cru aux mirages trompeurs de Sainte-Cécile. Aujourd'hui, la triste réalité se dressait sous ses yeux ; il se sentait, hélas ! impuissant à conjurer le désastre.

A peine rentré à Solesmes, le Père Abbé s'alita pour ne plus se relever.

Ce n'est pas ici le lieu de décrire les scènes imposantes et les profonds enseignements que laissait à ses moines, avant de mourir, le successeur de dom Guéranger. Je n'en citerai que quelques épisodes ; nous y découvrirons encore les agissements céciliens.

Le 5 octobre 1890, par mesure de prudence, le R^{me} reçut l'Extrême-Onction, et lorsque les deux RR. Abbés de Marseille et de Ligugé arrivèrent, le vénéré malade était en voie d'amélioration provisoire.

Le 14 octobre, dès le matin, l'Abbé de Marseille se rendit auprès de dom Couturier. A peine était-il entré, que le dialogue suivant s'engagea :

« Il y a une chose qui m'étouffe, qui me fait mourir », dit l'Abbé de Solesmes : « c'est la fameuse lettre de mon Prieur à dom Lévêque. J'attendais des excuses, il ne m'en a fait aucune ; c'est un scandale épouvantable dans la congrégation, et je ne puis mourir sans avoir protesté. On ne peut laisser les moines aller au vote pour mon successeur sans les avoir éclairés. Donnez-moi un crayon et du papier, et je trouverai encore assez de forces pour rédiger une protestation. »

Après quelques essais pénibles et infructueux, il reprit la

parole, dit d'un ton résolu : « Voici ce que vous ferez. Avant le vote vous réunirez le convent et vous lui direz : Mes Pères, le Père Abbé de Solesmes, avant de mourir, m'a donné la mission de vous éclairer sur la conduite du Père Prieur.

— Mais, mon R^{me} Père, je provoquerai un tumulte épouvantable, ils m'empêcheront de parler et me mettront à la porte.

— C'est vrai, eh bien ! vous irez trouver Madame l'Abbesse et vous lui direz....

— Mon R^{me} Père, ne serait-ce pas la faire trop entrer dans nos affaires ?

— Vous avez raison. »

Il garda un instant le silence, puis il ajouta : « Je réfléchirai et verrai ce qu'il y a à faire. »

Vers deux heures de l'après-midi, les deux Abbés et dom Delatte furent invités à se rendre auprès du R^{me} Père Abbé de Solesmes. L'entrevue dura fort longtemps, et du dehors l'on entendait la hauteur et l'insolence de la parole de dom Delatte. Dès le soir même, celui-ci raconta cette séance à dom Fromage, à dom Lhuillier et à dom Cabrol, se posa en victime du Père Abbé, qui avait cependant fini par lui faire des excuses. Or voici ce qui s'était passé ; je le tiens des deux RR^{mes} Abbés, qui ne se sont décidés à en parler qu'en face de la nouvelle calomnie que dom Delatte faisait peser sur dom Couturier.

Réflexion faite, le Père Abbé de Solesmes avait résolu d'inviter son Prieur à comparaître, et les deux autres Abbés serviraient de témoins. — Il lui rappela la fameuse lettre écrite à dom Lévêque, flétrit sa conduite et le somma de se rétracter. Dom Delatte ne voulant faire ni rétractation ni excuses, son Abbé l'écrasa avec une énergie qu'on ne lui avait jamais connue et lui dit :

« Vous m'avez donné le coup de la mort.

— Puisque je n'ai plus votre confiance, je vous offre ma démission de Prieur.

— Père, je vous ai bien gardé jusqu'alors, et ce n'est pas le moment de vous déposer. »

Bien vite dom Delatte prenait la route de Sainte-Cécile, pour conférer avec Madame sur les mesures à prendre en ces graves circonstances. Il en revint avec l'auréole du martyre sur la tête, martyr de son Abbé, et voici le plan qui fut réalisé : dom Delatte, ainsi que je le disais, fit un récit mensonger de la scène de l'après-midi ; le Révérend Père Abbé l'avait autrefois obligé à faire un faux, et s'était vu enfin obligé de s'excuser.

Mais ce n'était pas assez de donner ainsi le change, de renverser les rôles et d'ajouter un nouveau mensonge à la calomnie ; il fallait tirer parti de la séance.

Connaissant l'extrême miséricorde de dom Couturier, on lui arracherait quelques paroles de pure complaisance que l'on exploiterait en faveur du Père Prieur.

Trois moines céciliens, dom Legeay, dom Fromage et dom Logerot, se rendirent séparément chez le Père Abbé et chacun tint le langage suivant :

« Est-il vrai, Père, qu'il y a du froid entre vous et notre Père Prieur ? C'est un bruit qui court dans tout le convent et l'on s'émeut. »

Le Père Abbé n'osant dévoiler le scandale doublé d'une résistance brutale, répondit :

« Mais non, Père.

— Il a bien toujours votre confiance, n'est-ce pas ?

— Mais oui, vous savez bien que mon Prieur est mon bras droit.

— Nous le pensions ainsi, et c'est bien à lui que vous confiez votre œuvre, n'est-ce pas ?

— Mais certainement. »

Telle est la version des trois moines céciliens ; à défaut de témoins, nous l'acceptons sous bénéfice d'inventaire. Ils s'empressèrent de la répandre dans le convent et d'en conclure, pour peser sur les votes, que dom Couturier désirait voir le Père Prieur lui succéder.

On le voit, le tour était joué. L'Abbesse avait déployé son adresse consommée. Quelques paroles de complaisance et de faiblesse qu'on arrachait au Père Abbé, jointes aux mensonges de dom Delatte, ralliaient à la cause cécilienne plusieurs moines qui lui étaient hostiles auparavant.

Qu'y avait-il donc à la base de cette lettre entre l'Abbé de Solesmes et son Prieur ? La question de Saint-Barnabé, sous laquelle on déguisait le vrai grief : l'établissement projeté d'un essaim de Sainte-Cécile dans une propriété voisine de Saint-Barnabé. L'Abbé de Marseille s'opposait à ce monastère double, l'exemple de Solesmes l'avait suffisamment instruit des dangers d'un tel voisinage. Quant à dom Delatte, suivant son habitude, il n'était que le champion de Madame et tenait tête à l'Abbé de Marseille et à celui de Solesmes.

Je laisse à juste titre aux RR^{mes} Abbés de Marseille et de Ligugé le soin de renseigner sur ce point. Veut-on maintenant connaître la véritable pensée de dom Couturier sur le choix de son successeur ? La voici, et j'en garantis l'authenticité :

« Mon R^{me} Père, quel est votre désir sur le choix de votre successeur ?

— Mon cher ami, je respecte la liberté de chacun et je ne veux en rien l'influencer.

— Mais c'est un conseil que je me permets de vous demander.

— Vous voterez selon votre conscience.

— Cependant, mon R^{me} Père, ne m'est-il pas permis,

pour éclairer ma conscience, d'avoir recours à vos lumières ? Je le fais en toute simplicité, comme jadis on le fit à
dom Guéranger.

— Eh bien ! mon cher ami, j'aime mieux les Anciens que
les Jeunes. Voilà mon sentiment. »

Or, les Jeunes qu'écartait le Père Abbé n'étaient autres
que dom Cabrol et dom Delatte ; le premier comme n'ayant
aucune consistance [1], et le second comme devant dévier
des traditions de dom Guéranger. Parmi les Anciens, il
en désigne quatre sur lesquels pouvaient se porter les
voix. Tel fut le sentiment véritable de dom Couturier sur
le choix de son successeur ; il est facile, maintenant, de
comprendre qu'en répondant comme il le fit aux trois
moines céciliens qui l'interrogeaient, il n'avait d'autre but
que de respecter leur liberté. « Vous voulez voter pour
un tel. — Très bien. »

C'est ainsi que l'on prépara l'élection de dom Delatte,
avant que s'ouvrît la succession.

Peu de temps avant de mourir, dom Couturier me dit
les paroles suivantes : « Vous serez appelé un jour à faire
la lumière à vos frères, les pauvres petits. Ils en auront
grand besoin. Il faudra alors user des talents que Dieu
vous a donnés. En attendant, soyez fortement attaché
aux vraies traditions monastiques. »

Le 29 octobre 1890, notre Père vénéré s'endormait dans
la paix du Seigneur.

Dom Couturier disparu, tous les regards se portèrent
sur l'élection du nouvel Abbé de Solesmes. Sainte-Cécile
et moines céciliens firent feu des quatre pieds pour
assurer l'avènement de dom Delatte. Ce qui précède nous

---

1. La minute porte cette simple note : « Voir une lettre écrite par
le R^me dom Couturier au R^me Abbé de Marseille sur dom Cabrol », et
ne fournit aucune citation de cette lettre.

a édifiés sur la lointaine et constante préparation, au profit de laquelle on n'avait reculé ni devant le mensonge ni devant la calomnie. Un seul candidat devait conquérir nos suffrages, dom Delatte. « Le grand homme, disait-on, s'impose à tous par sa valeur, et surtout parce qu'il est « l'Abbé de Madame ». Oui, « elle l'a imbibé goutte à goutte », répétait dom Legeay. De plus, il a le don des larmes, le don d'intelligence des Saintes-Écritures, et même celui des miracles. Le Père Oliviéri, qui jadis avait nom « Jules » et s'appelle aujourd'hui « Jean », le disciple bien-aimé de Madame, l'homme de confiance de dom Delatte, ne craignait pas de déclarer aux moines de Ligugé que le Père Prieur faisait des miracles.

Quant à Madame, elle crut aussi prudent qu'habile de se tenir derrière le rideau. Elle n'en dirigerait que plus sûrement les opérations, et pourrait, en cas de besoin, protester de la retraite dans laquelle elle vaquait uniquement à la prière.

Le mot de ralliement fut partout lancé. Une lettre égarée permit de lire ce qu'en écrivait la Prieure des Bénédictines de Wisques, colonie cécilienne. Elle recommandait à dom Lhuillier et à ses sœurs de Sainte-Cécile de faire de « la bonne besogne », pendant qu'elle et ses filles de Wisques devaient se borner à prier pour la réussite des désirs de Madame l'Abbesse.

Dom Lhuillier, Prieur des Bénédictins de Wisques, se dépensait sans compter, fidèle à la consigne de Madame. Il écrivit même à dom Lévêque, moine de Marseille, lui annonçant qu'une quinzaine de voix pourraient se porter sur lui, mais qu'il lui conseillait de décliner toute candidature, que c'était le moyen de ne pas troubler la paix à Solesmes, où la majorité est certainement acquise à dom

Delatte. Dès son arrivée parmi nous, dom Lévêque déclara, en effet, qu'il était inutile de voter pour lui, car il n'accepterait point de candidature.

Dom Fromage se signala par une extrême agitation; il voyait partout des « cabaleurs ». Il s'indignait, arrêtait celui-ci, celui-là, disant que dom Couturier n'avait songé qu'à dom Delatte pour lui succéder.

Dom Cabrol se révélait bien tel qu'il est en réalité : flattant la chèvre et le chou, conservant des intelligences dans les deux partis, flattant dom Delatte et sa cour, pendant qu'il le filait et lâchait en dessous. La lutte terminée, il se tournerait bravement du côté le plus fort et, triomphant, dirait qu'il luttait avec lui. Peut-être avait-il aussi, dans le secret de sa petite ambition (car celle-ci est notoire, et résume son passé à Solesmes), l'espoir de rallier un parti, pendant que les deux autres se livreraient un combat stérile? Son attitude mérite d'autant plus d'être flétrie, qu'il avait de bons et positifs motifs de compter sur le poste de Prieur, si dom Delatte triomphait. Les gages qu'on lui en avait donnés se confirmaient bientôt par sa nomination officielle.

Les insinuations les plus fausses et les plus perfides furent lancées contre les RR^{mes} Abbés de Marseille et de Ligugé, au milieu d'un amas d'injures et de grossièretés. « Voyez-vous, disait tel ou tel moine que je pourrais citer, la tête de l'Abbé de Ligugé? Elle est ignoble (*sic*). » « Les Abbés de Marseille et de Ligugé sont des misérables et des malfaiteurs (*sic*). » On voit à quel point les esprits céciliens était surexcités. Je tenais à me mettre en dehors de ces tristes manœuvres. Ne pouvant me reprocher mon intervention, puisqu'il n'y en avait aucune trace, on résolut de transformer mon silence en hostilité. Il n'est point de propos odieux que l'on ne m'ait gratuitement attribués.

La parole de Voltaire leur servait de principe : « Mentez, mentez toujours, il en restera quelque chose ». La violence arrivait à un tel degré que je crus nécessaire de protester auprès de dom Delatte contre l'interprétation de mon attitude réservée. Je passe sous silence la crise de colère dans laquelle il entra. Surexcité lui-même et monté contre moi, il ne put se contenir, et j'assistai à une scène de l'autre monde. C'était un accès de fureur.

Il serait trop long de raconter les étranges épisodes de cette campagne acharnée que conduisait l'Abbesse. Je ne puis taire, cependant, le mystérieux procédé de la fameuse lettre anonyme dont un exemplaire fut adressé à quelques moines que l'on savait peu favorables à la candidature de dom Delatte. L'écriture était contrefaite, et *j'affirme devant Dieu que j'en ignore absolument l'auteur*. Cette lettre était aussi maladroite que grossière dans les attaques qu'elle contenait à l'endroit de Sainte-Cécile, à tel point que je me demande si elle n'est pas une manœuvre des moines céciliens qui voulaient à tout prix une preuve évidente de cabale. L'on avait eu soin d'ajouter au bas de cette étrange épître : « Prière de faire circuler, c'est très important », et, si ces lettres avaient circulé, on aurait pu connaître celui qui s'en serait fait le propagateur. C'eût été les Abbés de Marseille et de Ligugé, dom Guépin, le Prieur de Ligugé, dom Pothier, ou moi. L'exemplaire qui m'est parvenu a été glissé sous la porte de notre cellule pendant que je célébrais, de cinq heures et demie à six heures un quart du matin. Comme je redoutais un tel piège, je ne m'y suis point laissé prendre ; je n'aurais jamais, d'ailleurs, consenti à tremper dans une manœuvre anonyme, et j'estimais que ce pamphlet devait plutôt profiter à dom Delatte que lui porter préjudice. Ce qui vient encore à l'appui de cette thèse, c'est que l'on eut l'idée d'envoyer

un exemplaire à l'adresse de Madame. Pourquoi ? Sinon
pour lui fournir en main la preuve d'une cabale ? Ainsi, à
défaut de preuves, on se permettait d'en fabriquer une de
toutes pièces. Madame prit la balle au bond. Elle crut
frapper un grand coup et recouvrir d'un voile protecteur
sa propagande en faveur de dom Delatte, lorsqu'elle
rédigea bien vite une protestation, avec prière instante au
R^me Abbé de Marseille d'en donner lecture au convent. Le
cri désespéré contenu dans ces lignes montrait qu'on avait
mis le doigt sur la plaie. La passion dans son paroxysme
l'aveuglait trop pour qu'elle se rendît compte de sa maladresse. Elle se démasquait. L'innocent eût laissé tomber
une injure qui ne pouvait l'atteindre, et n'eût pas compromis sa dignité en répondant à la violence par une violence
encore plus grande. La passion s'y révélait avec évidence.
Mais n'anticipons point.

Trois jours avant l'élection, le R^me Abbé de Marseille réunit le convent pour lui lire un document qu'il avait rédigé
de concert avec l'Abbé de Ligugé, et dont voici les pensées
principales. Il sera facile d'en comprendre la signification.

Le R^me Abbé de Marseille, supérieur général par inté-
rim, proteste contre l'agitation qui règne dans le convent
et déplore amèrement l'attitude de ceux qui, au lieu d'entourer dom Couturier, durant sa douloureuse maladie, de
leurs prières et de leur respect filial, désignaient déjà son
successeur et pointaient les votes ; il se plaint surtout de la
conduite de quelques moines, aussi jeunes qu'inexpérimentés. Il condamne ceux qui ont semé le trouble et n'ont
pas craint de qualifier certains confrères d'un terme odieux :
« cabaleurs », terme qui n'aurait pas dû se trouver sur
leurs lèvres ; il proteste contre ceux qui ont violé le secret
du chapitre général[1].

1. Dom Delatte et dom Fromage étaient les deux coupables qui,

Il donne ensuite connaissance de la lettre anonyme envoyée à Madame l'Abbesse pour la stigmatiser, puis lecture de la protestation de Madame, *en partie seulement*, car Madame citait des noms, et l'Abbé de Marseille n'osa point dévoiler toute la passion avec laquelle cette réponse était écrite. Il condamne les lettres écrites au loin pour peser sur les votes[1].

Il proteste enfin avec indignation contre l'attitude que l'on a prêtée gratuitement aux deux Abbés de Marseille et de Ligugé. On les accuse à tort d'avoir circonvenu dom Couturier, alors que c'est le R^{me} dom Couturier lui-même qui a provoqué volontairement et spontanément la scène douloureuse du 14 octobre précédent. Tous deux s'étaient promis de ne point en parler, mais, comme dom Delatte l'avait dévoilée, ils se croyaient déliés de leur promesse et se tenaient à la disposition des moines qui désiraient des éclaircissements. Il termina enfin en suppliant les moines de rentrer dans le calme et de solliciter les lumières du Saint-Esprit pour la prochaine élection.

Dom Delatte fut élu à une très faible majorité. S'il n'avait pas appelé à Solesmes toute la colonie de Wisques, dont les suffrages lui étaient notoirement acquis, il subissait un échec[2].

Le R^{me} Abbé de Marseille avait fait remarquer aussi dans sa protestation, que nous venons d'analyser, ce que

d'après l'article 75 de nos constitutions, auraient dû être privés de voix active et passive durant un an en raison du secret dévoilé. (Note de dom Sauton.)

1. Allusion à la lettre adressée à dom Lévêque, par dom Lhuillier, lui disant de retirer sa candidature. (Note de dom Sauton.)

2. Wisques (Pas-de-Calais), arrondissement de Saint-Omer, canton de Lumbres). Les bénédictines de Sainte-Cécile avaient fondé une maison à Wisques. L'érection du nouveau monastère datait du 2 juillet 1889 et les moniales en avaient pris possession le 23 juillet suivant. Le Père Abbé de Solesmes, dom Couturier, leur avait donné comme aumôniers et chapelains plusieurs de ses moines, qui préparèrent, de leur côté, la fondation d'une abbaye d'hommes.

cette députation de tout le personnel de Wisques pouvait offrir d'arbitraire et d'irrégulier, puisque cette colonie, si elle n'était point, aux yeux du public, un véritable prieuré, du moins, aux yeux des moines, elle passait pour tel, et dom Lhuillier en était le Prieur. D'où il s'ensuit que deux moines seulement de Wisques auraient dû prendre part au vote de Solesmes.

Le nouvel Abbé, dom Delatte, reposa silencieusement sur ses lauriers, après les avoir portés bien vite à Madame. Aussitôt le résultat connu, dom Lafon courut à Sainte-Cécile pour annoncer le cortège qui venait derrière lui. Dom Delatte, accompagné d'un groupe fidèle et enthousiaste, fut présenté par dom Logerot : « Recevez, Madame, l'élu du Seigneur ».

Mais l'Abbesse était profondément humiliée du nombre considérable d'opposants qu'avait rencontrés son candidat, et toute sa fureur se réveilla. Elle fit un énorme chantage, déclarant « qu'on avait failli jeter le char de la congrégation dans des fondrières dont nul ne saurait sonder la profondeur ».

Ici encore se révèle dans son vrai jour ce qu'il en était de sa prétendue neutralité. Nous en avons encore d'autres preuves dans les représailles dont elle poursuivit violemment les personnes qu'elle supposait n'avoir pas facilité l'avènement de dom Delatte. Quant à ses filles et aux moines céciliens, tous étaient montés au même diapason, et, dans la colère de l'humiliation, car ils avaient failli enregistrer un échec, tous, disons-nous, affichaient impudemment les angoisses de Madame. Aujourd'hui, il n'est douteux pour personne que dom Delatte doive son élection à l'Abbesse, et les moniales se vantent d'avoir ainsi doté Saint-Pierre de Solesmes d'un grand abbé. La renommée aux cent bouches s'en fit l'écho. Je n'en rapporterai qu'un, du mois de juillet dernier [1], et j'en garantis l'exactitude.

Une demoiselle Chartier, domiciliée à Lorient, rencontre dans un salon, à Cauterets, le Dr M. Elle parle de l'Ouest, puis de Sablé, qu'elle connaît beaucoup... de Solesmes, qu'elle ne connaît pas moins. Mais oui, elle est la cousine germaine de dom Foubert, curé de Solesmes, de Mère Mechtilde, secrétaire de Madame l'Abbesse de Sainte-Cécile, et de Mère Lucie, morte chez les moniales en odeur de sainteté... « Ah ! Solesmes a couru de grands dangers ! »

— Comment ? Quels dangers ?

— Lorsqu'il s'est agi de désigner un successeur à dom Couturier, il y avait deux camps ; la lutte a été des plus vives ; mensonges, calomnies, chantages, lettres anonymes, tout a été mis en œuvre, à tel point qu'on a failli se battre. Heureusement que Madame l'Abbesse est intervenue, elle a désigné son candidat, dom Delatte, et c'est elle qui a fait l'élection...

— Cependant, Mademoiselle, l'Abbesse ne pouvait voter, me semble-t-il ?...

— Sans doute, Docteur, mais elle a pris en main les intérêts de Solesmes, en désignant son candidat, et, comme l'on a beaucoup de confiance en elle, on a suivi ses conseils ; voilà comment elle a pu faire l'élection, et c'est bien elle qui l'a faite, tout le monde le sait à Solesmes...

— Mais, Mademoiselle, les moines se laissent donc conduire par l'Abbesse ?...

— Heureusement, Docteur, il en a été ainsi, sans quoi Solesmes était perdu... »

Je pourrais citer d'autres faits semblables, mais il est

1. Juillet 1891.

inutile de chercher à démontrer ce qui est notoirement, publiquement reconnu :

« C'est Madame qui a fait l'élection. »

Il ne sera pas sans intérêt de jeter un coup d'œil sur ce qui précède et d'en dégager les conclusions dans un bref résumé.

Nous avons vu, dans la première partie, que Madame avait réussi à créer un courant hostile à dom Couturier, à la tête duquel marchait dom Logerot. Nous connaissons le but que poursuivait l'Abbesse au moyen de cette phalange dévouée.

Dom Logerot trouve bientôt sa roche Tarpéienne, et Madame lui substitue dom Delatte, que dom Guéranger avait jadis éconduit ; elle le fait venir à Solesmes ; lui-même avoue qu'il n'est revenu que *grâce à elle et pour elle*.

Après quelques résistances, le fier professeur trouve son chemin de Damas ; désormais il s'appellera « Paul », et nous verrons « *mon grand Paul devenir de plus en plus bébé* ».

Complètement fasciné par l'Abbesse, qui l'entraîne à sa suite dans sa vie mystique, il quitte lè noviciat avant d'en avoir subi toutes les épreuves, pour devenir lecteur en théologie, et bientôt il est nommé Prieur, à l'instigation de Sainte-Cécile.

Prieur, il empiète sur son abbé, le calomnie, l'accuse d'une façon odieuse et se refuse à lui faire des excuses qu'il réclamait à la veille de mourir. « C'est un scandale épouvantable », disait dom Couturier, mais dom Delatte propage sa calomnie dans le convent et se pose en victime.

Depuis plusieurs mois, le Père Abbé se rend compte du péril ; ses illusions sur le compte de Madame s'évanouissent; il cherche à réagir, mais ses efforts sont impuissants. Il est trahi, abandonné, et l'on poursuit de représailles ceux qui lui restent fidèles.

Dans une campagne menée à fond de train, Madame conduit les opérations; ses ordres sont exécutés par ses fils et ses filles, et, lorsque la résistance aura pris des proportions sur lesquelles on ne comptait pas, Madame, pour décider de la victoire, frappera un grand et dernier coup. La passion l'avait entraînée trop loin, elle s'était démasquée.

C'est bien elle qui arrive au pouvoir dans la personne de dom Delatte, « son cher grand Paul, de plus en plus bébé », et la Congrégation entière passe sous le régime de Fontevrault.

Avant d'étudier la période actuelle, nous ajouterons quelques détails sur les moyens de communication entre moines et moniales. Nous en signalerons les dangers avec la violation des lois canoniques de l'Église.

Ces notes seront très brèves.

1. *Parloirs*. — Madame recevait tous les moines céciliens une ou deux fois par mois, sans compter les jours anniversaires et les motifs imprévus. Tous avaient de vingt à trente ans. Elle recevait dom Mocquereau deux fois par mois. Il avait vingt-sept ans.

Dom Fromage, jusqu'en 1880, au moins deux fois par semaine, et depuis cette époque deux fois par mois. Au début, il avait trente ans.

Dom Logerot, deux fois par semaine, dont l'une à titre de confesseur. Il avait alors trente-cinq ans.

Le Frère Oliviéri et dom Delatte, beaucoup plus souvent.

Moi-même, très fréquemment d'abord, puis la moyenne de mes visites se réduisit à trois par mois environ.

Souvent le parloir se prolongeait durant la messe conventuelle, le dîner ou les vêpres ; chacun sait que Madame passait une grande partie de sa journée au parloir.

2. *Lettres.* — Les moines usaient de la permission générale donnée par dom Couturier de voir Madame et de correspondre avec elle, mais il en ignorait la fréquence et l'on évitait avec soin son contrôle.

Cet échange de lettres était continuel, toujours « sous le couvert de direction » et loin des yeux du P. Abbé. **De** temps en temps, une lettre banale, prenant la voie régulière, passait par ses mains : c'était un os qu'on lui donnait à ronger.

Les parloirs avec les simples moniales étaient fréquents aussi et les correspondances assez suivies. Il en est que dom Couturier n'aurait jamais tolérées s'il en avait connu les allures ; en revanche, Madame les contrôlait et Dieu sait ce qu'elle autorisait. Je pourrais fournir ici des témoignages écrasants de lettres respirant la passion la plus échevelée. Je ne les dévoilerai qu'à un visiteur apostolique m'imposant l'obligation de parler, et les preuves nécessaires viendraient à l'appui de mes affirmations.

Les lettres se mettaient quelquefois au tour de la porterie, mais, la plupart du temps, à celui de la sacristie, où l'on s'entretenait avec les moniales chargées du soin de l'église. Leur zèle parfois y faisait venir la sœur que réclamaient les moines. Cette petite grille reçut bien des confidences.

Je n'ai pas besoin de dire qu'il y avait, en tout cela, violation des lois canoniques.

Contrairement aux prescriptions de l'Église, le parloir de Madame est au premier étage, et souvent les moines s'y trouvaient avec de simples moniales. C'est ainsi que Madame couvrait les fréquentes relations de dom Delatte avec diverses Bénédictines.

Il est vrai que les rigoureuses prescriptions du droit
canon ne s'appliquent qu'aux religieuses soumises à la
clôture papale et faisant des vœux solennels. Elles n'ont
donc pas leur application en France, où il n'existe aucun
couvent dans ces conditions.

Voici, cependant, ce que la Sacrée Pénitencerie écrivait
à l'évêque de Nantes, en date du 23 janvier 1821 :

« Le Saint-Siège souhaite ardemment que les personnes consa-
crées à Dieu vivent en dehors de tout commerce avec le monde
et, quoiqu'elles ne soient pas atteintes par la loi canonique de la
clôture, leur évêque peut la leur imposer. Il est même convenable, autant que la chose peut se pratiquer, que ces personnes
soient si bien séparées de la vue des gens du monde et de leur
contact, qu'elles puissent, selon la pensée de Boniface VIII, servir
Dieu plus librement, et que, toute occasion de se relâcher étant
supprimée, elles puissent conserver leurs cœurs et leurs corps,
avec un plus grand soin, dans une parfaite chasteté. »

Tel est l'esprit de l'Église.

Quant à la direction de Madame, elle est énergiquement
condamnée et prohibée par le décret de la Sacrée Congrégation des Évêques et Réguliers du 17 décembre 1890.

Pour nous, Réguliers à vœux solennels, les défenses du
droit canon nous atteignent.

« Si l'on veut comprendre cette sage sévérité de l'Église, dit
Gautrelet (*Traité de l'état religieux*, t. II, p. 277), bien propre à
donner aux religieuses la plus haute idée de la sainteté et de
l'excellence de leur état, il est bon de se rappeler :

« 1º Que l'habitude où elles sont de vivre dans la solitude et le
recueillement les rend beaucoup plus sensibles à tout ce qui
peut distraire et préoccuper leur esprit.

« 2º Que si l'Église se relâchait de sa fermeté, ces visites ten-
draient naturellement à se multiplier. On ne peut interdire aux
unes ce qu'on permet aux autres ; or il n'est pas difficile de comprendre combien les fréquentes visites au parloir sont préjudi-
ciables à l'ordre et à la discipline religieuse.

« 3º Que les avantages à retirer de ces visites sont contestables,
tandis que les inconvénients sont très certains, très nombreux
et très graves.

« Quant aux religieux qui feraient ces visites, quels avantages précieux pourraient-ils en attendre? N'y aurait-il que de pieux entretiens et des conversations édifiantes, ce ne serait point pour eux un motif suffisant. Conserver la solitude de l'esprit et du cœur sera bien plus utile que ne le pourraient être ces conversations, quelque pieuses et édifiantes qu'elles puissent être.

« Dans tous les cas, s'il peut y avoir, en certaines circonstances, des avantages particuliers, ils ne seraient pas à comparer aux inconvénients généraux qui résulteraient de la facilité de ces rapports pour la discipline et le bon ordre de la maison, pour le bien spirituel et la vie intérieure des religieuses. »

DEUXIÈME PARTIE

Loin de nous toute pensée de poser en docteur sur le terrain de la théologie ; plus loin encore tout dessein de préparer la sentence que voudra bien promulguer un visiteur régulier ou apostolique. Une telle témérité serait notre propre condamnation.

Nous avons voulu simplement, dans cette deuxième partie de notre travail, demander à la théologie mystique des principes qui nous servissent de guide au milieu des ténèbres dont Madame l'Abbesse avait enveloppé notre esprit. En consignant ici le résultat de ces recherches, l'on verra les bases sur lesquelles nous nous appuyons pour formuler notre appréciation personnelle, appréciation soumise à l'avance et absolument à celle que pourrait nous fournir un jour la voix autorisée d'une visite apostolique.

Dieu est l'auteur de la véritable mystique. Mais le démon peut la contrefaire et la parodier. Il y a donc un surnaturel *divin* et un surnaturel *diabolique*. Toutefois, il existe encore une autre forme de surnaturel que l'on qualifie d'*intermédiaire* ou de *commun*, en tant qu'il peut relever de Dieu, ou de l'Ange trompeur; son origine ne se révélera que dans des considérations extrinsèques, tirées de l'ordre moral et empruntées à tout ce qui entoure les phénomènes que l'on considère.

Mais la nature humaine offre des anomalies, des troubles qui confinent aux prodiges surnaturels, et cette ressemblance crée un danger sérieux de confusion. Il peut arriver que des causes naturelles interviennent inopinément et déterminent dans la sphère de la nature des sauts, des bonds, dont l'étrangeté fera penser à une intervention miraculeuse. Ce sont des anomalies humaines, qui revêtent les apparences tantôt de la mystique divine, tantôt des contrefaçons diaboliques, ou qui peuvent n'être que le résultat de la simulation, de l'illusion ou d'un état morbide organique ou psychique. Aussi faut-il se tenir dans la limite de la prudence.

Dans un premier article, nous examinerons les visions, les révélations, et, dans un second article, il sera traité de la vie unitive, du mariage spirituel.

ARTICLE PREMIER.

A. *Visions.* — La vision, dit saint Thomas (1, Q. 67, art. 1), est une grâce gratuitement donnée, par laquelle Dieu manifeste surnaturellement un objet, un être, en réalité ou en représentation.

Elle peut être corporelle, imaginaire ou intellectuelle (S. Thomas, 2, 2, Q. 175; art. 3, ad. 4). Ces trois sortes de visions peuvent subsister ensemble, avoir un même objet, considéré sous trois points de vue différents.

La vision *corporelle* est la manifestation extraordinaire, sous une forme matérielle et corporelle, d'un objet que nos sens extérieurs ne pourraient voir sans cela et qu'on ne peut comprendre sans un secours surnaturel. (Thomas de Vallgornera, *Theol. myst. D. Thomae*, Q. 3, disp. 5, art. 1, n. 1.

La vision *imaginaire* est une représentation sensible, circonscrite dans les limites de l'imagination, et qui se présente naturellement à l'esprit avec autant de vivacité et de clarté que les réalités physiques elles-mêmes[1]. L'objet apparaît dans l'imagination, sous des dehors déjà connus, ou sous des traits répondant aux images habituelles de l'esprit, ou sous une forme nouvelle qui n'a rien des perceptions précédentes.

La vision *intellectuelle* est une connaissance surnaturelle qui se produit par une simple vue de l'intelligence, sans impression ou image sensible. « Elle s'accomplit, dit le cardinal Bona (Bona, *De Direct. spirit.*, c. 18, n. 1), dans la partie supérieure de l'esprit, c'est-à-dire dans l'entendement, non en tant qu'il raisonne, mais selon qu'il voit et qu'il contemple, d'une vue simple, les choses qui lui sont présentées. » Il faut admettre que le terme de la vision intellectuelle est véritablement présent. Voilà pourquoi les mystiques, à la suite de S. Augustin, tiennent ces sortes de visions pour essentiellement vraies. Aussi, quand l'objet de la vision intellectuelle n'a rien d'équivalent ou de comparable dans le monde naturel, cette vision devient inexprimable en langage humain. Cette vue de l'entendement se produit et se consomme dans les clartés d'une incomparable lumière, laquelle a pour caractère de tout montrer d'une façon divine, et, ainsi que le dit sainte Thérèse (Sainte Thérèse, *Chât. int.*, 6ᵉ dem., ch. 10), « de faire connaître comment toutes choses se voient en Dieu, et comment elles sont en lui », et le propre de cette lumière

---

1. Thomas de Vallgornera, *Theologia mystica divi Thomae*, Q. 3, disput. 5, art. 2, n. 1 ; et Lopez de Ezquerra, *Lucerna mystica*, tr. 5, ch. 5, n. 39.

est d'apporter avec elle la certitude. (Sainte Thérèse, *Sa Vie*, ch. 27.)

Les deux visions que nous allons examiner sont rapportées plus haut (cf. pages 131-135). La première concerne Notre-Seigneur et la deuxième (cf. p. 134) concerne Notre-Dame.

Disons d'abord que les visions imaginaires (car tel semble être le caractère principal de ces deux visions) peuvent être naturelles ou surnaturelles ; naturelles, elles sont le produit de notre imagination, surexcitée par une activité excessive ou par un état maladif ; surnaturelles, elles sont formées en nous, sans nous, passivement ; elles viennent de Dieu ou du démon. « Le sens de l'imagination, dit saint Jean de la Croix (*Montée du Carmel*, L. 2, ch. 16), est celui dont le démon s'empare le plus facilement ; c'est la porte par où il pénètre dans l'âme avec tous ses artifices. »

Les visions imaginaires sont donc très sujettes aux illusions. Le démon peut nous tromper, et nous pouvons nous tromper nous-mêmes.

Philippe de la Très Sainte-Trinité (*Sum. theol. myst.*, p. 2, tr. 3, d. 4, a. 2, T. 2, p. 404-405), parlant des apparitions imaginaires du Sauveur, observe qu'elles déterminent presque toujours l'extase dans l'âme qui le contemple. Les affirmations de ce religieux du Carmel sont fondées sur le récit que sa séraphique Mère sainte Thérèse fait de ses propres expériences. Elle assure, en effet, que lorsque Notre-Seigneur accorde à une âme la vision intérieure de sa sainte et splendide humanité, « elle tombe presque à chaque fois en extase, sa bassesse ne pouvant soutenir une vue qui inspire tant d'effroi[1] ». Toutefois,

---

1. Sainte Thérèse, *Chât. int.*, 6e dem., ch. 9.

l'exercice des sens peut s'allier avec cette vision, et l'apparition se réaliser en dehors, parmi les objets que l'on continue à percevoir des yeux du corps.

« Ma main inhabile », dit Madame l'Abbesse[1], « ne sait ni peindre, ni crayonner, et néanmoins je veux garder quelques-uns des traits si beaux de mon royal Époux. Je ne parle que de sa beauté plastique. Quant à l'autre, la philosophie et la théologie peuvent étaler leurs merveilles pour nous apprendre quelque chose de sa beauté morale, intellectuelle et divine. »

Est-ce là le langage que réclame, dans son expression, la vision imaginaire ? « La sainte et resplendissante humanité du Sauveur, dit sainte Thérèse (*Chât. int.*, 6ᵉ dem., ch. 9), la glorieuse image de l'Homme-Dieu demeure si vivement empreinte dans l'imagination (quoique cette vision passe pour ainsi dire avec la rapidité de l'éclair) qu'il me paraît impossible qu'elle s'en efface jusqu'au jour où l'âme lui sera éternellement unie dans la gloire, et l'âme est saisie d'une sainte terreur en présence de la Majesté de son Dieu. » Tel est aussi l'enseignement de tous les mystiques.

Quel contraste entre leurs accents et ceux de Madame ! Il suffira de lire le récit qu'elle nous donne de sa vision pour se convaincre que sa plume parle simplement beaux-arts ; c'est une artiste qui s'écoute en écrivant ; et l'on se demande s'il ne s'agit pas d'un professeur traitant cette matière, quand elle ajoute qu'elle abandonne à la philosophie et à la théologie « le soin de peindre la beauté morale, intellectuelle et divine de l'Homme-Dieu ». Cette impression semble s'imposer au lecteur attentif.

La suite n'est qu'une froide description, remarquable par le fini des détails. Un exercice de style, un agencement harmonieux de mots à effets pour peindre la

---

1. Cf. ci-dessus. p. 131.

beauté plastique qui n'aura ni les « formes athlétiques de Michel-Ange » ni les « frêles figures de Fra Angelico ».

Écoutons encore sainte Thérèse (*Chât. int.*, 6e dem , ch. 9) : « Il est des personnes, et j'en connais plusieurs, dont l'imagination est si vive et dont l'esprit travaille de telle sorte qu'elles croient voir clairement tout ce qu'elles pensent. Mais si elles avaient eu de véritables visions, elles reconnaîtraient, sans ombre de doute, que les leurs ne sont que des chimères. Comme elles sont un pur travail de leur imagination, non seulement elles ne produisent aucun bon effet, mais elles les laissent beaucoup plus froides que ne ferait la vue de quelque dévote image. »

Et quelle pénible impression n'éprouve-t-on point en lisant la dernière phrase de Madame :

Cette beauté, quoique créée, sera la joie des yeux de nos corps ressuscités, lorsque nous serons dans la Jérusalem céleste. Comment s'étonner que, dès ce monde, quand *l'Amour se montre* ainsi à sa *Psyché*, elle soit à jamais invulnérable à toute autre beauté.

Ces derniers mots, que nous avons soulignés, ne rappellent-ils pas cette imagination sensuelle que nous étudierons dans le chapitre suivant ?

Les hallucinations naturelles, les faits imaginaires purement naturels procèdent du travail spontané de l'esprit, naissent des pensées précédentes ou, du moins, répondent à une attente, à un désir, aux images habituelles de l'esprit, et s'évanouissent avec l'attention ; tandis que les visions représentatives de l'ordre mystique se produisent soudainement, sans préparation ni pressentiment, et disparaissent de même, quelque effort que l'on fasse pour les prolonger.

Ces visions, quand elles viennent de Dieu, ont encore pour résultat de se graver profondément dans l'esprit. Outre l'empreinte qu'elles laissent dans la mémoire, elles se distinguent encore par les fruits de grâce qu'elles produisent dans l'âme. Nous verrons plus loin si l'état d'âme de Madame répond à ce que réclament les faveurs mystiques dont elle se prétend honorée.

Ajoutons enfin, avec Scaramelli (*Direll. mist.*, t. 4, ch. 17, n. 231, p. 329), qu'« une âme qui se louerait, divulguerait et proclamerait, à temps et à contre-temps, les grâces dont elle se sent favorisée, montre que de telles pratiques, si *elles ne procèdent point de la nature*, ne peuvent qu'être inspirées par Satan, et les prodiges qui les accompagnent sont manifestement son œuvre ».

Or, Madame livre le récit de toutes ses prétendues visions aux moines et aux moniales, qui en prennent copie. Plusieurs fois, des personnes dévouées, et je suis du nombre, l'ont prévenue des inconvénients d'une telle publicité.

— Que voulez-vous que j'y fasse? disait-elle.

— Prier dom Logerot de garder le silence et de ne point livrer vos papiers confidentiels. Vous n'avez qu'un mot à dire, il s'y conformera.

— Je ne puis guère le lui dire, mon cher Père.

Voilà tout le résultat qu'obtenaient de légitimes observations. Aussi semble-t-il que Scaramelli formule avec raison l'origine, non pas diabolique, mais naturelle, de la vision en question.

La seconde vision concerne Notre-Dame (cf. p. 134). Son récit ne manque point d'un certain cachet de fraîcheur et de suavité. Toutefois, l'on est frappé, en le lisant avec attention, de la ressemblance qu'offre la peinture de la beauté plastique de Notre-Dame avec celle de la beauté plastique de Notre-Seigneur. Les mêmes expressions se retrouvent ; c'est une copie exacte de la description précédente, avec un luxe de détails plus modeste.

Mais les préoccupations habituelles de l'état d'esprit de Madame l'Abbesse ne se voilent-elles pas, ici, sous de chastes et spécieuses apparences ?

Il s'agit « des indices prochains de la maternité ». Les « joies de la divine grossesse », « le bonheur ineffable, les émotions de l'allaitement » s'accusent avec complaisance ; ne semble-t-il pas que Madame peigne ici les pensées que nous lui connaîtrons bientôt à l'état habituel dans la suite de cette étude ? Quant au résultat de cette vision — consigné dans les affirmations suivantes : désormais il lui était impossible d'être autrement avec la mère de Dieu « qu'avec une sœur, et le lait qu'elle avait fourni au divin poupon, elle était appelée à le donner aux moines, dans la continuité du même mystère », etc., — ce résultat, disons-nous, ne tombe-t-il pas sous la condamnation que proclament les théologiens mystiques. « Un acte, un prodige, n'est imputable à Dieu qu'autant qu'il ne présente rien que de bon, d'honnête, de décent, rien qui ne convienne à la grandeur, à la sainteté de Dieu. Une seule circonstance qui blesse la sainteté, la justice, la vérité, les convenances trahit une autre origine ». (Ribet, *Théol. myst.*, t. III, p. 60 et 157.) Nous verrons, dans la partie médicale, les graves inconvénients de ces élucubrations mystiques.

Nous aurions aussi à reprocher la complaisance avec laquelle Madame livre ces récits aux moines et aux moniales, et faire les mêmes observations qu'au sujet de la vision concernant Notre-Seigneur.

Nous nous contenterons d'emprunter les lignes suivantes au grave cardinal Bona (*De Discr. spirit.*, c. 7, n. 18, p. 245) :

« Ceux qui croient et se vantent qu'ils ont été couronnés de roses, dans une vision, par Jésus-Christ, par un ange ou par la Bienheureuse Vierge Marie, ou qu'ils ont reçu un anneau, un collier, on doit les traiter comme étant *le jouet des rêveries de leur propre imagination,* ou des artifices du diable, si l'on ne voit reluire en leur vie *une grande perfection, une haute sainteté, un complet dégagement de la servitude des sens.* »

Les roses, l'anneau, le collier sont choses bien anodines en face des aspirations de Madame et de ses prétentions divines ; nous sommes déjà suffisamment édifiés par ce qui précède, et nous le verrons encore davantage dans la suite, sur la grande perfection, la haute sainteté et le complet dégagement de la servitude des sens de notre visionnaire. Ce qui nous autorise à conclure, avec Bona, que ce surnaturel n'est pas divin.

La troisième vision reproduite plus haut (cf. p. 136) se rapporte aux visions intellectuelles. Nous la mettons de côté un instant, nous réservant d'en parler dans l'article second, où nous traitons de la vie unitive.

B. *Révélations.* — Les révélations sont des manifestations surnaturelles de vérités cachées ou de faits inconnus (Philippe de la Sainte-Trinité, *op. cit.*, p. 2, tr. 3, p. 4, n. 4, t. 2, p. 413). Il importe peu que ces vérités et ces faits soient accessibles à la raison ; il suffit, pour qu'il y ait révélation, que leur connaissance s'opère par une voie surnaturelle.

Au point de vue de l'objet surnaturellement dévoilé, elles comprennent la prophétie et le discernement des esprits.

La prophétie suppose une illumination intérieure qui montre ou fait entendre les choses naturellement cachées, assez, du moins, pour qu'on les énonce (S. Thomas, 2. 2, Q. 171, art. 1, ad. 4). Pour élever le regard de l'esprit jusqu'aux choses divines qui sont l'objet de la prophétie, il faut évidemment une lumière en rapport avec cet objet, ainsi que l'enseigne expressément saint Thomas (S. Thomas, 2, 2, Q. 171, art. 2). Lorsque cette connaissance surnaturelle a pour objet les pensées et les mouvements secrets de l'âme et le principe qui les inspire, elle prend alors le nom de « discernement des esprits ». Quand la vue de l'âme se fait avec cette évidence, elle est due à une illumination surnaturelle qui dévoile aux yeux de l'esprit ces profondeurs secrètes et le principe qui les meut. (Card. Bona, *op. cit.*, c. 2, n. 2, p. 226.)

Le cardinal Bona déclare que les personnes qui divulguent indiscrètement les révélations, ou autres grâces extraordinaires, doivent être considérées comme suspectes. Or, il est notoire que Madame donnait toute liberté pour la diffusion de ses récits, dont moines et moniales faisaient leurs délices. On se rappelle ce que j'ai dit plus haut sur ce sujet, et sur l'inutilité des observations qui lui étaient faites.

« Le moyen, dit Lopez Ezquerra (*op. cit.*, tr. 4, c. 18, n. 164-165), de reconnaître le principe d'où procèdent ces révélations, c'est de soumettre l'âme à l'humiliation, en la reprenant sévèrement, brusquement, avec quelques paroles qui sentent un peu le mépris, et même l'injure. Avec l'Esprit de Dieu, ces reproches feront éclater l'humilité et la soumission ; le visage pourra bien d'abord exprimer la honte et l'embarras, mais la paix et le respect ne seront point compromis. Si, au contraire, le démon exerce son influence, on se troublera, on s'attristera, on s'enflammera, on s'irritera, on répondra peut-être par l'injure à ce que l'on croit être une injure. »

Il suffira de relire les pages 145-146, 152-153, 159-163, pour constater que le moindre point d'interrogation sur son système nerveux, sur les inconvénients de sa fatigue, sur la réalité de ses prodiges surnaturels amenait une scène de colère et parfois de fureur, avec toute une série de représailles. Dom Couturier lui dit un jour : « Qui me dit, ma chère fille, que tout cela est vrai ? » Madame en fut vivement blessée, et, le racontant à certains moines, elle ajouta : « C'est tuant, le Père Abbé est si terre à terre qu'on ne peut rien lui dire ». Elle n'osait pas lui faire une

scène de violences ; elle se contentait de hausser les épaules
et n'en continuait pas moins à divulguer ses prétendues
faveurs mystiques.

Le désir de paraître, la tendance à se donner en spectacle, la recherche spontanée ou réfléchie de l'estime et des
applaudissements, la joie qui vient des éloges, la tristesse
d'encourir la critique ou le blâme, tout cela ne trahit-il
pas l'ostentation humaine ?

Il est à peine nécessaire de signaler comme partant du
même principe le merveilleux, joint à de folles assurances
d'une éminente sainteté, de mérite éclatant, de prédestination exceptionnelle, de vaniteuses et ridicules prétentions, qui ne concordent ni avec la foi, ni avec le bon sens,
et que rien ne soutient, sinon les dires de ceux qui s'en
glorifient. Rien ne touche de plus près à la folie que l'orgueil, et la crédulité humaine ne connaît point de limites.

Les événements se chargent d'ailleurs de montrer la
fausseté et le péril des révélations de Madame. Un jour
elle prédit que le cardinal Pitra succéderait à Pie IX sur la
chaire de Saint-Pierre, et dom Logerot s'en fit l'écho fidèle.

Grâce au prétendu discernement des esprits, elle indiquait parmi les novices ceux qui n'étaient point choisis
pour la famille bénédictine de Solesmes, et l'on verra
certains moines céciliens poursuivre tel ou tel novice et
l'évincer « parce que, disaient-ils, Madame n'en veut pas ».
Bien entendu, Madame éliminait ainsi de nos rangs ceux
qui ne s'enrôlaient pas sous sa bannière. Ce même discernement des esprits lui faisait prendre en mains la défense
de deux autres novices, le Frère L... et le Frère N... [1], fort

1. Pierre Leurent, né à Tourcoing (diocèse de Cambrai) le 3 avril 1865.
Il prit l'habit le 23 octobre 1884 et commença son noviciat canonique
le 15 janvier 1886. On le proposait aux novices comme un modèle ; on
vantait sa contemplation sans fin, comme une grâce extraordinaire.
Un beau jour, il disparut ; c'était le 6 octobre 1887. On répandit le

dévoués à sa cause. « Tous deux », disait-elle, « étaient très élevés dans les voies mystiques. » Appelé à les examiner comme médecin, je déclarai qu'il s'agissait de deux têtes malades en proie à un travail cérébral de nature vésanique. L'on protesta contre cette affirmation, et bientôt l'on dut enfermer le premier dans une maison d'aliénés. L'autre s'est pendu dernièrement.

Voici deux faits plus graves :

Madame fut invitée un jour à user de son don de discernement des esprits auprès d'une jeune personne de Marseille. Après un mûr examen, elle la trouva très élevée aussi dans des voies mystiques. C'était une âme de choix et comblée des plus rares faveurs. On découvrit peu après, hélas ! que la susdite jeune femme était une débauchée qui s'attaquait surtout aux prêtres, et déjà elle en avait entraîné plusieurs dans le vice.

Le second fait concerne le Supérieur général des Eudistes, le R. P. Le Doré. Appelé par dom Couturier à nous prêcher notre retraite annuelle, il se contenta de faire une visite officielle à Sainte-Cécile, et voici ce que Madame s'empressa de me conter : « Vous ne pouvez vous figurer combien j'ai souffert lorsque le P. Le Doré est venu me voir. Avant même qu'il m'adressât la parole, je découvrais en son âme de profonds ravages. Oh ! je ne puis vous dire mes souffrances en face de tels désastres. »

Et ce n'est pas moi seul qui ai reçu cette confidence, Madame a tenu le même langage à des moniales, à des novices et à des personnes du dehors. Voilà comment elle

bruit que des raisons de famille l'avaient forcé à rentrer chez lui. Ce grand contemplatif était fou.

Dom Nourry (Augustin-Jean-Marie) était un prêtre distingué du diocèse de Séez. L'Abbesse fondait sur lui de grands espoirs pour la gloire de l'Ordre. Il fit profession le 21 avril 1887. Ce jour-là même il donna des preuves de folie. On le rendit à son évêque qui le plaça dans une petite cure bien tranquille. Il s'y pendit.

use de prétendus dons surnaturels, pour calomnier un prêtre, supérieur général d'une Congrégation, religieux des plus respectables et des plus respectés de tous ceux qui s'honorent de le connaître, un homme de Dieu, au vrai cœur d'apôtre, travaillant sans relâche à la vigne du Seigneur !

Mais pourquoi Madame le traitait-elle ainsi? Le motif en est très facile à découvrir. Le P. Le Doré avait le tort de se tenir dans une grande réserve à l'égard de Sainte-Cécile, et quiconque, on se le rappelle, ne brûle pas d'encens aux pieds de Madame est considéré comme un ennemi et traité en conséquence.

De ce qui précède, nous pouvons dire que, chez Madame, le don de discernement des esprits se mettait au service de l'erreur, du mensonge et de la calomnie.

Les théologiens mystiques s'accordent aussi à ne point admettre, comme surnaturel divin, le merveilleux dont l'objet serait vain, puéril ou grotesque.

Glanons quelques épisodes recueillis de ses lèvres ou pris sous sa plume :

« Mon identification avec Notre-Dame s'impose tellement que je ne puis la nier. »

« Je ne sais trop si je souffre, au moment même où j'éprouve des douleurs qui sont dix fois de taille à donner la mort.... »

« Si je n'étais soutenue, je me dissolverais, le mot n'est pas trop fort, et je sens bien que ce n'est encore qu'un commencement... »

« Les anges m'accompagnent partout de leurs chants, de leurs célestes concerts, parfois j'en suis étourdie, et je dois leur imposer silence... »

Son âme était rivée à celle de Pie IX, elle le voyait sans cesse, elle l'accompagnait, le soutenait, vivait de sa vie :

« Ah! j'ai tant prié pour lui ; le diable le traquait, mais j'ai tenu bon. Ç'a été dur ; j'ai bien souffert pendant huit jours, mais enfin ça y est, aujourd'hui, la partie est gagnée. Je vais mieux. »

Pie IX est mort, Léon XIII lui succède, et chacun connaît ses idées libérales :

« Que deviendra l'Église? Mais, rassurez-vous, j'ai reçu l'investiture de son âme, je suis son ange gardien, et tout ira bien. »

C'est que, en effet, Madame a reçu le don de bilocation, voici comment :

« Les affaires de Rome n'allaient pas, j'en fis une maladie, durant laquelle Dieu me permit de biloquer. Je me trouvais à Rome et à Solesmes simultanément. Je parlai donc à Pie IX, et les affaires de l'Église finirent par s'arranger. »

Dom Logerot répéta de divers côtés que Madame, grâce à la bilocation, avait tiré Pie IX d'un mauvais pas. Dom Fromage tailla sa plume mystique pour féliciter Madame, et lui dire le haut rang que tient dans la vie spirituelle le don de bilocation. Laissons de nouveau la parole à Madame:

« Dans ma longue et douloureuse prière, mon âme se plaignait *d'être seule au monde à combattre le vrai combat*. Je reçus de Dieu l'ordre d'engager une lutte à mort avec le diable. Saint Michel, mon ange gardien, me revêtit de sa propre armure. *La lutte* fut effroyable, mais je remportai la victoire. Cela se passait dans les airs, *au-dessus du mont Saint-Michel*. »

Dom Logerot n'eut rien de plus pressé que d'en faire part aux frères et amis, et tous de redire avec émotion : « Madame a biloqué ».

Peut-être le lecteur désirerait des preuves dont s'accompagnent les réelles bilocations? Ici il n'y en a aucune, en dehors des affirmations de Madame et de la crédulité de ses disciples.

Enfin, dirons-nous, toute révélation qui blesse le bon sens et la pudeur relève du démon et de l'humaine nature. Abandonné à lui-même, l'homme s'affaisse et glisse, comme entraîné par son propre poids, vers les choses sensibles. Le démon connaît ce côté faible, et, quand il veut nous perdre, il ne manque jamais de nous ménager des pentes glissantes vers les abîmes de la chair. Des émotions sensibles de la piété, on descend aux impressions sensuelles ; on se croit affranchi des précautions qu'inspire la sagesse chrétienne, on ne se tient plus dans les bornes et les règles prescrites par le bon sens, l'expérience, et l'on prétend tout couvrir du voile de la révélation divine.

Les faits que j'exposerai dans le chapitre suivant n'ont pas besoin maintenant de commentaires ; il suffira de lire la partie médicale. Saint Bonaventure (*De Prof. relig.*, L. 2, c. 27, t. 12, p. 388) ne semble-t-il pas les résumer dans ces paroles : « Les chutes sont habituellement préparées par d'imperceptibles transitions de la piété à la nature des émotions et des attaches du cœur aux ébranlements de la sensibilité et de la chair », et plus loin [1] il ajoute : « Non videtur autem praetereundum, qui a quidam decepti a seductoribus spiritibus, vel propriis falsis opinionibus, putant sibi apparere in visione, vel ipsum Christum vel ejus gloriosissimam Genitricem, et non solum amplexibus et osculis, sed et aliis indecentioribus gestibus ab eis demulceri... quod non solum est falsum et seductorium, sed etiam blasphemia gravis esse comprobatur. »

Il nous semble inutile d'insister sur ce point, traité, d'ailleurs, dans l'examen médico-psychologique.

De cette rapide étude nous tirons la conclusion suivante : de nombreux témoignages fournis par les faits et par la doctrine théologique nous empêchent d'accorder le caractère divin aux divers prodiges qu'il nous a été permis de passer en revue. Cette mystique n'est pas divine.

---

1. S. Bonaventure, *op. cit.*, L. 2, c. 76, t. 12, p. 135.

ARTICLE SECOND

On se rappelle qu'en traitant des « visions » nous avons provisoirement négligé celle que nous qualifions d'« intellectuelle » ; cette vision nous transporte en effet dans les plus hautes régions de la vie unitive, de l'union fruitive effective du mariage spirituel. Le moment est venu de nous y arrêter.

Madame (cf. p. 136) se déclare, non plus seulement fille du Père, mais plutôt *sponsa Dei*, « dans ce lien commun qu'elle a avec Lui de produire dans les âmes Celui à qui Il dit : *Filius meus es tu* ».

Elle s'affirme « la sœur, l'épouse et la mère du Christ ».

Enfin, le « Saint-Esprit, pour la rendre apte à ces liens, a consumé en elle tout ce qui était combustible, ne laissant de créé que ce qu'il faut pour l'union ».

Jadis ces ineffables certitudes étaient gravées en elle, sans qu'elle y prît garde, « c'était alors en puissance, *aujourd'hui, tout est en acte* ».

Ce que nous savons déjà permet de nier un tel état surnaturel chez Madame l'Abbesse. Les tristes découvertes que nous avons faites, chemin faisant, ne pourraient s'harmoniser avec lui. Cette prétendue vision intellectuelle, si elle était l'expression de la vérité, de la réalité, ferait de Madame non plus seulement « la grande sainte des temps modernes », ainsi que le prétendent moniales et moines céciliens, mais la plus grande sainte après la mère de Dieu. Nous le répétons, toutes les pages qui précèdent nous empêchent de souscrire à de telles prétentions. Saint Jean de la Croix dit (*Montée du Carmel*, L. 2, ch. 24, p. 117) que « le démon peut se mêler aux visions intellectuelles, les contrefaire en se servant de l'imagination dans laquelle il représente des objets présents ou absents, revêtus d'une lumière spirituelle. Il peut surexciter l'organisme et particulièrement le cerveau, et déterminer un état de lucidité extraordinaire, que l'homme prendra pour une manifestation divine. Aussi faut-il recourir aux effets plutôt qu'aux notes intrinsèques, pour en reconnaître sûrement le caractère. »

Dieu est vérité, lumière, sainteté et bonté infinie. Il n'intervient surnaturellement auprès de l'homme que pour l'instruire, l'éclairer, le purifier et l'enrichir des plus belles vertus. Le fruit de ces visions, d'après Gerson, se recueille dans l'humilité, la docilité, la patience, la vérité et la charité.

Nous sommes ici loin de ces résultats, car, si nous consultons les effets produits chez Madame, nous nous heurtons chez elle à l'orgueil, la colère, l'insinuation perfide, la calomnie, le mensonge et toute une série de faits qui blessent l'honnêteté et la pudeur[1]. Cette seule constatation suffirait pour juger et condamner cette prétendue vision surnaturelle. Néanmoins, écartons d'une façon provisoire cette conclusion qui s'impose d'elle-même en considérant les effets produits par cette prétendue vision intellectuelle; et voyons si ses notes intrinsèques sont en harmonie avec les principes que posent les théologiens mystiques.

Un rapide coup d'œil jeté sur le mariage spirituel nous paraît nécessaire et, chemin faisant, nous discuterons les points en litige. L'état que décrit Madame (cf. 136) réclame en effet l'union parfaite et consommée qu'on appelle aussi « union divine de transformation », ou « mariage spirituel », ou encore « union mystique et fruitive ».

---

1. Le texte renvoie à une page de la troisième partie que je ne publie pas.

Il faut d'abord remarquer qu'il y a deux sortes d'union à Dieu.

L'une, *habituelle*, par la grâce sanctifiante, union réelle, mais tout entière sous les ombres de la foi; elle est commune à tous les justes.

L'autre, *actuelle*, qui se produit de deux manières : la première a pour principe immédiat la charité et les autres vertus infuses, ainsi que les dons du Saint-Esprit, à un certain degré; la grâce actuelle ordinaire met en jeu toutes ces puissances de l'âme : c'est l'*union actuelle des âmes justes*. La seconde union actuelle est un effet extraordinaire des dons du Saint-Esprit et principalement des dons de science et d'intelligence ; c'est une grâce actuelle et très parfaite, une lumière divine et supérieure, un sentiment vif et profond de la présence de Dieu, en un mot, une union *fruitive*; on l'appelle ainsi parce qu'elle indique une jouissance toute particulière de Dieu par l'intelligence et par la volonté. L'âme se voit toute remplie de Dieu, toute pénétrée de Dieu jusque dans le fond de son essence. Cette pensée lui cause une joie inexprimable ; elle s'unit à lui de toutes ses forces, quoiqu'elle ne puisse pas le voir, et fait de son côté ce qu'elle peut pour l'avoir toujours présent : ce qui l'oblige à se tenir dans un profond respect et comme anéantie devant cet Être infini, sachant que cette opération divine la soutient, et que, si Dieu cessait un moment, elle retomberait dans le néant.

C'est dans cette présence intime, *excitée par la grâce*, que consiste ce que les mystiques appellent « transformation », « édification », « mariage spirituel ». L'âme ne change point de nature, mais elle est tout embrasée, tout éclairée, toute remplie et toute pénétrée de Dieu même. Ce mariage spirituel de Dieu avec l'âme consiste, non seulement dans la participation de ses dons de la foi et de l'amour, mais encore plus dans cette union et cette présence intime de substance à substance.

Mais c'est dans le ciel seulement que toute cette union sera *consommée*. Ce sera alors qu'elle recevra ces avantages qui lui tiennent lieu de dot : la vision, l'amour et la fruition. La vision répond à la foi, l'amour à la charité, la fruition à l'espérance. Toutes ces grâces extraordinaires, outre les vertus théologales, sont les présents de ce divin époux, et les arrhes de la consommation dans le Ciel.

« Il faut bien entendre, dit sainte Thérèse (*Chât. int.*, 7ᵉ dem., c. 2), que les fiançailles spirituelles ne diffèrent pas moins de ce mariage que l'état des fiancés ne diffère de la condition de ceux qui ne peuvent plus se séparer... Dans les fiançailles, on se sépare assez souvent ; et, bien qu'il y ait union, cette faveur passe promptement et l'âme se trouve sans cette compagnie de Notre-Seigneur, je veux dire qu'elle n'en a plus le sentiment. Dans le mariage, il n'en est pas ainsi : l'âme demeure toujours avec Dieu dans ce centre d'elle-même où il réside. »

Deux réserves cependant ne doivent pas être omises, l'une touchant la *perfection* de cette union mystique, l'autre sa *permanence*.

Et, d'abord, dans quel sens peut-on dire que le mariage spirituel est une union stable et permanente ?

Cela ne doit pas s'entendre dans un sens strict, car la contemplation est un acte, et non une habitude.

Sainte Thérèse, qui avait expérimenté cet état, dit (*Chât. int.*, 7ᵉ dem., ch. 1) que « cette présence de la Sainte-Trinité ne se manifeste pas constamment avec la perception et l'évidence de la première fois et de quelques occasions qu'il plaît à la bonté divine de renouveler cette faveur, parce que, si cela était, l'âme ne pourrait plus s'occuper d'autre chose, ni même vivre parmi les humains. Mais, bien que ce ne soit pas toujours avec la même clarté, l'âme se trouve, toutes les fois qu'elle y pense, en cette divine compagnie », et encore (7e dem., ch. 4) : « Ne pensez pas que les âmes unies à Dieu par ce lien du mariage spirituel ressentent toujours dans ce haut degré les effets d'une faveur si sublime ; ce n'est que le plus ordinairement. Notre-Seigneur les laisse quelquefois dans l'état naturel. »

Saint Thomas (1, 2, Q. 3, art. 2, ad. 4) est très formel sur ce point. « Sur la terre, dit-il, la dernière perfection des hommes, autant qu'ils en sont capables, est l'opération qui les unit à Dieu ; mais cette opération ne peut être *conti-nuelle*; la faiblesse de notre nature force souvent à l'interrompre et nous sommes aussi éloignés de la parfaite béatitude que nous le sommes de l'unité et de la continuité de cet acte. »

Toutefois, on peut dire qu'en dehors de la contemplation actuelle il existe un état passif habituel, en ce sens que l'âme devient plus souple sous la main de Dieu et mieux disposée à se recueillir; mais il n'y a point d'acte permanent et continuel.

Or, Madame nous déclare qu'elle ne peut rendre *la force*, *l'égalité* et *la similitude de son union avec la Sainte Trinité*. Elle ajoute que *l'Esprit-Saint a consumé en elle tout ce qui est combustible, ne laissant de créé que ce qu'il faut pour l'union* ; ce sont d'*ineffables certitudes, tout est en acte*.

Ces questions sont fort délicates, et le reproche que nous adresserons ici emprunte toute sa force à la délicatesse même du sujet. Le terme de ces visions intellectuelles, disions-nous avec saint Augustin et les théologiens mystiques, doit être essentiellement vrai. Or, les paroles empruntées à Madame, dans ses affirmations catégoriques, et que nous venons de souligner, ne sont point en harmonie avec les principes que nous avons mis en lumière en les empruntant aux mystiques et à saint Thomas lui-même. Nous pouvons donc conclure à une erreur intrinsèque qui sape par la base l'origine divine de cette vision.

Poursuivons notre tâche. En second lieu, cette union est-elle réellement *consommée* ?

Prenons l'union fruitive qui atteint, suivant les théologiens mystiques, les dernières limites de l'union à Dieu en ce monde, et que l'on appelle « *fruitive effective* », le sommet du mariage spirituel.

Dans l'union fruitive de la terre, pas plus que dans l'union fruitive du ciel, la substance de Dieu et la substance de l'âme ne sont point confondues. Il y a sans doute une présence intime de substance à substance, mais il ne se fait aucun changement dans l'essence de Dieu ni dans l'essence de l'âme. Cette union est accidentelle et non substantielle. L'amour tend à l'unité, c'est vrai ; mais à la seule unité possible, qui est l'unité de l'esprit, de volonté et d'opération. Pour de telles âmes, le principe de leurs opérations n'est pas tant leur entendement que Dieu dans leur entendement ; et le principe de leur amour n'est pas tant leur volonté que Dieu dans leur volonté, qui fait en elles, par l'amour expérimental, quelque ressemblance de ce que l'amour béatifique et la lumière de gloire opèrent dans les Bienheureux.

« De même, écrit le P. L. Chardon (*Croix de Jésus*, 2ᵉ entretien, ch. 9), qu'on peut dire des Bienheureux qu'ils sont devenus des Dieux par ressemblance ; de même ces âmes se voient *comme englouties* dans l'immense capacité de l'amour divin où elles se trouvent, en raison de l'excès de cet amour : aucun vestige des créatures, ni traces d'elles-mêmes, ni des grâces et des lumières surnaturelles ; aucun souvenir de ce qu'elles sont, de ce qu'elles ont été, de ce qu'elles ont fait ; elles ne savent autre

chose, sinon qu'elles ne savent pas ; elles ne savent que Dieu ;
elles ne sentent, elles ne savourent, elles ne voient, elles ne
touchent, elles n'expérimentent que son délicieux amour, ou, si
j'ose le dire, que l'adorable divinité, en l'Esprit de laquelle cet
amour suréminent les a fait entrer, pour y être, *selon qu'il est
possible à leur condition*, divinement changées, transfigurées et
transformées. »

Voilà, disent les théologiens mystiques, ce que l'on peut
écrire de plus fort, et de plus exact, sur la véritable transformation en Dieu.

La prétendue union et transformation absorbante de
l'âme en Dieu des faux mystiques est une erreur condamnée au IVe concile de Latran. (Lessius, *De summo bono*,
L. 2, ch. 1, n° 7.)

Or, Madame dit «que l'Esprit-Saint a consumé en elle
tout ce qui est combustible, ne laissant de créé que ce qu'il
faut pour l'Union »; « qu'elle puise continuellement la vie,
l'être à la source même qui est Dieu » ; que « tous les trésors de la divinité lui sont communiqués »... ; qu'elle à « ce
lien commun avec le Père qui lui permet de dire sur les
âmes : *Filius meus es tu* »; qu'elle ne peut nier « son identification totale avec Notre-Dame »... et que, par conséquent, « dans Notre-Seigneur elle voit vraiment plus son
fils en croix que son époux »; que « jadis tout cela était
en puissance et que maintenant tout est en acte ». Or,
nous avons vu que l'union la plus élevée de l'âme avec
Dieu ne peut être qu'accidentelle et non substantielle ;
qu'elle ne saurait en outre être d'une actuelle permanence ;
il ne peut y avoir que présence de substance à substance,
sans aucun autre changement, et les deux substances ne
sauraient jamais être confondues. Madame affirme la réalité là où il ne peut y avoir que la ressemblance ; elle s'attribue de fait « la transformation absorbante » que le IVe
concile de Latran a condamnée; or, le terme d'une vision

intellectuelle doit être *essentiellement vrai* ; ici il est condamné par l'Église ; donc on ne peut accorder à cette vision une origine divine.

Comment s'accomplit le mariage spirituel ?

Dans les alliances humaines, l'épouse apporte une dot; il en est ainsi dans le mariage spirituel. C'est par ce moyen que l'âme se rend agréable à son Divin Époux.

Cette dot, il est vrai, ne sera complète et consolidée que dans le Ciel, ainsi que nous l'avons dit plus haut. Néanmoins, dès ici-bas, l'épouse doit se présenter devant son Bien-Aimé, ornée et enrichie de façon à être accueillie. Pour entrer dans la maison du Roi du Ciel, et contracter alliance avec lui, il faut que l'âme soit noble par sa naissance spirituelle, belle par l'éclat de ses vertus, ornée de sagesse et de charité, affable, dévouée, fidèle, ardente et généreuse dans son amour, zélée et féconde dans ses œuvres, prudente et circonspecte dans ses démarches, forte et inébranlable dans ses sacrifices. Heureuse l'âme qui, par ses qualités, attire la faveur du Céleste Époux !

Ce que nous avons appris de Madame nous offre-t-il le tableau de toutes ces vertus que réclament les mystiques pour une âme qui aspire au mariage spirituel ?

Les faits rapportés dans ces pages nous donnent la réponse avec éloquence. Il est inutile d'insister.

Selon sainte Thérèse cette sublime fonction du mariage spirituel s'ouvre par la visite et la cohabitation de la Trinité sainte au centre même de l'âme. Elle se poursuit et s'achève par l'apparition et la proposition et l'acceptation du Verbe de Dieu en qualité d'Époux.

L'apparition de l'auguste Trinité n'est que le prélude ou la condition du contrat spirituel, l'alliance proprement dite se conclut entre l'âme et le Verbe.

Sainte Thérèse est très explicite sur ce point; saint Lau-

rent Justinien et tous les mystiques reproduisent la même
doctrine.

Il est vrai que les mystiques ne se contentent pas d'affirmer que l'âme, dans ces noces sacrées, reçoit le sentiment
de la Trinité déjà présente en elle. Ils parlent d'une venue
actuelle et d'une présence spéciale des trois Personnes, à
raison de l'alliance qui intervient entre le Verbe et l'âme.

Ces assertions concordent avec la Théologie la plus
sévère, concernant la grâce et la Trinité. La grâce surnaturelle est, en substance, une participation à la vie divine,
qui constitue et relie les personnes de l'adorable Trinité.
Cette communication ayant pour caractère dominant d'être
une œuvre d'amour est attribuée, par appropriation, au
Saint-Esprit qui représente, dans l'essence divine, le mouvement de l'amour et forme la mission temporaire dans les
âmes.

L'élévation du mariage spirituel, qui constitue l'état le
plus sublime dans l'ordre de la grâce, sollicite une des-
cente *actuelle* et suréminente de la Sainte-Trinité au plus
intime de l'âme.

La Théologie explique également pourquoi le titre
d'époux convient particulièrement au Verbe. De même
qu'il convenait que l'Incarnation s'accomplît dans la personne du Verbe, de même Notre-Seigneur est spécialement
choisi pour devenir l'Époux des Ames, et cela pour deux
raisons que donne saint Thomas (3 p., Q. 3, art. 8) : C'est,
premièrement, une union assortie, car le Verbe est le divin
exemplaire de toute la création et principalement de
l'homme. En second lieu, comme c'est par Jésus-Christ que
nous sommes devenus enfants de Dieu, et cohéritiers des
biens célestes, il semble que ce doit être aussi en Jésus-
Christ que nous devons recevoir les prémisses de ces biens.

Cette belle Théologie, qui est celle des Pères et des Docteurs, fait entendre et justifie pleinement pourquoi le mariage mystique se conclut toujours avec le Verbe.

Ce n'est pas seulement le Verbe, personne divine, mais le Verbe revêtu de notre humanité, Jésus-Christ, Notre-Seigneur, qui devient le véritable Époux des Ames. Cette union n'est que l'extension et la conclusion de son union avec la nature humaine, car le Verbe ne s'est uni à la chair que pour atteindre les âmes, les rendre participantes de sa vie, et ramener par elles et avec elles toute la création à son Père. Sainte Thérèse ajoute que la Bonté divine renouvelle de temps en temps cette faveur à son gré.

Disons en passant qu'un état aussi sublime, le plus sublime qui puisse exister ici-bas, d'après tous les théologiens, ne suffit pas à Madame. Elle aspire à monter plus haut ; elle est, non pas seulement *sponsa Christi*, mais *sponsa Dei*. Elle a soin de nous dire ce qu'elle entend par *sponsa Dei* : « par ce lien commun qu'elle a avec le Père et qui lui fait dire avec lui sur les âmes en qui le Christ est formé : — *Filius meus es tu* » ; aussi « se sent-elle unie au Verbe Incarné, comme à son frère, à son époux et à son fils », et c'est vraiment « plus son fils que son époux qu'elle voit dans Jésus en croix ».

Ici encore nous ne pouvons mettre d'accord la doctrine de Madame avec l'enseignement de la Théologie.

Pourquoi cette union est-elle appelée Mariage spirituel ?

Cette comparaison s'appuie sur la Sainte Écriture et sur la tradition des Pères.

D'après saint Thomas (*Opuscul.* LXI, c. 13), « l'amour de Dieu pour l'âme et l'amour de l'âme pour Dieu surpassent l'amour réciproque de l'époux et de l'épouse, autant que la réalité l'emporte sur le signe qui la représente. Le mariage procure trois biens : la foi, l'indissolubilité et la postérité. Dans le mariage spirituel, la foi est plus inviolable, l'indissolubilité plus grande, et la postérité plus utile.... La postérité dans les noces mystiques est plus utile ; c'est Dieu qui féconde l'âme par la grâce et produit les bonnes œuvres. La postérité vient de deux êtres qui sont unis : la postérité des bonnes œuvres ne vient pas de la grâce seule, ni du libre arbitre seul, mais elle découle du libre arbitre ou de la bonne volonté, principe matériel et incomplet, et de la grâce divine, principe formel et complet et, par conséquent, principal. Cette utile prospérité ne donne pas la mort à la mère, mais elle lui procure la vie éternelle. S'il y a quelquefois de la douleur, elle se change en joie et en gloire. »

Cette citation montre dans quel esprit les saints ont interprété la sublime réalité du mariage spirituel de l'âme avec le Christ.

Il suffira de se rappeler ce qu'attend Madame de ses fils transformés en *bébés*, pour savoir ce qu'elle rêve comme postérité. Mais elle ne se contente pas de dire que « cette ineffable certitude est gravée en elle », celle d' « un merveilleux épanouissement de vraie et intelligente sainteté autour d'elle et pour tous ceux qui s'attacheraient à son néant que Dieu a daigné regarder », mais elle a expérimenté, « dans les phénomènes réels et réellement vécus pour l'être physique et moral, la maternité divine, depuis la grandeur mystérieuse et écrasante d'amour brûlant et irrésistible du *Virtus Altissimi obumbrabit tibi* jusqu'à la consomption d'amour, en sentant le divin poupon remuer dans ses entrailles, où il vivait de sa mère et de son épouse, et la pâmoison d'amour lorsque les lèvres de l'Époux prenaient à son sein la substance de sa vie, et qu'elle se sentait ainsi passer dans son bien-aimé ».

En vérité, il ne s'agit plus ici seulement d'une grosse erreur, que doit condamner la théologie mystique, mais de ce que nous avons déjà condamné (cf. p. 215) au nom du bon sens, de l'honnêteté et de la pudeur.

N'est-ce pas le cas de dire avec S. Bonaventure (*Op. cit.*, L. 2, ch. 76, t. 12, p. 435) : « Non videtur autem praetereundum quia quidam decepti a seductoribus spiritibus, vel propriis falsis opinionibus putant sibi apparere in visione, vel ipsum Christum, vel ejus gloriosissimam Genitricem, et non solum amplexibus et osculis, sed et aliis indecentioribus gestibus ab eis demulceri.... quod non solum est falsum et seductorium, sed etiam blasphemia gravis esse comprobatur. »

« Un prodige, dit Bonal (*Inst. theol.*, *De Revelat.*, nº 102, p. 95), qui a pour but de confirmer dans l'erreur, de repaître une curiosité vaine et dangereuse, de satisfaire en quelque sorte les passions mauvaises, ne peut émaner que du démon. »

Nous ne voulons point déclarer que cette vision intellectuelle de Madame soit exclusivement l'œuvre du démon et lui appliquer absolument les paroles de Bonal, mais de toutes les considérations qui précèdent nous pensons qu'il s'agit d'un organisme malade, doublé d'une imagination délirante, qui a mis à contribution les matériaux conservés par la mémoire, puisés dans la lecture des auteurs mystiques, et qu'ainsi ont jailli ces élucubrations erronées et dangereuses sous les apparences d'une vision intellectuelle ; et, du contenu de cette vision, l'on a conclu à tort au degré le plus haut du mariage spirituel.

Saint Jean de la Croix (*Mont. du Carm.*, L. 2, ch. 24, p. 117) ne nous a-t-il pas mis en garde contre ce danger lorsqu'il affirme que « le démon peut se mêler aux visions intellectuelles, les contrefaire en se servant de l'imagination ; il peut surexciter l'organisme et particulièrement le cerveau et déterminer un état de lucidité extraordinaire, que l'homme prendra pour une manifestation divine. Aussi faut-il recourir aux effets plutôt qu'aux notes intrinsèques pour en reconnaître sûrement le caractère ». Or, nous n'avons point trouvé les garanties nécessaires dans les notes intrinsèques de cette vision, puisqu'elles sont entachées d'erreurs ; quant aux effets, nous avons vu aussi qu'ils sont l'antipode de ceux que l'on devrait rencontrer chez Madame, d'où la conclusion que cette vision intellectuelle n'est pas d'origine divine, et qu'elle ne saurait nous conduire à admettre les conséquences que Madame prétend en tirer.

Notre conclusion va se confirmer encore par l'examen des signes qui caractérisent les noces sacrées. Nous ne voulons qu'indiquer sommairement quelques-uns des merveilleux effets du mariage mystique dont sainte Thérèse et saint Jean de la Croix nous ont laissé une admirable peinture

Une première conséquence, c'est que Dieu règne en Souverain sur l'âme devenue son épouse. Il règne par une puissante illumination dévoilant à cette âme ce qu'il y a de caché dans les plus hauts mystères de la foi tels que la Trinité, l'Incarnation, l'Eucharistie, la Grâce et la Gloire. Le regard de l'âme plonge dans l'abîme des perfections divines, et Dieu, à son tour, repose avec complaisance ses yeux sur la créature enrichie des dons de son amour.

Or, nous avons relevé de profondes erreurs théologiques dans les prétendues illuminations de Madame, et Dieu ne peut enseigner l'erreur, car il est toute vérité ; donc cette première conséquence du mariage spirituel condamne les affirmations de Madame sur ses noces mystiques.

Une deuxième conséquence, c'est un tel oubli de soi, qu'il semble véritablement que cette âme n'a plus d'être ; la transformation est si grande, qu'elle ne se connaît plus ;

aussi vit-elle dans un profond détachement de tout ; elle éprouve un vif désir d'être dans la solitude, occupée de Notre-Seigneur, elle réalise ces paroles du Seigneur : « Occupe-toi de mes intérêts, je prendrai soin des tiens ».

Or, nous avons constaté, maintes fois, chez Madame, le désir de paraître, le besoin de se donner en spectacle, la recherche spontanée ou réfléchie de l'estime et des applaudissements, la crainte d'encourir la critique ou le blâme, une extrême complaisance à divulguer et proclamer, à temps et à contretemps, les grâces dont elle se croit honorée. De telles préoccupations sont inconciliables avec l'état que révèle chez Madame la vision intellectuelle et l'union fruitive effective, dont elle est l'affirmation ; donc nous sommes en présence d'une origine qui n'est point divine.

Une troisième conséquence, c'est le désir de souffrir, désir dépourvu d'inquiétude. Telle est bien l'ineffable ardeur avec laquelle ces âmes désirent que la volonté de Dieu s'accomplisse en elles, qu'elles sont également satisfaites de tout ce qu'il plaît au divin époux d'ordonner. Sont-elles persécutées, elles en éprouvent une grande joie et conservent une paix très profonde. Auparavant, elles désiraient mourir pour jouir de Dieu, la prolongation de l'exil leur était à charge, et maintenant elles sont si embrasées du désir de servir Dieu, de faire bénir son nom, d'être utiles à quelques âmes que, loin de soupirer après la mort, elles souhaitent vivre, durant de longues années et au milieu des plus pénibles souffrances, trop heureuses de pouvoir, à ce prix, procurer au Dieu Maître un petit tribut de gloire.

Or, Madame base sa vie sur la gratuite assurance d'une sublime sainteté, d'une prédestination exceptionnelle. Son désir de souffrances se transforme en celui de domination, de fascination, et, à ce titre de se laisser fasciner, elle promet « un merveilleux épanouissement de vraie et intelligente sainteté pour ceux qui s'attacheraient à son néant que Dieu a daigné regarder ». Vienne, non pas la persécution, mais un peu de réserve dans l'enthousiasme, dans le culte qu'elle réclame, elle y voit du mépris et se livre à des scènes de fureur suivies de cruelles représailles (cf. p.145-161). Donc Madame se trompe quand elle se proclame dans les hautes régions du mariage spirituel.

Une quatrième conséquence, c'est une paix inaltérable, une sainte égalité, qui ne connaît plus les fluctuations, les troubles de la partie inférieure. Les sens demeurent soumis et silencieux, tant au dedans qu'au dehors. De là, une sorte d'impassibilité qu'aucune excitation ne parvient à troubler, une immobilité sereine et à l'abri des vents et des orages que soulevait autrefois la revendication des sens.

Or, toute l'histoire de Madame nous dévoile combien elle est en proie à la vanité, à l'orgueil, à la colère, à la vengeance, et nous verrons quels flots d'émotions sensuelles la submergent, avec les apparences de la mystique la plus pure. Donc les prétentions de Madame à la vie fruitive effective que décrit sa vision intellectuelle sont illusoires, et ne peuvent, en conséquence, revendiquer une origine divine.

Nous n'avons point épuisé cette matière. Nous laissons de côté, pour ne point fatiguer davantage la patience du lecteur, de nombreux points qui nous auraient conduit toujours à la même conclusion ; celle-ci se trouve, nous semble-t-il, amplement justifiée. Tels sont les considérants sur lesquels nous nous sommes appuyé pour former notre opinion personnelle, et nous redirons en terminant que nous nous inclinons d'avance devant celle que nous donnerait la voix autorisée d'un visiteur.

Qu'on nous permette, cependant, d'ouvrir ici une parenthèse, et de montrer l'influence désastreuse qu'exerce Madame sur le terrain doctrinal.

Nous verrons, dans une conférence officielle de dom Fromage, l'un de ses fervents disciples, l'application de la théorie de la maternité virginale, de la procréation mystique au mystère du saint sacrifice de la messe. Voici la relation exacte de cette conférence faite aux moines de Solesmes, le 7 novembre 1878 :

« ... En résumé, quel est le but du cours d'histoire ? Le voici : *despondi vos uni viro, virginem castam exhibere Christo*[1]. Cette union, c'est toute l'Église ; nous la connaissons par le dogme, par toutes les manifestations de la Beauté Divine. Puisons en tout cela l'amour du Christ et l'amour de l'Église. *Caput mulieris vir*. Il faut aimer l'Église, parce qu'elle est la continuation du Christ, qui a tout fait pour elle. Il l'a trouvée souillée, l'Église de l'attente. *Mundavit illam lavacro aquae in verbo vitae, ut exhiberet ipse sibi gloriosam ecclesiam, non habentem maculam... ut sit immaculata*. En effet, il se montre bien l'Époux : *erunt duo in carne una... Sacramentum hoc magnum est, ego autem dico, in Christo et in Ecclesia*.

« L'onction qui découle de l'Époux, qui est le chef, sur tout le corps de l'Épouse, c'est la vie, la vie mystique, la vie d'intelligence et d'amour, vie des membres, vie d'union. Parlons ici de cette vie mystique, vie d'union dans chaque membre, mais qui a lieu partout. Tout homme doit pouvoir la comprendre.

« Le Christ est l'Époux de toute âme chrétienne ; cette union a la fécondité des vertus ; union plus féconde sur les âmes chastes et *surtout avec les Vierges sacrées*. En effet, l'âme forme le corps, l'ordre naturel est à la base de tout ; la vie surnaturelle s'adapte et se conforme à son suppôt. De là, cette union privilégiée avec la *Vierge Épouse*. Le *vir* n'est pourtant pas déshérité. *Ad vos, o viri, clamito : Deliciae meae esse cum filiis hominum*. Pour le *vir* comme pour la Vierge, l'âme est la forme du corps ; à l'homme *seul* elle donne l'aptitude au sacerdoce qu'il reçoit dans son corps par l'onction, comme la Vierge porte l'anneau nuptial à son doigt de chair. Qu'est-ce que le Sacerdoce ? sinon l'union la plus

______

1. « Je vous ai fiancés à un époux pour vous présenter comme vierge pure au Christ. » (II, *Cor.*, xi, 2.)

intime à la divine sagesse, comme la profession de la Vierge est l'union la plus intime de l'Épouse avec N.-S. Jésus. Nous comprenons le Sacerdoce parce qu'il se passe dans l'acte théandrique. Qu'est-ce que l'acte théandrique ? L'Homme-Dieu n'a qu'une personne, mais deux volontés. Or, les actes théandriques procèdent de la volonté *humaine,* et cependant les souffrances de l'Homme-Dieu rachètent le genre humain ; elles ont leur prix infini, et leur prix est infini parce que leur germe a été déposé par la volonté humaine de l'Homme-Dieu dans la *vulve divine*; la sagesse infinie qui le transforme s'unit avec lui et le vivifie. De même à l'autel, le prêtre pose des actes humains ; ce sont des lèvres humaines qui prononcent les paroles de la consécration ; il dépose ces paroles comme un germe dans la vulve de la sagesse incarnée, le Christ, qui se les assimile, et elles produisent Dieu ; c'est vraiment là que l'union et la fécondité sont parfaites. Remarquez, mes Pères, quel est le rôle de la divine Sagesse dans *l'action* qui est l'acte consommant le *Sacrifice.*

« *C'est la passivité la plus complète,* c'est donc bien elle *qui est l'épouse,* et, comme je l'ai dit, c'est bien le prêtre qui est l'Époux, comme Jésus-Christ l'est dans les noces de la Vierge.

« Aussi, *jam non dicam vos servos sed amicos,* plus que des amis, l'assimilation est complète. *Accipite et manducate... et bibite,* de même qu'au cantique : *Comedite, amici, et inebriamini, charissimi.* Vous le voyez, si la Vierge, par la fécondité des vertus morales, est en droit de traiter le Christ comme son Époux, le prêtre n'a-t-il pas des droits d'Époux sur la Sagesse divine ? C'est elle-même qui les lui donne : *dic sapientiae : soror mea es, et prudentiam voca amicam tuam.* C'est elle-même qui le recherche : *Clara est quae nunquam marcescit sapientia et facile videtur ab his qui diligunt eam et invenietur ab his qui quaerunt illam... Quoniam dignos se ipsa circuit quaerens et in viis ostendit se illis hilariter.*

« En face de ces recherches de la Sagesse divine, comme on comprend le *Vae soli! Propter hoc datus est mihi sensus...., et quaesivi sponsam mihi eam assumere et amator factus sum formae illius... super salutem et speciem dilexi illam et proposui pro luce habere illam... Intrans in domum meam, conquiescam cum illa.*

« Sans doute, pour parler de ces choses, il faudrait le charbon d'Isaïe. Mais la vérité est toujours là ; si elle doit être comprise, c'est parmi vous, mes Pères, dans les cloîtres de saint Benoît. »

J'en appelle à tous ceux qui ont quelque connaissance du cœur humain. N'est-il pas vrai qu'ici « la Bête », prise en flagrant délit, dans l'un de ses instincts les plus impérieux, se cache sous la livrée de « l'Ange » pour obtenir et légitimer à ses yeux son droit d'entrée chez les créatures vouées au célibat? N'est-ce pas, en quelque sorte, une revanche prise sur les privations que l'on impose et que l'on veut imposer à « la Bête » ? Et l'on croit monter bien haut dans les régions de la plus mystérieuse et féconde vie mystique lorsque, d'une façon irréfléchie, mais réelle, on se laisse conduire par de fausses revendications de la chair à d'aussi étranges théories?

De telles préoccupations devaient se retrouver sous la même plume, dans la continuation de l'*Année liturgique* de dom Guéranger. Cette théorie *De Sacerdote Sponso*, nous la voyons exposée par dom Fromage au sujet de la fête du Saint-Sacrement. Quelques extraits suffiront à en donner la preuve. Nous les puiserons avec renvois dans la cinquième édition du *Temps après la Pentecôte*, t. I :

« Ainsi le mystère des Noces est-il bien le mystère du monde... Mais où donc se fera la rencontre ici-bas du prince et de sa fiancée? Où doit se consommer cette union merveilleuse? » (p. 236). — « S'il n'est venu qu'une fois pour mourir, l'Époux chaque jour descend des cieux pour féconder son épouse dans l'acte du Sacrifice quotidien » (p. 275). — « D'elle-même, aujourd'hui, l'Épouse s'est réveillée. Pleine de désirs et d'attraits l'Église entoure la litière où paraît l'Époux dans sa gloire » (p. 316). — « Avant l'Incarnation, la seconde personne de l'auguste Trinité paraît ouvertement dans les Écritures sous le nom de *Sagesse* et à titre d'Épouse, jusqu'à ce que, son union avec l'homme étant accomplie au degré le plus élevé qu'elle dût atteindre dans le Christ Jésus, elle s'efface pour ainsi dire devant l'Époux, et semble perdre jusqu'à son nom » (p. 343). — « Cette divine Sagesse (devenue l'Époux) facilement se laisse voir à ceux qui l'aiment et trouver par ceux qui la cherchent : elle prévient ceux qui la désirent et se découvre à eux la première. Celui qui veille pour elle dès le matin sera vite en repos, car elle-même s'en va cherchant ceux qui sont dignes d'elle, se montre à eux dans le chemin pleine de grâce et vient en toute sollicitude à leur rencontre » (p. 348). — « C'est par le sacrifice et dans le sang que doit se consommer cette alliance de justice et d'amour » (p. 360). — « S'il se donne à elle tout entier dans le mystère d'amour, l'état d'immolation où il se présente l'avertit qu'elle doit moins songer à jouir de sa douce présence, qu'à parfaire et continuer son œuvre en s'immolant avec lui. Sous l'autel, son lit nuptial, la femme forte a placé les martyrs ; elle sait que la Passion du Christ appelle un complément dans ses membres. Née sur la Croix de son côté ouvert, elle l'a épousé dans la mort ; et cette première étreinte qui, dès sa naissance, mit dans ses bras le corps sanglant de son époux a fait passer dans l'âme de la nouvelle *Ève* l'ivresse du dévouement et d'amour au sein de laquelle l'Adam céleste s'endormit au calvaire » (p. 418). — L'heure du Sacrifice est celle où l'épouse, cueillant son Bien-Aimé sur l'Arbre de la Croix, comme un bouquet de myrrhe, le place en son sein, où, dans les délices du cellier royal, se fond en sa bouche la grappe d'Engaddi préparée sous le pressoir de l'amour... L'Époux, lui-même, descend en son jardin pour y manger ses fruits, moissonner sa myrrhe avec ses aromates, et boire le vin dont les délices enivrantes l'ont attiré du Ciel en terre, ce Vin qui est la substance même de l'Épouse liquéfiée par l'amour... Que l'épouse, à son tour, descende au jardin... ; qu'enfin, s'enfermant avec l'Époux dans la maison de sa mère, la Sainte Église, elle y reçoive au sacrifice les leçons de l'amour, et, nouvelle Esther, abreuve à son tour le nouvel Assuérus de ce vin généreux dans la chaleur duquel le roi lui livre sa puissance, octroie toutes ses demandes et perd ses ennemis » (p. 449-450). — « Ivresse terrible du Dieu fort, dont les retours soudains font trembler l'enfer ! Vin mélangé, breuvage exquis, dont la composition est le secret de l'Église. C'est pour cela que l'Épouse, voulant servir au Bien-Aimé le vin qui réjouit son âme et le pain qui conforte son cœur, le saisit et l'entraîne à la maison de sa mère et l'enferme avec lui dans l'appartement le plus retiré, dans la chambre même où elle vint au monde. C'est, en effet, dans ce sanctuaire d'amour que Rébecca..., l'Église..., au sacrifice, dirigeant le Prêtre et unifiant les peuples, prépare au Seigneur le mets qu'elle sait lui plaire » (p. 450-451). — « Dis à la Sagesse : « Tu es ma sœur » ; appelle-la ton amie, choisis-la pour épouse. Ses voies sont belles et pures, elle sera ta joie dans ses chastes amours » (p. 467). — Et voilà comment tout se résume dans cette phrase que nous avons citée : « L'Époux n'est venu qu'une fois pour mourir ; chaque jour, il descend des cieux pour féconder son épouse dans l'acte du sacrifice quotidien [1]».

Telle est la prétendue doctrine théologique que dom Fromage infuse à ses lecteurs. Quand il s'adresse aux moines, il déchire sous leurs yeux le dernier voile déjà bien transparent sous lequel s'abrite cette mystérieuse fécondation; il le fera, puisque, dit-il, « la vérité est là », et la vérité doit être comprise sans réserves dans les cloîtres de saint Benoît :

« A l'autel, le prêtre pose des actes humains ; ce sont ses lèvres humaines qui prononcent les paroles de la consécration ; il dépose ces paroles comme un germe dans la *vulve* de la sagesse incarnée, le Christ, qui se les assimile, et elles produisent Dieu... Remarquez, mes Pères, quel est le rôle de cette divine Sagesse dans l'*action*, qui est l'acte consommant le sacrifice : « C'est la passivité la plus complète, c'est donc bien elle qui est l'Épouse, et, comme je l'ai dit, c'est le prêtre qui est l'Époux, comme Jésus-Christ l'est dans les noces de la Vierge. »

Il n'est pas nécessaire d'insister beaucoup pour faire remarquer ce qu'un tel langage a de pénible et de révoltant; dans l'*Année liturgique*, l'auteur développe la même théorie que celle qu'il servait au milieu de la famille bénédictine, mais « si l'autel se transforme en lit nuptial », si « le prêtre se prépare à ses fonctions d'époux » pendant que l'épouse se réveille pleine de désir et d'attraits, du moins la brutale, l'inconvenante et fausse explication des paroles de la consécration se voile sous cette phrase : « L'Épouse saisit et entraîne son Époux et s'enferme avec lui dans l'appartement le plus retiré, l'autel, le lit nuptial, et, dans ce Sanctuaire d'amour, elle enivre son Bien-Aimé de sa propre substance liquéfiée par l'amour ».

Jamais je n'aurais triomphé de mes répugnances à

1. Le tome I du *Temps après la Pentecôte* fut le premier volume de la collaboration de dom Fromage et de l'Abbesse (1875-1878). La clientèle de *L'Année liturgique* parut surprise et, dans les volumes suivants, les auteurs montrèrent plus de circonspection.

écrire de telles choses s'il n'était pas indispensable de signaler le péril et la fausseté de cet enseignement de dom Fromage. Le rouge monte à la figure et l'on a honte de reproduire de telles phrases. L'auteur a-t-il pour excuse de faire usage d'une allégorie inconvenante et grossière dans ses termes, mais qui n'est qu'une allégorie? Non, car il nous déclare ouvertement qu'il s'agit de la pure et véritable doctrine théologique du sacrifice quotidien. « La vérité est là, et, si elle doit être comprise, c'est parmi vous, mes Pères, dans les cloîtres de saint Benoît[1]. »

Ajoutons enfin que Madame l'Abbesse de Sainte-Cécile a revu et corrigé ces pages de concert avec l'auteur, et que tous deux en portent la responsabilité.

Cette plume hardie devait aussi se complaire dans la description de l'allaitement dont la sainte Eucharistie est la source :

« Le Verbe se donne à l'Église, elle aussi vierge et mère; pure comme une Vierge, aimante comme une mère, appelant ses enfants, elle les allaite de ce lait sacré qui est l'Enfant Dieu; elle n'a point d'autre lait que ce bel enfant de notre race, le corps du Christ abreuvant du Verbe ses tendres rejetons. Courons aux mamelles bénies qui donnent avec l'oubli des maux le Verbe de Dieu. Le sein de la mère est tout pour l'enfant, sa vie, sa joie, son univers... Avec quelle ardeur prend-il de ses lèvres la source des biens! Le lait des mères n'est pourtant qu'un symbole de celui que j'exalte; il passe avec les premiers mois du nouveau-né; le mien demeure en sa source féconde, il forme l'homme parfait » (p. 439-440). — «... Puis donc que c'est du lait qu'il te faut, et que pourtant ce mets des cieux est le seul qui puisse te nourrir, il passera par la chair pour arriver à tes lèvres. Car l'aliment ne devient lait qu'en passant par la chair. Ainsi fait la mère. Ce que mange la mère est cela même qu'absorbe l'enfant; mais, l'enfant n'étant pas assez fort pour se

____

1. L'un des auditeurs de cette conférence *De Sacerdote Sponso*, après avoir écrit l'explication des paroles sacramentelles, jeta sa plume sur la table, et dit à demi-voix « Je ne comprends rien à toutes ces saletés-là ». (Dom Sauton.)

nourrir directement de pain lui-même, la mère incarne le pain, qui, par elle, en douce liqueur, passe à son fils... Il ne reçoit que ce qu'il eût pris à table, mais ce qui passe par la chair convient à l'enfant » (p. 442).

Rien de plus vrai, assurément ; aussi notre critique ne porte-t-elle que sur la complaisance avec laquelle l'auteur scrute le mystère du lait chez la mère. Autant il était facile et à propos de rappeler que le lait fut une des figures de l'Eucharistie, autant il est superflu de s'attarder à la production du lait. Ici encore, dom Fromage est un fidèle disciple de Madame l'Abbesse, « sa douce Maman ». Les allégories et le symbolisme se transforment en dogmes, au détriment de la vérité et de la prudence. Nous avons vu, en effet, les tristes conséquences que Madame a su tirer de ces nouveaux principes, tant pour sa fécondité virginale que pour l'allaitement du Sauveur lui-même et pour celui des moines.

Avant de fermer cette parenthèse sur « la fête du Saint-Sacrement », cueillons quelques passages du même auteur dans lesquels se reflètent d'étranges élucubrations frisant l'incohérence :

« Mais voici qu'apparaît, vrai pain des cieux, celui dans la chair duquel il est loisible de retrouver le Verbe oublié... Foin desséché, ta chair reverdira sous le sang du Sauveur, pareille sera-t-elle à l'herbe sacrée du pré virginal, couché pour toi dans la crèche...

« Oiseau du désert, hibou gémissant au sein de la nuit dans ta masure en ruines, ton isolement faisait le jouet des puissances ennemies. Mais le Seigneur, Dieu rédempteur, a brisé les fers des captifs. Peuples et rois, rassemblés en Sion, publient son nom dans l'unité. C'est leur réponse à sa victoire, réponse de force et de grandeur » (p. 446-447).

Dans une retraite préparatoire à l'ordination, il nous expose la thèse de saint Denys sur la hiérarchie ecclésiastique, puis il nous dit en propres termes :

« Quand le sous-diacre lit l'Épître, que fait-il ? Mes Pères, il engendre le Verbe. Et vous comprenez alors la gravité de sa fonction, puisque, par chacune de ses paroles qu'il prononce, il engendre le Verbe.

« Aussi, avec quel soin devez-vous préparer cette lecture, car la moindre faute dans cette lecture, si elle était due à la négligence, serait un crime. Sans doute, je ne veux point effrayer les consciences timorées, mais enfin il faut dire la vérité. Qu'arrive-t-il donc quand le sous-diacre prononce mal les paroles de l'Épître ? Eh bien ! mes Pères, je vais vous le dire : *Au lieu d'engendrer le Verbe, il ne fait qu'un avorton !* »

Il est temps de quitter ce terrain pour combler une lacune involontaire. Madame l'Abbesse a fait publier et imprimer à Sainte-Cécile, en 1886, pour les moniales et pour les amis intimes, un traité *De l'Oraison*. Comment expliquer, dira-t-on peut-être après l'avoir lu, qu'elle ait su décrire avec tant de charmes et de suavité toute mystique les phases diverses de la vie spirituelle et les mystérieux degrés de la vie unitive ?

Dom Logerot répondra que Madame écrivait sous la dictée des Anges, comme autrefois il nous disait que Madame, en biloquant, avait tiré Pie IX d'un mauvais pas... Les études qui précèdent nous ont suffisamment édifiés sur la valeur qu'il convient d'accorder à ces déclarations, et ce traité *De l'Oraison*, loin de combattre mes conclusions, ne fait que les confirmer.

Madame s'inspire des auteurs mystiques. Sa fidèle mémoire lui permet de tirer profit de tous les matériaux dont elle use à profusion. Aussi, en général, se tient-elle en harmonie avec la doctrine théologique. De temps en temps seulement certains mots accusent des tendances à de fausses théories ; mais quelques corrections suffiraient pour y porter remède.

Telle se montre Madame, lorsqu'elle fournit un pur travail de son intelligence sur les éléments que lui présente sa mémoire heureuse et qu'agrémentent d'un tour séduisant et nouveau les ressources de sa vive imagination.

En regard de ce traité didactique, si nous ouvrons ses « comptes rendus de conscience » dans lesquels elle expose *son oraison dans son activité*, quelle surprise d'y lire tous les rêves d'une imagination sensuelle et délirante !

Aucun point de contact entre Madame écrivant le traité *De l'Oraison* et Madame décrivant la série des faveurs dont la comble la vie unitive. Il y a là deux personnes qui n'ont rien de commun ; l'une est l'écho assez fidèle de la véritable doctrine théologique, l'autre ne reproduit que les élucubrations d'une tête malade. La lecture de cette double série de documents suffit à démontrer cette conclusion.

Disons, en passant, que ce traité *De l'Oraison* n'a développé que davantage encore le prestige de Madame, et je pourrais citer certains prêtres qui, parlant de cet ouvrage, déclaraient : « C'est autrement fort que sainte Thérèse ! » Pouvait-on dire moins de Madame, quand on avait ajouté foi à cette phrase qu'elle prononçait à la mort du cardinal Pie : « Voilà trois des quatre colonnes de l'Église qui ne sont plus : dom Guéranger, le cardinal Pie et Pie IX. Dieu ne peut pourtant pas laisser porter tout sur moi. » La seule colonne qui restait debout n'était point Léon XIII, mais bien Madame l'Abbesse de Sainte-Cécile, et moines céciliens et moniales de redire avec non moins d'émotion que de conviction : « Madame l'Abbesse porte et soutient tout l'édifice de l'Église. »

En résumé, dans un premier article, les principes de la théologie nous ont démontré qu'on ne saurait accorder une origine divine aux visions et aux révélations de Madame l'Abbesse ; dans l'article second, les mêmes prin-

cipes ne nous ont point permis d'admettre ses prétentions
à la vie unitive, tant par l'examen des caractères intrinsèques que par celui des effets : d'une part, la vérité faisait
place à des erreurs doctrinales ; d'autre part, le tableau des
résultats se trouvait en contradiction absolue avec celui
que l'on réclame en théologie comme criterium indispensable, d'où il résulte que cette mystique n'a point d'origine divine. Il nous suffit de savoir que Dieu n'est point
là. Que ce soit illusion inconsciente ou tromperie volontaire, que la part respective du démon et celle d'un organisme malade demeurent indécises, il importe peu en ce
moment ; mais, nous le répétons, cette mystique n'est
point divine et Dieu n'est point là.

Sommes-nous en face d'un organisme malade troublé
dans ses fonctions physiologiques et psychiques? C'est ce
que nous nous proposons d'étudier dans la troisième
partie de ce Mémoire.

TROISIÈME PARTIE

La troisième partie du mémoire est de nature délicate et irritante ;
malgré son intérêt, je ne la publie pas. Si je suis correctement
informé, dom Sauton s'était aussi parfaitement rendu compte qu'elle
ne pouvait être imprimée, du moins avant fort longtemps.

QUATRIÈME PARTIE

Le nouvel abbé de Solesmes, le R^{me} dom Paul Delatte,
fut béni le 8 décembre 1890, en l'église de Sainte-Cécile.

Les moniales remerciaient Dieu d'avoir permis à Madame
l'Abbesse de triompher dans l'élection de son candidat.
« Un jour viendra », avait-elle dit, « où l'administration
de Saint-Pierre sera sérieuse ; alors j'achèverai la fondation que dom Guéranger n'a pu terminer. » Ce jour s'était
levé ; Madame, certaine de retrouver, dans son fils spirituel
le R^{me} Père dom Delatte, un instrument aussi souple que
fidèle, allait donner à la Congrégation un nouvel essor, et
la tirer du bourbier dans lequel dom Couturier l'avait
laissée tomber. L'on se mit donc à l'œuvre.

Un premier obstacle se dressait devant elle : la disper-
sion des moines dans le bourg de Solesmes. N'était-il pas
urgent de rentrer dans l'abbaye depuis longtemps déserte ?
Cette rentrée ouvrirait l'ère de la restauration projetée,
en rendrait l'accomplissement plus facile et jetterait un
certain lustre sur celui qui l'aurait obtenue.

Deux mois s'étaient à peine écoulés depuis la bénédiction
du 8 décembre, que dom Delatte entamait les négociations.

Le 23 février (1891) fut le jour fixé pour la première entrevue avec M. Legludic, député radical et franc-maçon de Sablé, ennemi notoire des moines de Solesmes. Après un long entretien, tous deux sortirent du presbytère de Sablé, que l'on avait choisi pour lieu de rendez-vous ; chacun avait la figure irradiée, et bientôt toute la ville apprenait avec stupéfaction que dom Delatte négociait notre retour à l'abbaye auprès du député qui nous en avait chassés.

Pendant ce temps, le R^{me} en conférait avec Madame l'Abbesse et lui donnait les détails qu'elle attendait. Dès le soir même, les moines connurent cette tentative de leur Abbé, et celui-ci, surpris autant que désolé d'avoir été découvert, disait à l'un de ses intimes : « Je ne croyais pas qu'on le saurait ».

Une autre entrevue dans les mêmes conditions se prépara pour le 12 mars ; mais, cette fois, voulant mieux déjouer la surveillance dont il était l'objet, il ne monta en voiture qu'à Sainte-Cécile et s'y fit ramener, après n'avoir fourni au cocher, comme indication, que l'église paroissiale de Sablé, d'où il avait gagné à pied le presbytère.

Pourquoi tout ce mystère dont il enveloppait ses démarches ?

C'était pour échapper au blâme de ses moines. La conduite odieuse de M. Legludic à notre égard et le mépris général qu'il s'était attiré des gens de bien, dans toute la contrée, nous interdisaient à jamais, semblait-il, de solliciter de lui une faveur. — « C'est très bien de rentrer », disait alors dom Legeay, « mais pas par cette porte-là. » — Solesmes voyait sombrer la noblesse et la fermeté que dom Couturier, de regrettée mémoire, avait su conserver à l'abri de toute atteinte jusqu'à son dernier soupir. L'expulsion, tout en nous dispersant, nous donnait la légitime fierté du devoir accompli, dans une résistance demeurée célèbre. Aujourd'hui la rentrée dans notre chère abbaye faisait pressentir à tous une capitulation. Les commentaires allaient leur train. L'impression laissée dans le public était pénible, et l'on ne comprenait pas que le nouvel Abbé eût attendu si peu de temps pour donner un démenti à la vaillante conduite de son prédécesseur.

Il fallait, à tout prix, calmer l'émotion générale ; les frères et amis dirent que dom Delatte, sans aucune initiative de sa part, n'avait fait que répondre aux avances de M. Legludic. Malheureusement, le député franc-maçon soutenait le contraire. On fut donc contraint à changer de tactique et l'on redit sur un ton confidentiel : « Que voulez-vous, c'est sur le conseil de l'évêque du Mans que le R^{me} a tenté cette démarche ». Les moines de Wisques iront plus loin et déclareront à dom Lenain que cette rencontre avait été fortuite ; tant il est vrai que l'on semblait s'inspirer de la formule : « Tout mauvais cas est niable ».

Le R^{me} s'était trop avancé pour reculer ; il ne lui restait plus qu'un misérable espoir, celui du pardon dans le succès, et tout fut mis en jeu pour obtenir ce dernier. Nouvelle application de la théorie du succès !

M. Legludic, de son côté, parlait ouvertement de ce que taisait avec soin l'abbé de Solesmes. « Il est facile, disait-il, de s'entendre avec le nouvel Abbé, on obtient de lui ce qu'on veut ; ce n'est pas comme avec l'ancien. »

Dom Delatte fit toutes les concessions que réclamait le gouvernement ; aussi MM. Carnot et Constans déclarèrent que nous pourrions sous peu rentrer dans notre abbaye. La date du 10 ou du 24 août, en raison des vacances du Corps législatif, fut même prononcée, et l'on disait couramment que bientôt les Bénédictins verraient le terme de leur régime d'expulsés.

Il ne manquait plus, pour conclure cette série de négociations, qu'une demande officielle que le préfet du Mans[1]
devait transmettre au ministre au nom du supérieur des
moines de Solesmes. Quelle ne fut pas la stupéfaction du
préfet, en recevant cette pièce de dom Delatte, de constater que le début et la fin étaient contradictoires. « Mais, que
veut-il, l'abbé de Solesmes ? Qu'il s'explique clairement ;
il se contredit lui-même dans sa lettre. » Un ami du préfet,
M. C., conseiller municipal du Mans[2], vint solliciter une
autre rédaction. L'Abbé, surpris et mécontent, prit la
plume et, séance tenante, libella une demande en tête de
laquelle il parlait de ses « droits » à la rentrée. Inutile
d'ajouter que cette épître était condamnée à ne jamais
sortir des cartons de la Préfecture. « Qu'est-ce donc que
cet abbé ? » dit alors le préfet, « il souscrit à tout dans des
entrevues privées, et, quand il s'agit d'une pièce officielle,
il change de langage, d'attitude et se redresse.... Qu'on lui
réponde qu'il ne peut songer à rentrer. »

Telle fut la sentence. Que faire, se demandait l'Abbé de
Solesmes, sinon tenter un dernier effort ? L'on se remit en
campagne Quant à M. Legludic, il s'y prêtait volontiers,
car, dans toute cette affaire, au fond, il y avait tout simplement une manœuvre électorale. Aucune personne sen-
sée n'était dupe. Le député de Sablé préparait, auprès des
conservateurs naïfs, sa prochaine candidature au Sénat.

On reprit donc le cours des négociations, mais le Gouvernement se montra moins facile ; il tint la dragée haute
et réclama au préalable les « Constitutions de l'Ordre ».
La chose devenait grave : livrer les Constitutions, c'était
capituler officiellement, et la honte en eût été d'autant plus

1. Ch. Lutaud, mort en octobre 1921.
2. Voyez, à l'Appendice, p. 287, ma note complémentaire au Mémoire.

grande que notre résistance avait été belle à l'époque fameuse de la « Déclaration ».

Pour se tirer de ce mauvais pas, dom Delatte adressa la Règle de saint Benoît au ministre, qui répondit après l'avoir lue : « Ce n'est point là ce que je demande ; la règle de saint Benoît est une espèce de code moral.... Ce que je réclame, ce sont les Constitutions qui règlent les rapports des Bénédictins avec Rome. » J'ignore ce que fit le R^{me}.

Quant au préfet, durant cette reprise des négociations, il ne se fit pas faute de témoigner à dom Delatte le peu de cas qu'il faisait de lui. A plusieurs reprises, divers groupes de femmes s'introduisirent dans notre abbaye, sans aucun respect pour la clôture, et, lorsqu'on voulut s'en plaindre auprès des gendarmes, ceux-ci répondirent que toutes ces femmes avaient une permission écrite et signée de la main du préfet. Ce n'était que trop vrai.

Jamais pareille injure ne nous avait atteints depuis le jour des expulsions[1]. Les moines, on le comprend, s'émurent d'une telle violation de la clôture monastique et portèrent leurs plaintes à l'Abbé, le suppliant de protester sans retard. « Laissez-moi ce souci », dit-il à l'un, « c'est à moi seul qu'il appartient de juger. » — « C'est vrai », dit-il à l'autre, qu'il voyait très monté : « vos réflexions sont légitimes, je vais voir ce qu'il sera à propos de faire. » Et, comme on en parlait un jour en pleine récréation : « Que voulez-vous, répondit-il, en poussant un soupir, il n'y a rien à faire avec des gens qui abusent de la force ».

Un autre moine, dom R[2] ..., lui écrivit qu'il s'agissait ici

---

1. Assertion inexacte. Dom Couturier avait déjà protesté contre pareil fait de la part du sous-préfet. Cf. mon *Dom Couturier*, et, dans l'*Univers* du 24 mai 1882, une lettre de protestation de dom Couturier Dom Sauton fait d'ailleurs allusion à ce fait ci-dessous, p. 247, lignes 5-7.

2. Dom Renaud.

d'une injure atteignant tous les moines, et que tous les moines avaient le droit et le devoir de la relever ; que l'Abbé avait juré de défendre les immunités ecclésiastiques et que le moment de les défendre était venu…. Il terminait enfin par ces mots : « Il ne sera pas dit que M. Legludic et le préfet du Mans se sont moqués de l'abbé de Solesmes, et qu'ils l'ont réduit à capituler ».

Dom Delatte s'était coupé bras et jambes. Que pouvait-il faire ? Il comprenait fort bien que ses négociations pendantes avec le ministère lui interdisaient toute espèce de protestation. Peut-être aussi comprenait-il le sanglant affront qui lui venait du préfet. Il continua donc à garder le silence.

Peu de temps après, l'ami du préfet dont nous avons parlé revint à Solesmes, porteur d'un pli officieux. On dictait à l'Abbé la lettre qu'il devait écrire et signer de sa propre main. Cette fois, il recula devant une telle humiliation. Les vertes remontrances de dom R… produisaient leur effet. Il répondit : « J'en ai assez, M. Legludic et le préfet se moquent de moi ; je n'en suis pas dupe ; aussi suis-je décidé à ne plus rien écrire. M. Legludic m'a donné la promesse de me faire rentrer, j'attends qu'il la remplisse. »

« Je vous approuve, reprit le délégué du Mans, et vous avez raison de croire que l'on vous joue. » Puis il ajouta à l'un de ses amis : « L'Abbé de Solesmes voulait rentrer, je me suis mis à sa disposition pour traiter avec le préfet ; mais qu'il s'arrange désormais. Il m'a mis dans une singulière position. On n'agit pas ainsi ; quant à moi, je ne veux plus m'en mêler. » Et l'on disait dans les bureaux de la préfecture et du ministère à Paris : « Figurez-vous qu'on a dû envoyer un guide-âne à l'Abbé de Solesmes ! »

Jamais campagne ne fut plus malheureuse ; nous avions tout perdu, même l'honneur.

Jadis, dom Couturier tenait bien haut notre drapeau, en face d'une violente et brutale persécution. Jadis, il fulminait l'excommunication contre le sous-préfet de La Flèche et ses satellites qui violaient la clôture monastique. Jadis, il priait Dieu de pardonner aux auteurs de tels attentats, mais il aurait cru faillir à l'honneur en mettant sa main dans celle de M. Legludic[1], et voici que quelques mois à peine ont suffi pour effacer cette page d'histoire et ravir à notre couronne l'un de ses plus beaux fleurons. Du fond de sa tombe, où il repose, dom Couturier ne doit-il pas protester et nous dire : « Il est des gloires qu'il faudrait respecter ».

Cette ruine morale portait dans ses flancs une ruine matérielle, ainsi que nous allons le voir.

Un moine de Solesmes, dans l'un de ses voyages, rencontra dernièrement le mouleur officiel des monuments publics.

— Vous êtes de Solesmes ?

— Oui, je suis de Solesmes.

— Eh bien ! j'irai sous peu vous voir, car j'ai en poche l'ordre de mouler les Saints de Solesmes, au printemps prochain.

Le moine, aussitôt de retour, s'empressa d'en informer le R^me dom Delatte et reçut cette réponse : « Parfaitement, Père, vous ne m'apprenez rien ; il y a quelque temps déjà le Gouvernement m'a demandé cette autorisation et je la

---

1. M. Legludic disait à un de ses amis : « Je n'ai consenti à négocier avec l'Abbé de Solesmes la rentrée des moines que parce que je savais bien qu'elle échouerait ». (Note de dom Sauton.) — Cette note ne contredit-elle pas ce qu'il a écrit auparavant (p. 244), que M. Legludic voulait, en faisant rentrer les moines, préparer sa prochaine candidature au Sénat ?

lui ai accordée ». M. Legludic n'avait-il pas raison de dire
qu'on obtenait du nouvel Abbé tout ce que l'on désirait?
En présence de tels agissements, on se demande si le R^me
a réellement conscience de ce qu'il fait. Ces statues ne
sont, en effet, nullement la propriété de l'Abbé. Elles appar-
tiennent à la Congrégation de Solesmes. Il ne pouvait donc
en disposer sans avoir, au préalable, interrogé le convent;
nos constitutions lui en faisaient un devoir rigoureux.
J'ajoute que le convent aurait été à peu près unanime à
repousser la demande du Gouvernement, car nos statues
une fois moulées et transportées au Trocadéro perdaient
ipso facto une valeur que l'on estime à plus de 200 000 francs.
Et voilà comment, pour favoriser de lamentables négociations avec le Ministère, négociations qui, d'ailleurs, ne
devaient aboutir qu'à un pénible avortement, le R^me dom
Delatte nous a dépossédés, en partie et à notre insu, du
magnifique chef-d'œuvre connu sous le nom de « Saints
de Solesmes[1] ».

Puisque nous touchons aux côtés matériels de la famille
monastique, nous pourrons mentionner d'autres opérations financières auxquelles s'est livré dom Delatte depuis
un an, sans tenir aucun compte des constitutions, qui
l'obligeaient à consulter tout le convent. C'est ainsi qu'il
a déjà pratiqué dans notre capital une brèche qui s'évalue
à 30 000 francs. Aussi répétons-nous qu'à la ruine morale
s'ajoute la ruine matérielle ; les moines, fidèles aux tradi-

---

1. Cette page contient plusieurs inexactitudes :
Le fait de mouler les saints de Solesmes ne pouvait leur enlever
aucune valeur. Plus on les connaîtra, plus ils vaudront, plus ils seront
estimés. Est-ce que les plâtres de la Vénus de Milo ont jamais déprécié
l'original ?
L'estimation des statues à 200 000 fr. est fantaisiste, elle ne repose
sur rien.
Les statues de l'église abbatiale de Solesmes, classées comme monuments historiques, ne sont point la propriété de la congrégation. Elles
font partie du patrimoine artistique de la France.

tions, en gémissent profondément et se demandent avec angoisse : Où nous allons ?

Mais reprenons notre récit. Les quelques lignes suivantes nous permettront de constater un profond changement dans l'attitude de ceux qui jadis nous entouraient de sympathies et se faisaient nos bienfaiteurs.

Aux funérailles de dom Couturier, l'évêque du Mans, Mgr Labouré, témoigna publiquement de son affectueuse vénération pour cet humble et saint moine dont il pleurait avec nous la perte. Tout faisait pressentir des relations cordiales entre ce prince de l'Église et le nouvel Abbé de Solesmes, car celui-ci retrouvait dans l'évêque un ancien ami et un compatriote[1].

Bientôt le ciel s'assombrit, et l'on disait à mots couverts que des difficultés avaient surgi entre Mgr Labouré et dom Delatte au sujet de Sainte-Cécile. D'autres prétendaient que l'évêque se plaignait de ce que l'on avait mêlé son nom *aux affaires Legludic*. Quoi qu'il en fût du motif, on ne saurait nier le fait d'un notable refroidissement dans les relations réciproques : c'est ainsi que Mgr Labouré, venant à la fin du mois de mai (1891) donner la confirmation à de jeunes oblates de Sainte-Cécile, se montra maussade à l'égard de l'Abbesse, et ne fit pas plus attention à dom Delatte que s'il n'avait point existé. Le 10 septembre suivant devait avoir lieu la consécration de l'église de Notre-Dame du Chêne, à proximité de Solesmes. L'évêque invita dom Delatte et dom Bastide à consacrer chacun un autel. « L'abbé de Solesmes, disait-il avec une pointe d'ironie, sera content que je lui donne un autel à consacrer. » A la fin du dîner qui suivit la cérémonie du matin, l'évêque porta un toast et remercia chaleureusement chacun des

1. Mgr Labouré était originaire du diocèse d'Arras et dom Delatte, de celui de Cambrai.

dignitaires qu'il avait à sa table, et ne dit pas un mot de dom Delatte qui se trouvait sous ses yeux. Celui-ci, vexé, prit son chapeau, quitta le cortège et s'en revint brusquement à Solesmes. Cinq jours après, durant la récréation que présidait dom Cabrol, la conversation s'engagea sur le fait que nous venons de rapporter. Les moines étaient furieux d'un tel affront. Dom Cabrol dit alors que la *Semaine religieuse* publiait le toast de Mgr Labouré et que, cette fois, le R^me n'était pas oublié[1]. « Tant mieux », ajouta-t-il, « car, après tout, c'est à ce document officiel que puisera l'histoire.

— Cela prouverait donc, dit le P. Oliviéri, que l'évêque a voulu réparer un oubli, et que cet oubli était involontaire?

— Comment ! un oubli ? Mais il passait en revue tous les dignitaires qu'il avait à sa table, et, lorsque arriva le tour du Père Abbé, qu'il avait sous les yeux, il passa aux suivants.

— Alors vous croyez que ce silence était voulu?

— Certainement, et chacun l'a bien remarqué.

— Et voilà un bonhomme (*sic*) qui se met en frais et se montre gracieux à l'égard du Père Abbé toutes les fois qu'une occasion se présente et...

— Comment, mon cher, vous en êtes encore là, sur le compte de l'évêque du Mans... Alors, je comprends votre surprise... Non, tout est bien changé. »

Et, brusquement, il s'arrêta pour ne point trop en dire.

---

1. Dans la *Semaine du Fidèle* du Mans (t. **XXIX**, p. **994**, n° du 12 sept. 1891), Mgr Labouré remercie l'archevêque de Tours, les évêques de Nantes, de Luçon et de Laval, ainsi que le Révérendissime Abbé de Solesmes, dont l'abbaye rappelle une des plus pures gloires du diocèse, enfin les laïques de distinction. On ne voit pas qu'il ait pensé à dom Bastide, ancien abbé de Ligugé, au représentant de l'évêque d'Angers, non plus qu'aux prélats romains présents : Sauvé, de Couëtus et de Bonfils, futur évêque du Mans.

Du moins, si l'autorité diocésaine et l'autorité administrative nous tournent le dos, trouverons-nous l'intimité et la bonté paternelle chez dom Delatte à l'égard des autres abbés ou prieurs dont il est le supérieur général?

Écoutons plutôt le R^{me}, peu de temps après sa bénédiction abbatiale, faire ses confidences à divers moines de Solesmes : « Je vais à Marseille pour la visite canonique ; priez bien pour moi, car ce voyage est plein de gravité ; peut-être serai-je obligé de déposer l'Abbé de Marseille ».

Singulière confidence, en effet ; disposition plus singulière encore à l'endroit du plus ancien abbé de la Congrégation ! Cette mesure extrême ne fut point prise ; mais chacun sait que dom Delatte ne cesse de poursuivre le R^{me} dom Gauthey de mille vexations, et qu'il voudrait lui faire tomber la crosse des mains.

Quant au R^{me} Abbé de Ligugé, dom Delatte le redoute et le traite par l'isolement et le silence. L'on se venge du nouvel essor que prend son monastère en disant, en haussant les épaules, que nous lui envoyons nos épaves et nos restes.

Le Prieur de Silos, dom Guépin, en face de l'attitude de dom Delatte, se vit obligé de lui offrir sa démission.

Le Prieur de Saint-Maur, dom Chamard, nous quittait dernièrement en pleurant sur Solesmes.

Seule, la petite colonie de Wisques se voit comblée de faveurs de dom Delatte ; c'est la récompense du zèle avec lequel elle se met au service de l'essaim sorti de Sainte-Cécile.

Pour compléter le tableau du régime (*ad extra*), disons que les vieilles et nobles familles du pays et des environs se plaignent hautement des procédés de dom Delatte à leur égard, et ces anciens bienfaiteurs s'éloignent de plus en plus de notre monastère. Sans doute, ils auraient pardonné des impolitesses, et fermé les yeux sur ce qu'on appelle un « manque d'éducation ». Mais notre vie en plein air leur permettait d'assister au bouleversement qu'entraîna l'élection du Père Abbé. Ils virent de près les manœuvres de l'Abbesse, assistèrent à son triomphe et, loin de la suivre dans une voie qu'ils jugeaient à la fois pleine de périls et condamnable, ils prirent une attitude de sage réserve. Madame ne put leur pardonner cette neutralité et dom Delatte épousa les vengeances ; tel est le secret des procédés de l'Abbé, en même temps que le secret de l'abandon général qui nous frappe. « Solesmes, dit-on, ne saurait prospérer. Les moines sont désormais sous la tutelle de l'Abbesse. Il n'en faut pas davantage pour les plonger bientôt dans le ridicule et dans l'impuissance. » Et là-dessus, on nous tourne le dos, pour pleurer sur la ruine de l'œuvre de dom Guéranger. C'est là aussi le secret des pénibles relations entre dom Delatte et les deux autres Abbés de Marseille et de Ligugé, et des représailles dont ils auraient le droit de se plaindre. Tous gémissent et se désolent à la vue de la ruine qui nous menace.

Il nous faut maintenant sonder la plaie jusque dans ses profondeurs. L'étude du régime (*ad intra*) nous dévoilera le progrès du mal dans sa navrante réalité.

Qu'on nous permette de jeter d'abord un rapide coup d'œil sur la physionomie que présente le Solesmes actuel, considéré en tant que vie de famille. Personne n'ignore, en effet, que le propre de notre vie monastique, c'est de revêtir la forme de famille ; aussi dom Guéranger et dom Couturier s'efforçaient-ils de nous donner ce cachet, en l'imprimant profondément dans notre esprit. Qu'est-il advenu aujourd'hui ?

Nous avons vu comment Madame l'Abbesse sapait la base

de la famille bénédictine en éloignant les moines de leur
Abbé dom Couturier, pendant qu'elle les divisait entre eux.
A l'heure présente, nous récoltons ce qu'elle a semé : des
coteries, des partis nombreux au sein desquels l'on se
nourrit de médisances, de calomnies, de compétitions, de
jalousies. Chacun dénigre son voisin, les moindres paroles
sont travesties d'une façon malveillante, et l'on arrive
ainsi à se monter les uns contre les autres. De ces discussions à la violence, à la colère et à l'injure, il n'y a qu'un
pas, et plusieurs l'ont franchi. *Corruptio optimi pessima.*
Je n'en citerai que deux faits à l'appui. Ils suffiront à
donner la note.

A la fin de janvier de cette année, dom Bouré disait en
pleine récréation : « Quand, dans une société, il y en a *deux*
qui gênent, il n'y a qu'un moyen : les tuer moralement et
même physiquement ». Dom Delatte, très embarrassé, en
voyant l'un de ses favoris livrer le pot aux roses, riposta
doucement :

— Allons, Père Bouré, vous êtes un peu radical.

— Mon R^{me} Père, je le répète, il n'y a que ce moyen ; on
tue bien les révolutionnaires pour sauver la société, et
c'est justice.

— Allons, allons, vous êtes un peu radical... mais vous
êtes Breton, n'est-ce pas ?...

Or, les deux qu'il faudrait tuer moralement et même
physiquement sont deux moines de Solesmes[1], tous deux
prêtres, et dont le crime consiste à s'être retirés de Sainte-
Cécile, et dom Delatte se contente de dire que le remède
proposé est un peu radical.

Le même grief va se retrouver sur les lèvres du Père
Oliviéri.

— Mon R. P., lui dis-je, il m'est impossible de ne pas

____
1. Dom de La Tremblaye et dom Sauton.

constater votre hostilité à mon endroit, vous avez fait chorus avec ceux qui m'ont prêté, durant l'élection, un rôle que je n'ai pas joué. Je vous le pardonne, tout cela est oublié et je vous demande en retour d'établir entre nous des liens réciproques de bonne courtoisie et de bonne confraternité.

— Mon Révérend, répondit-il, sur un ton glacial, et l'œil en feu, je sais ce que vous avez osé dire à Madame l'Abbesse que j'aime beaucoup. Pour moi tout est là. Vous allez vous rétracter, sinon les choses resteront ce qu'elles sont.

Je lui fis remarquer qu'il ne devait pas entrer sur ce terrain qui m'était personnel, tant que je ne l'y introduirais pas moi-même. Comme il insistait avec âpreté, je lui déclarai que je croyais avoir mis beaucoup de charité dans mes relations avec Madame l'Abbesse.

— Ah! c'est évident, et votre tête carrée ne saurait en démordre.

— Encore une fois, mon cher Père, il n'est pas question de Madame l'Abbesse, mais de deux moines de Saint-Pierre, et je vous renouvelle ma demande.

— Rétractez-vous ce que vous avez dit à Madame ?

— Mon cher Père, je n'ai rien à rétracter, et la question n'est point là.

— En ce cas, c'est très bien ; nos relations resteront ce qu'elles sont. — Et, me jetant un regard de colère et de mépris, il me tourna le dos.

On devine aisément comment, dans ces conditions, la vie de famille est impossible. Aussi dom Legeay disait-il : « Décidément, il n'y a qu'un moyen de vivre en paix ici, c'est de vivre chez soi, comme un ours ». Un moine de passage au milieu de nous me disait dernièrement : « C'est étonnant, tout le monde ici est divisé ; à peine trouve-t-on deux ou trois moines qui puissent s'entendre ». Au fond, quelle est l'origine de ces dissentiments ? Il est facile de la découvrir. Elle se montre avec évidence, c'est l'intimité de dom Delatte avec Madame l'Abbesse, et les moines se divisent en autant de groupes qu'il y a de degrés entre les réfractaires à l'action de Madame et ceux qui lui sont fanatiquement dévoués.

Ceux-ci forment ce qu'on appelle à Solesmes « la Camarilla de dom Delatte ». Elle a pour chefs principaux le Père Oliviéri, dom Bouré et le Père Flinois. C'est elle qui fait l'opinion, et le R^{me} en est la victime. Elle bat en brèche et met en suspicion ceux qui refusent de s'enrôler sous sa bannière. La plupart des anciens sont tenus à l'écart ou tournés en ridicule. Ainsi tel moine « est une vieille baderne » ; celui-là un « affreux sectaire »[1] ; ici, c'est une tête détraquée ; là, c'est le « diable en personne ». Vient-on à dire un jour devant le Père Flinois que dom Pothier est une gloire de la congrégation : « Allons donc ! », reprend ce jeune moine, en haussant les épaules de pitié. Le même disait d'un jeune postulant de Saint-Brieuc, fort estimé dans son diocèse et regardé comme un brillant sujet, mais qui avait le tort de ne pas lui plaire et qui dut partir pour Ligugé : « Nous ne voulons pas de ces fripouilles-là ». Et les jeunes moines qui tiennent de tels propos sur leurs confrères sont les « bébés » de Madame et, par conséquent, les favoris du R^{me}. Quant à dom Cabrol, notre Prieur, quoi qu'il pût lui en coûter, il a dû emboîter le pas. Aujourd'hui, il fait entièrement cause commune avec eux.

Après avoir considéré la famille dans ses fils, il faut, pour en compléter le tableau, l'examiner dans la personne de son chef.

---

1. Le mot avait été dit de dom Sauton lui-même.

D' après la pensée de saint Benoît, l'abbé a pour caractéristique la note paternelle ; il est le père de ses moines. Avec quel soin ne doit-il pas les grouper autour de lui, leur prodiguant secours et conseils, encourageant les forts, soutenant les faibles, consolant les affligés, enveloppant de sa tendresse ceux qu'éprouve la maladie, se faisant tout à tous, le Bon Pasteur au milieu de ses brebis.

Que voyons-nous à Solesmes? Le R^me déclare solennellement qu'il nous porte tous également dans son cœur, alors que sa conduite, son attitude, ses procédés sont en contradiction avec ces verbales assurances. Tel moine est toujours accueilli, s'il frappe à la porte de dom Delatte; tel autre aussi frappe, mais en vain. Son pas ou le son de sa voix l'ont annoncé : cela suffit pour condamner la porte. Inutile de redire quels sont les privilégiés et les importuns. Quant aux récréations qui permettent au Père Abbé de réunir ses enfants à côté de lui, très souvent dom Cabrol seul les préside. Où est donc dom Delatte ? Chez lui, avec quelques intimes, pour causer à l'aise et s'en donner à cœur joie ; ou bien il prend la pince et la pioche et s'en va remuer les terres de la Poulie ; ou bien encore il monte à Sainte-Cécile pour y continuer les causeries du matin. Vient-il à la récréation, s'il ne peut courir sur les chemins, il s'arme d'un livre, il coupe un ouvrage tout en devisant, comme quelqu'un qui s'ennuie.

Du moins, dira-t-on, la note paternelle s'éveillera en face des épreuves et de la maladie. Oui, si ces moines sont au nombre des « céciliens »; il les visitera assidûment et rien ne leur sera refusé. Quant aux autres, ils seront mis de côté, et souvent même l'Abbé ne répondra point à leur appel.

Dom Poissonneau est, depuis quinze jours environ, atteint d'influenza ; dom Delatte en est informé et, quoique la cellule de ce malade soit à dix pas de la sienne, il ne l'a pas encore visité. Je pourrais en citer d'autres.

Chose incroyable! il en est, tels que dom Piolin et dom Renaud, que le R^me abandonne durant plusieurs mois, malgré leurs plaintes et leurs réclamations ; si bien que dom Piolin chargea quelqu'un de lui dire qu'il manquait gravement à une obligation de sa charge abbatiale. La note paternelle, qu'il ne peut fournir que sous la forme d'une sensiblerie féminine à l'égard des favoris, fait place pour tous les autres moines à un régime d'autocrate. S'il ne sait pas compatir, il sait commander, comme on commande un régiment. « Le nouvel abbé de Solesmes », disait un jour à l'un de ses amis un illustre évêque, Mgr Freppel, « m'a tout l'air d'un colonel; c'est l'effet qu'il m'a produit.

— Oui, Mgr. Il me rappelle le colonel X...

— Parfaitement; un colonel mal élevé. »

Comme tous les hommes qui se laissent guider par les côtés sensibles, dom Delatte est aussi mobile qu'autocrate : de même que la moindre émotion le fait éclater de rire, ou l'inonde de larmes, ainsi la mobilité et la véhémence de ses impressions renversent des décisions qui semblaient définitivement prises. Nous glanerons quelques faits à l'appui. Le Père Jacques Chaumet, nature aussi droite qu'honnête, était scandalisé de la conduite et des paroles de plusieurs moines de la « Camarilla » ; il dit un jour à Dom Delatte : « Si j'avais pu prévoir que la famille de Solesmes serait ce que je vois maintenant, j'avoue que je n'aurais pas fait ici profession ; j'aurais frappé à la porte d'un autre monastère ». Ce jeune moine, sans s'en douter, signait sa propre condamnation ; le R^me, peu après, l'envoyait d'office à Saint-Maur, en compagnie de dom Logerot.

Mais ce départ causait un certain désarroi dans l'imprimerie de Solesmes, il lui enlevait le comptable et l'expéditeur avant qu'un autre fût dressé et mis au courant. Les imprimeurs portèrent donc leurs doléances au R^{me} et celui-ci leur répondit : « Ce que fait votre Abbé est toujours bien fait et fait pour le mieux ; telle doit être toujours votre pensée ; il ne peut en être autrement, puisque je tiens la place du Christ ; d'ailleurs, si je vous prive d'un élément, c'est pour vous en donner un meilleur ». Disons en passant que le successeur annoncé et désigné, dom Delpech, ne séjourna que peu de temps à l'imprimerie. On dut le déposer ; il était incapable de s'acquitter de sa nouvelle fonction.

Au mois d'avril dernier (1891), je crus devoir parler à dom Delatte d'un projet élaboré depuis plusieurs années, avec l'assentiment de dom Couturier. Avant même d'avoir écouté les motifs graves sur lesquels je l'appuyais, il me répondit brusquement qu'il n'y souscrirait jamais, et, comme je le priais de réfléchir encore, ajoutant que, le lendemain, je lui en reparlerais :

— Père, c'est inutile, quand j'ai jugé une affaire, pour moi, elle est jugée, et, si vous revenez m'en parler, je vous fermerai la porte.

— Cependant, mon R^{me}, je croyais qu'un moine avait toujours la permission de s'expliquer auprès de son Abbé ?

— Non, Père, et si vous m'en parlez encore, je vous fermerai ma porte, ou bien je ne vous écouterai pas.

Peu de temps après, dom Delatte, changeant d'avis, me donna une signature qu'il m'avait affirmé ne m'accorder jamais.

Un autre jour, je lui mettais respectueusement sous les yeux deux paragraphes du Règlement que dom Guéranger nous avait laissé, par écrit, pour l'éducation du moine, et j'invoquai la tradition contenue dans ces lignes.

— Père, je ne reconnais à personne le droit de me parler des traditions. La tradition, c'est moi.

Aussi, est-ce en vertu de ce faux aphorisme : « La tradition, c'est moi », qu'il refuse à ses moines le droit d'ouvrir les yeux sur la voie dans laquelle il veut nous entraîner à sa suite. « Celui », nous disait-il un jour en conférence, « qui examine la conduite de l'Abbé, celui-là se rend coupable de naturalisme. » Il s'ensuivrait que la sainte Église nous fait tomber dans le naturalisme lorsqu'elle nous a imposé, chaque année, une visite canonique qui oblige les moines à signaler aux visiteurs les lacunes, les erreurs, ou les abus du gouvernement.

On le voit, dom Delatte prétend ne relever que de lui-même, et, comme lui-même est très mobile, son autocratie l'est à son tour. Dans ces conditions, on comprend qu'il redoute cette visite annuelle qui lui est imposée par nos Constitutions. La Camarilla s'en fait imprudemment l'écho : « Le Père Abbé redoute la visite ; aussi ne fera-t-il rien pour la provoquer ». Et voilà comment les visiteurs n'ont point osé s'imposer et se sont abstenus cette année.

A cet absolutisme, disons-nous, se joint une grande mobilité d'humeur qu'engendrent des impressions aussi vives qu'éphémères. De là ce caractère fantasque que beaucoup de moines lui reprochent et qui se traduit dans toutes ses habitudes : rien de plus capricieux que ses repas ; il change de régime à chaque instant. Pour ses conférences spirituelles, il en trace un jour le plan, s'y astreint durant une courte période, et bientôt tout est changé.

Au cours de théologie, il nous enseigne que l'intelligence est la plus importante de nos facultés, que c'est elle, et non la volonté, « qui fait un homme » ; et, dans la conférence du soir, pour les besoins de sa thèse, il reléguera au second rang l'intelligence, et la volonté régnera en souveraine. Un jour, il nous dit que saint Benoît, dans sa règle, dès le début, s'adresse « au cœur du moine » : *Ausculta, o fili, praecepta magistri et inclina aurem cordis tui* ; un peu plus tard, il avouera que, dans cette même règle, il ne semble pas que notre Patriarche fasse mention du cœur ; que, toutefois, si l'on y regarde de très près, on découvrira cependant cet élément.

Les mêmes contradictions se heurtent dans la pratique journalière de sa vie. Ainsi dom Noël lui demande la permission de faire telle démarche, le R^{me} l'accorde formellement et, quelques jours après : « Vous dites, Père Noël, que vous m'avez demandé cette permission ? Mais pas du tout, vous ne m'en avez jamais parlé[1] ».

De telles aventures se sont reproduites plusieurs fois. Dom Delatte parle à dom Poissonneau d'une voiture à acheter et il ajoute : « N'en parlez pas au Père Cellérier, car je ne lui en ai pas dit un mot ». En sortant, le Père Poissonneau rencontre le Père Cellérier qui lui expose tout au long l'histoire de la voiture ; après l'avoir entendu, il lui dit :

« Mais qui donc vous en a parlé ?

— Qui ? mais le Père Abbé. »

Le 22 décembre 1890, le R^{me} m'interdisait l'exercice de la médecine en dehors des moines ; je lui demandai s'il faisait exception en faveur des serviteurs et des employés, et si je pourrais les soigner.

« Non, Père, personne, sinon les moines. » Or, peu de temps après, notre domestique tombe malade. On m'appelle et je réponds que dom Delatte ne m'autorise point à porter mes soins au dehors. Le Père Cellérier se rend chez le Père Abbé, lui raconte le fait et reçoit cette réponse :

1. Dom Delatte relégua plus tard dom Noël à l'abbaye de Saint-Maur.

« Mais jamais je ne l'ai défendu au Père Sauton. » Même aventure au sujet d'un malade de Poitiers, et d'autres personnes que j'informais de la mesure prise par le R^{me}. Celui-ci déclara que ce que j'écrivais était une fausseté... On se rappelle que, dans la lettre qu'il écrivait au préfet du Mans, il se contredisait lui-même, ce qui faisait dire au préfet : « Mais que veut-il ? Qu'il s'explique, car le commencement et la fin de sa demande sont en contradiction. »

Quant au moine qui remarque ces contradictions, l'Abbé l'accuse de tomber dans le « naturalisme ». Cette autocratie partiale et mobile s'accompagne d'une note paradoxale; elle se dégagera des quelques emprunts suivants, que je vais faire à ses conférences spirituelles.

Le 22 novembre 1890, après nous avoir dit que le martyre de sainte Cécile se révèle à nous sous l'aspect de l'apostolat, témoin le catéchisme qu'elle enseigne à saint Tiburce, le R^{me} poursuit en ces termes :

« Je vais faire une hypothèse, un rêve, car il est bien permis de rêver en famille. Ce rêve, sans doute, est irréalisable, ce n'est qu'un rêve.

« Toutefois, les rêves inspirés par la charité sont souvent réalisés par Dieu, et cette réalisation dépasse souvent et de beaucoup tout ce que le rêve aurait pu entrevoir. Supposons donc que nous nous aimions bien ; supposons que toutes les familles religieuses soient unies par un même lien, celui de la charité ; restreignons même ce rêve à la seule famille bénédictine : quelle puissance d'apostolat ! Sans doute, un seul homme ne semble pas pouvoir concentrer en lui seul assez de sainteté pour déplacer l'axe du monde et le remettre de telle sorte que la société soit convertie ; mais qu'une communauté ne soit composée que de saints, n'y aurait-il pas de quoi transformer le monde, et, du moins, n'aura-t-on pas travaillé dans une large mesure à la réalisation de ce rêve, qui n'est qu'un rêve ? »

Le 29 décembre 1890, il nous tint cet autre langage :

« La création doit rendre gloire à Dieu, c'est son but, et c'est d ans la vie monastique que ce but est le mieux atteint. Le monde juge autrement. Il se place au point de vue utilitaire ; il faut, suivant lui, rendre service, être utile. Nous, moines, nous ne devons pas juger ainsi. Notre but n'est pas d'être utiles, comme le veut le monde, mais de rendre gloire à Dieu Et, d'ailleurs, cette théorie du monde est fausse, car elle conduit à la négation de Dieu. En effet, Dieu ne saurait être un moyen, il est la fin, à l'inverse des œuvres, qui ne sont qu'un moyen. Ceux qui veulent faire des moyens la fin transforment Dieu en moyen, ce qui est sa négation, puisqu'il ne peut être que la fin. Donc, il faut contempler, et qu'importe le reste ? C'est le grain d'encens qui brûle ; sans doute, il sera détruit par cela même qu'il brûle, mais il est fait pour brûler et pour être détruit. Et, quelle que soit la souffrance, elle n'est rien, elle doit n'être rien, en face de cette réalité incomparable qui doit suffire : la gloire de Dieu, et le moine tiendra pour rien la souffrance, *quia Redemptor meus vivit.* »

Écoutons encore, le 22 octobre 1891 :

« La règle doit préciser les conseils, car ceux-ci, pris dans leur totalité, offrent des directions divergentes qui les rendent incompatibles. Les conseils précisés se rapportent à trois chefs : chasteté, obéissance et pauvreté. La chasteté n'a point trait à l'interdiction des voluptés de la chair, ni des actes contre nature, car la loi morale suffit à les interdire. Mais c'est le renoncement aux joies d'une famille. Quelqu'un affligé de femme et d'enfants ne saurait aimer Dieu parfaitement. Il arrivera un moment où il faudra choisir entre Dieu et sa femme, et souvent le triomphe sera en faveur de la femme.

Le cœur est tiraillé ; on a même dit qu'un philosophe ne saurait être philosophe et créer une famille. Je ne cherche pas en ce moment ce qu'il pourrait y avoir peut-être d'un peu exagéré dans cette affirmation, mais, s'il y a une certaine incompatibilité entre la philosophie et la famille, à plus forte raison la trouve-t-on lorsqu'il s'agit de cette haute philosophie : la vie monastique.

Donc pas de famille à créer ; en outre, suppression de la famille qu'on a quittée. Enfin, rupture, sinon dans des cas exceptionnels, en vue d'un grand bien spirituel à procurer. C'est pourquoi ceux qui s'occupent encore de leurs familles manquent à l'esprit de chasteté[1]. »

Nous connaissons maintenant l'aspect général que nous

1. Voir Appendice A, p. 281.

offre Solesmes aujourd'hui, dans la personne des moines et dans celle de l'Abbé. Les traditions monastiques disparaissent, pour ne laisser que des éléments de discorde et de ruine. Est-ce tout ? Non. Il nous faut pénétrer plus avant, et assister au bouleversement complet de l'essence même de la vie monastique.

Dom Guéranger, dans son *Règlement du Noviciat*, nous a légué la formule authentique des éléments qui font le moine de Solesmes ; c'est la source à laquelle nous avons dû et devrons toujours puiser les principes d'après lesquels la famille bénédictine a été restaurée. Il nous suffira donc de prendre ce document officiel pour contrôler l'enseignement de dom Delatte.

D'après dom Guéranger, l'essence de la vie monastique se compose des éléments suivants :

1º La séparation d'avec le monde par la retraite et par l'habit.
2º La célébration journalière et solennelle du service divin.
3º Le travail de l'esprit et le travail du corps.
4º La mortification.
5º La vie de famille.
6º Les œuvres de zèle à l'égard du prochain, si l'obéissance le permet ou le prescrit.

De ces six éléments, pas un seul n'a conservé, dans l'enseignement de notre nouvel Abbé, les caractères que attribue dom Guéranger ; mais il en est trois qui sont particulièrement transformés au point d'être rendus méconnaissables. Nous allons les passer rapidement en revue.

A. — Voici ce que nous dit dom Guéranger sur la séparation d'avec le monde :

« En consentant à vivre séparés de leurs parents, les moines se garderont bien de penser que, pour être parfaits religieux, ils doivent renoncer à l'affection qu'ils leur portent. Cette affection, au contraire, étant épurée par la divine charité, n'en deviendra que plus vive, plus tendre et plus fidèle. Ce qui est des parents doit s'entendre également des amis qu'ils ont laissés dans le monde, pourvu que ces liaisons soient honnêtes et vertueuses [1]. »

Que nous dit dom Delatte ?

« Nous avons quitté notre famille ; elle n'existe plus pour nous ; c'est une rupture, non pas violente et brutale, mais une véritable rupture, excepté dans des cas exceptionnels, en vue d'un grand bien spirituel à procurer, et ceux qui s'occupent encore de leur famille manquent à l'esprit de chasteté. »

Je pourrais rapporter les applications des nouvelles théories de dom Delatte sur les divers points que je signale ; mais il faut nous borner. Ces récits, passés sous silence, pourront être relatés aux visiteurs canoniques.

B. — Un autre élément consiste dans la vie de famille. Dom Guéranger recommande aux moines d'estimer à un haut degré cette vie de famille qu'ils sont appelés à mener et d'en nourrir l'esprit en eux-mêmes et dans les autres...

« Ils vivront dans une familiarité qui n'enlèvera rien aux égards mutuels qu'ils se doivent... Ils éviteront soigneusement toute parole ou tout geste qui pourrait nuire à leurs frères... Ils témoigneront par des effets sensibles la charité mutuelle qui les unit... Ils se tiendront en garde contre les antipathies que le démon pourrait faire naître, en même temps qu'ils se garderont de céder aux sympathies aveugles et purement naturelles qui les entraîneraient vers tel ou tel autre... Ils veilleront soigneusement à ce qu'il ne se forme jamais ni coterie, ni parti, car alors ce serait fait de l'esprit de famille qui doit les unir tous [2]. »

Dans l'étude que nous avons faite de la famille de Solesmes, tant dans son chef que dans les membres qui la composent, nous avons vu l'application des principes absolument opposés à ceux que réclame dom Guéranger. Il est inutile d'insister après la lecture de ces pages. Nous pourrions raconter des scènes de violence dans lesquelles dom Delatte injuria gravement certains de ses moines, et dans des termes tels qu'il se vit obligé de faire des excuses.

1. *Règlement du Noviciat*, édit. de 1885, page 11.
2. *Id.*, pages 33-35.

C. — Quant aux œuvres de zèle à l'égard du prochain, voici la ligne de conduite que dom Guéranger trace à ses moines :

« Leurs désirs, leurs intentions, leurs prières, leurs œuvres de pénitence et de religion seront donc présentés à Dieu dans un esprit de zèle et de charité envers le prochain ; et ce sentiment, fidèlement conservé en eux, les préservera de l'esprit d'isolement et d'indifférence que le monde a souvent reproché aux habitants des cloîtres.

Mais ils ne se borneront pas à ce sentiment secret et intérieur... Ils se prépareront aux œuvres de zèle que l'obéissance pourra leur confier, soit dans les emplois qu'elle leur imposerait au dedans du monastère, soit par les travaux qui auraient pour objet l'élucidation de la vérité dans des écrits destinés au public, soit par l'exercice du saint ministère, comme la prédication de la parole de Dieu et l'administration des sacrements, désirant que, par ces divèrs moyens, Notre-Seigneur soit glorifié et que les âmes soient sauvées et sanctifiées. Que si, dans ses diverses œuvres, il ne doit leur être confié qu'une part minime, ou si même l'obéissance ne les y doit pas consacrer, ils n'en auront pas moins l'intention et la résolution de s'employer au zèle des âmes par l'édification de leur vie, qui sera toujours d'un grand secours pour la société chrétienne...

Ils demanderont souvent à Dieu que la Congrégation se remplisse, pour sa divine gloire et son service, d'hommes puissants en œuvres et en paroles, à l'exemple de tant d'illustres saints de l'ordre monastique, qui se sont faits tout à tous et ont su servir l'Église et les âmes rachetées dans Jésus-Christ. Ces grands religieux étaient en même temps par toute leur vie la plus vive expression de l'esprit que notre grand patriarche a déposé dans sa Sainte Règle [1]. »

Dom Delatte déclare, au contraire, que nous devons uniquement contempler, et qu'importe le reste ? Nous pourrions, sans doute, rendre tel ou tel service à l'Église. Il semblera même que tel moine, par ses aptitudes et son éducation, soit préparé en vue d'une idée à combler dans les œuvres qu'inspire l'Esprit Saint ? Non, le seul

----

1. *Règlement du Noviciat*, pages 41-44.

but est de chercher la gloire de Dieu dans la contemplation, sous peine d'arriver à la négation de Dieu. Nous avons rapporté la singulière argumentation de dom Delatte à ce sujet (p. 262) et notre rôle se résume exclusivement dans celui du grain d'encens qui brûle et se détruit. Qu'importe tout le reste ?

Autrefois, dom Delatte entrevoyait la vie monastique sous un aspect différent ; il voulait créer à Solesmes, disait-il, « un courant intellectuel supérieur ». Nous serions une petite Académie de Savants, ce qui faisait dire à dom Couturier : « Dom Delatte veut la sanctification par la science, alors que saint Benoît la veut par la conversion des mœurs et l'obéissance ; s'il continue à entraîner Solesmes dans cette voie, vous ne serez bientôt plus des moines ».

Aujourd'hui, c'est changé. Dom Delatte « a été imbibé goutte à goutte » par Mme de Sainte-Cécile, ce qui l'a conduit à remplacer la science par la contemplation. Pour lui, nous sommes des contemplatifs et rien que des contemplatifs ; le moine s'exerce aux fonctions qui l'attendent dans l'éternité, d'où cette définition : « La vie monastique n'est autre chose que le noviciat de l'Éternité ».

Cette conception de la vie monastique est contraire aux traditions de dom Guéranger. Dom Couturier la condamnait énergiquement dans ces phrases qu'il dictait peu avant de mourir : « Moines, nous faisons deux vœux, la conversion des mœurs, qui est notre fin, et l'obéissance, qui est le moyen. Qu'on ne reçoive point parmi nous ceux qui viennent avec de plus hautes idées que de se convertir et de se convertir toujours jusqu'à leur union parfaite avec Notre-Seigneur. »

Dans leur simplicité, ces quelques mots donnent la vraie physionomie du moine et lui indiquent la source féconde à laquelle il ira puiser sa sainteté. Qu'y a-t-il d'étonnant que dom Delatte bouleverse la tradition et qu'il ignore les notions essentielles de la vie monastique, lorsqu'il n'a pas eu le loisir de les connaître, de les apprendre et de s'en pénétrer? Ne savons-nous pas qu'il quittait le noviciat avant d'en avoir subi toutes les épreuves et la formation; que, tout jeune profès, à l'instigation de Sainte-Cécile, il devenait Prieur, et qu'aussitôt promu à cette charge, loin de se mettre à l'école de son Abbé, dom Couturier, il s'en séparait pour marcher à la tête de la phalange dévouée à Madame? Nous savons enfin que cette même phalange lui dressait un trône abbatial où il allait bientôt monter. Où donc aurait-il puisé les notions monastiques? Lui-même, au retour de sa première visite canonique des autres monastères de la Congrégation, avouait naïvement que « ce voyage avait été pour lui une révélation, que jamais auparavant il n'avait été mis à même de voir la vie monastique régulière, et qu'il était heureux de s'en faire maintenant une idée en visitant Saint-Maur, Ligugé, Silos et Marseille ». Quant à la forme uniquement contemplative qu'il voudrait nous faire adopter, elle lui vient directement de Madame l'Abbesse, qui ne comprend pas autrement la vie monastique pour des prêtres que pour ses filles.

Il y a longtemps que l'on a dit : « Gardez vos règles, et vos règles vous garderont ». Nous aurions donc lieu de gémir à la vue d'un bouleversement si complet dans nos traditions et dans l'essence même de notre vie monastique, qui nous prépare inévitablement une période de décadence.

La véritable forme de la famille bénédictine que nous a léguée notre restaurateur dom Guéranger est détruite dans ses fondements. Elle ne survit que dans une forme hybride qui nous condamnera bientôt à la stérilité. Sans doute, en vertu de nos vœux, nous conserverons encore le titre de Religieux, mais, selon la parole de dom Couturier : « Nous ne serons même plus des moines ».

A cette cause de décadence s'en ajoute une autre dont la lecture de ce mémoire montrera l'importance. Ce n'est pas impunément que l'on méconnaît le plan de Dieu dans la hiérarchie qu'il a établie et, lorsque des moines revêtus du caractère sacerdotal se placent sous la direction spirituelle d'une femme, ils se lancent dans une voie pleine de périls, tout en se soustrayant aux lois de l'Église, et ne pourront aboutir qu'à l'impuissance. Ces périls seront, en outre, proportionnés au plus ou moins de garanties qu'offrira cette femme, et nous ne savons que trop maintenant que cette femme, à Solesmes, est une tête malade. Aussi n'est-ce qu'avec une profonde angoisse que nous envisageons l'avenir.

Mais pourquoi nous arrêter et ne pas mettre en pleine lumière le mal qui nous envahit depuis l'élection du R^{me} dom Delatte ? Avant de soigner une plaie, ne faut-il pas en découvrir les plis et les replis ? Notre devoir nous oblige à ne rien taire et à déclarer que dom Delatte nous inocule le poison de l'erreur.

Tous les maux précédents, en gardant leur gravité, nous laisseraient des lueurs d'espérance ; il suffirait, en effet, de secouer la tutelle de l'Abbesse et de revenir aux traditions de notre Ordre. Mais ce qui tarit la vie dans sa source et l'empoisonne, c'est l'erreur de la doctrine spirituelle. Cette fausse spiritualité nous vient de Sainte-Cécile, et le poison de l'erreur revêt d'autant plus de gravité que celui qui nous l'infuse dans les veines croit fermement et naïvement nous transmettre les germes de la vie qu'il puise en une sainte consommée.

La matière à laquelle nous touchons prêterait à de longs développements. On nous permettra toutefois d'être bref.

Dom Couturier résumait dans ces mots, peu de temps avant de mourir, tout son enseignement sur la vie monastique : « Moines, nous faisons des vœux, la conversion et l'obéissance comme moyen. Qu'on ne reçoive point parmi nous ceux qui viennent avec des plus hautes idées que de se convertir et de se convertir toujours jusqu'à leur union parfaite avec Notre-Seigneur. »

En d'autres termes, le moine doit se livrer au travail de l'ascèse durant toute sa vie ; l'union à Dieu en ce monde ne peut avoir lieu qu'autant que les obstacles qu'elle rencontre en l'homme ont été levés. Il faut donc de toute nécessité mettre à la base de tout la pratique fidèle des préceptes et des conseils.

Lorsque le moine, au prix de longs labeurs, aura franchi cette période que l'on appelle « la vie purgative », les nouvelles clartés qu'il recevra dans « la vie illuminative », tout en projetant une lumière plus vive sur les vérités que la foi nous enseigne, éclaireront aussi d'un jour nouveau des obstacles jusqu'alors inaperçus, et que l'ascèse devra détruire jusque dans leurs racines les plus profondes. S'il plaît enfin à Dieu d'introduire un jour cette âme épurée, assainie, dans « la vie unitive », il ne faudra point croire que la contemplation parfaite s'établira dans une telle permanence que l'on soit à l'abri de toute faute : cette contemplation n'est qu'un acte et non une habitude... Aussi l'âme, parvenue à ce haut degré d'union à Dieu, ne sortira-t-elle de ce ravissement de la contemplation que pour mieux apercevoir ses faiblesses, ses misères, ses défauts, ses lâchetés, et son néant. Toujours elle reviendra aux principes qui sont les fondements de la vie chrétienne; toujours elle sentira le besoin de devenir plus humble, plus oublieuse d'elle-même, plus charitable, plus généreuse dans l'accomplissement de son devoir. Toujours elle comprendra davantage que si Dieu, dans son amour et sa miséricorde, la comble de faveurs surnaturelles, du moins, de son côté, elle en est profondément indigne, et que, si la grâce ne la soutenait, elle tomberait dans l'abîme du péché. La pratique des préceptes et des conseils est d'autant plus nécessaire que l'âme se rapproche davantage de Dieu.

Quelle est la conséquence de cette doctrine théologique? C'est que tous les efforts devront se porter sur le terrain des préceptes d'abord, et, ensuite, sur celui des conseils; en un mot, la vie purgative devra toujours précéder les autres périodes de la vie mystique. D'où il résulte que l'enseignement officiel de l'Abbé rappellera au moine ses obligations, lui dira qu'il doit pratiquer les vertus fondamentales de la vie chrétienne, en le mettant en face du labeur qu'exige la conversion des mœurs qu'il a vouée.

Que fait dom Delatte? Il charme et grise son jeune auditoire par le mirage « d'une vie contemplative qui nous met de plain-pied avec l'Éternité, qui nous révèle les secrètes et mystérieuses émotions du bonheur du Ciel goûté ici-bas. Notre vie monastique n'est que le vestibule de la Jérusalem Céleste, le noviciat qui nous exerce aux fonctions de l'Éternité. Nous ferons dans la vision béatifique ce que nous faisons déjà sur la terre dans la contemplation. Aussi nulle souffrance ne saurait dès maintenant nous atteindre; elle a disparu au contact de ces réalités incomparables pour ne laisser place qu'à une joie douce, une paix sereine qui enveloppe et protège la blanche lumière de l'Éternité. C'est à ces hauteurs de la vie contemplative que nous devons demeurer sans cesse; le grain

d'encens brûlera ainsi et sera détruit devant la Majesté de
Dieu. »

Telle est la thèse favorite que développe le R^{me} et sur
laquelle il veut établir notre vie. Je ne recherche point en
ce moment jusqu'à quel point le moine réaliserait ce programme. Je laisse aussi de côté ce qu'il y a de creux et de
rêveur dans ces phrases sonores. Il serait enfin superflu de
faire remarquer combien nous sommes loin des principes
de la vie monastique. Mais un tel enseignement serait-il
même celui que réclame de son directeur une âme favorisée des dons les plus élevés de la contemplation ? Encore
une fois, ce directeur est un homme de Dieu, instruit par
sa propre expérience ou par celle d'autrui ; loin de griser
cette âme, il la ramènera sans cesse dans les sentiers de
l'humilité et du devoir. A ce titre seulement, tous deux se
mettront à l'abri de l'erreur et de l'illusion. Or, il n'est
pas question ici d'une âme plongée dans la vie unitive ;
dom Delatte s'adresse à tous les moines du convent, et
c'est à eux qu'il destine cet aliment frelaté. Aussi
qu'arrive-t-il ? L'imagination et la sensibilité s'exaltent,
l'on aspire à cette vague et sentimentale spiritualité ;
grâce à cette rupture d'équilibre, les illusions de l'organisme se transforment en fausses réalités, et l'on voit des
moines « vivre du pur amour » alors qu'ils foulent aux
pieds et ne mettent nullement en pratique les notions les
plus élémentaires de la vie chrétienne.

De là ce que nous avons vu dans notre étude sur la
physionomie actuelle de Solesmes, des prétentions à la
haute mystique en compagnie de la médisance, de la
colère, de la calomnie et de l'orgueil. Ce cortège suffirait
à lui seul pour démontrer jusqu'à l'évidence, en la jugeant
d'après ses fruits, que la spiritualité qui nous est infusée
est aussi dangereuse que de mauvais aloi. C'est pourquoi,

je le répète, là se trouve pour nous le plus grand péril:
l'erreur de la doctrine, et donner ce poison à des âmes
vouées à la vie contemplative, c'est les conduire à la ruine.
L'édifice ne repose sur aucune base solide. Vienne le
moindre coup de vent, tout sera détruit.

Mais, dira-t-on peut-être, dom Delatte épanche sur ses
moines le trop-plein qui s'échappe de son âme? Profonde
erreur. Si dom Delatte puisait sa mystique à la source
divine, plus que tout autre, en raison des lumières dont il
serait inondé, il ne distribuerait à ses moines que la
nourriture saine et substantielle des principes qui font la
base de la vraie spiritualité et qui doivent toujours
l'accompagner. Plus que tout autre, il comprendrait les
dangers qu'offrent les voies extraordinaires ; plus que
tout autre, il mettrait ses fils à l'abri de tous ces périls, et
les établirait solidement dans les sentiers obscurs et lumineux de la Foi.

Si l'oubli des traditions et le bouleversement des notions
essentielles de la vie monastique sont choses assurément
fort graves en elles-mêmes, et dans leurs conséquences,
du moins la forme seule, la caractéristique de la famille
bénédictine, disparaîtra, entraînant avec elle une grande
partie de sa vitalité. Mais ici, c'est la vie religieuse elle-
même que l'on convertit en rêveries sentimentales et mystiques. L'Ange trompeur s'insinuera peu à peu sur un
terrain qui lui est familier, dont il sait les ressources;
bientôt, se transformant lui-même en Ange de lumière, il
prendra les dehors d'une fausse humilité, et, continuant
son œuvre, s'il ne peut jeter ses âmes dans l'abîme, du
moins il les réduira désormais à l'impuissance et les plongera dans les extravagances de l'erreur et de l'illusion.

N'est-ce point là l'histoire de Madame l'Abbesse? Et
c'est l'histoire aussi de dom Delatte, « son fils spirituel »,

en attendant, hélas ! que ce soit aussi celle d'une grande partie de la Congrégation, de celle qui ferme les yeux en aveugle pour marcher à la suite de Sainte-Cécile de Solesmes[1].

Avant de clore cette étude, il n'est pas sans intérêt de considérer un instant où en sont aujourd'hui les relations des moines de Saint-Pierre avec l'abbaye de Sainte-Cécile.

On a vu de quelle manière Madame l'Abbesse s'était démasquée au moment où elle protestait de sa neutralité dans l'élection de dom Delatte. Des pensées plus salutaires, en apparence seulement, firent bientôt place à certaines précautions dont était dépourvu l'emportement de la veille. Pour jouir du triomphe, ne fallait-il pas se mettre à l'abri d'une dénonciation à Rome?

Quelques moines céciliens trahissaient les craintes de Madame : « Défiez-vous de tel et tel moine », disaient-ils à leurs confrères; « ce sont des esprits dangereux et capables d'écrire à Rome ». Le R^me, de temps en temps, disait sa messe dans l'église de la paroisse, et ses visites chez les Bénédictines s'abritaient sous le couvert de Directeur et de Supérieur de leur monastère. Les intimes furent seuls admis au parloir de Sainte-Cécile. Quant aux correspondances, on ne les remit qu'en mains sûres, de façon à tout nier le jour où se ferait une enquête canonique.

Dès que l'on crut passé le moment du danger, les visites reprirent leur ancienne allure. Un jour, dom Cabrol nous invita, en conférence, à ne point frapper à la porte du R^me durant la matinée, de 6 heures à 9 heures. Ce temps lui serait utile pour la préparation de ses causeries du soir à la conférence spirituelle. Or, que fait dom Delatte? Il monte bien vite à Sainte-Cécile; il y célèbre la messe à 6 heures et

1. Voir Appendice B, p. 283.

quart pendant que ces dames font oraison au chœur, et il y
reste jusqu'à 8 heures et demie.

Pour éviter toute surveillance, lorsque le moine chargé
de le suivre à l'autel n'est pas un cécilien, on tâche de
l'éconduire. En condamnant ainsi sa porte de 6 heures à
9 heures du matin, dom Delatte parvient mieux à dissimuler son absence.

Cette visite quotidienne du matin n'est souvent qu'un
acompte sur celles qui lui succéderont dans la journée.
Chacun sait qu'en dehors du temps consacré à la confession des Bénédictines, le R^me passe plusieurs heures par
jour à Sainte-Cécile. Il y prolonge parfois ses visites
durant les repas et les offices conventuels.

C'est là qu'il puise la doctrine qu'il nous transmet et
dont nous avons enregistré sommairement les lamentables
effets[1].

Une dernière question dont l'importance n'échappera
à personne, et que l'on a déjà dû se poser. Peut-on espérer
ouvrir les yeux de dom Delatte sur l'état de Madame l'Abbesse ? Peut-on espérer lui faire comprendre que la source
à laquelle il puise la vie, pour lui-même et pour les moines,
porte loin et distribue jusqu'au fond des âmes sacerdotales qui lui sont confiées le poison de l'erreur, d'une
mysticité sentimentale et scabreuse, et que de tels germes,
cachés sous des fleurs, n'engendrent que la désillusion
et la ruine ?

Les diverses tentatives essayées jusqu'alors n'ont amené
qu'un seul résultat. Le moine qui les a faites s'est vu mettre
à l'index, traiter d'esprit dangereux, de sectaire, et l'on a
dit enfin que le diable parlait par sa bouche. Quant aux
nouveaux essais que l'on voudrait tenter, ils rencontre-

1. Voir Appendice C, p. 284.

raient sur leur route les obstacles suivants chez le R^{me} dom Delatte :

1° La science du cœur humain lui fait absolument défaut. Jamais il n'a pu s'adapter aux hommes; chez lui tout est purement intellectuel, avec la note d'une sensiblerie féminine qui résulte des ébranlements et de la rupture d'équilibre de son système nerveux. Il ne comprend chez les autres que les échos qu'il y trouve de sa constitution personnelle; chacun sera taillé sur le même modèle, et toute sa physionomie doit ressembler à la sienne. Il vit dans le domaine de l'abstraction intellectuelle, et cache son ignorance des réalités concrètes sous son titre de Docteur en théologie, semblable à ces philosophes qui se jouent dans la métaphysique et font des thèses de psychologie, alors qu'ils n'ont aucune expérience pratique des hommes, et ne peuvent les juger ; semblable encore à ces médecins très érudits en matière médicale, et que l'on voit incapables de soigner un malade. Cette lacune est d'autant plus profonde chez dom Delatte qu'il n'en peut soupçonner l'existence et qu'il ne l'admettra jamais.

2° Un autre obstacle vient de ses bonnes intentions que nous croyons très sincères. Il a certainement le désir de donner un nouvel essor à la famille dont il est le chef, et de l'élever à un haut degré de sainteté. Dans son ignorance du cœur humain, on le voit s'efforcer de donner à l'édifice qu'il construit une façade uniforme et régulière. Il ne lui en faut pas davantage pour croire à sa solidité. Aussi n'accueillera-t-il jamais un point d'interrogation sur les résultats de sa bonne volonté au service de Madame l'Abbesse, seule héritière de l'esprit véritable de dom Guéranger.

3° Madame et ses filles lui ont inoculé le poison de la vanité; elles lui ont sans cesse répété que Dieu lui avait départi les talents les plus merveilleux. « Madame l'a imbibé goutte à goutte ». C'est le grand homme : « il a toutes les qualités de dom Guéranger, et n'en a point les défauts ». « Il a le don des larmes, le don de discernement des esprits, le don d'intelligence des Saintes Écritures, le don des miracles. » Il a « rejoint Madame sur les sommets de la vie unitive » ; « il parle au nom du Christ », etc. [1].

Il n'y avait plus qu'à proclamer dom Delatte « saint », et c'est ce que l'on fit : lors du fameux voyage de Madame l'Abbesse et du R^me dom Delatte en Angleterre, au mois de juillet dernier, voyage qui a donné lieu à bien des commentaires, Madame écrivait à Solesmes qu'elle était « heureuse de montrer un Saint aux Iles Britanniques ».

On lui a tant redit ces choses, qu'il a fini par en être persuadé. Comment pourrait-il s'entendre dire qu'il a fait fausse route ?

4° Le dernier et principal obstacle réside dans la fascination qu'exerce sur lui l'Abbesse [2]. Madame avait trouvé le défaut de la cuirasse. Nerveux, émotif à l'excès, dom Delatte avait tout ce qu'il faut dans ses lacunes et dans ses qualités pour se laisser prendre aux abstractions d'un monde sentimental et mystique, et captiver sous les charmes d'une intelligence à la fois brillante et superficielle ; et voilà comment l'Abbesse put, ainsi que nous l'avons raconté, le réduire à l'état de « bébé ». L'acte de foi était posé à la mission spéciale ainsi qu'à la sainteté consommée de celle qui fut sa mère et son guide spirituel.

1. Voir Appendice D, p. 285.

2. Dans son *Dom Guéranger, abbé de Solesmes*, dom Delatte affirme toujours que Madame avait été destinée par dom Guéranger à la direction des deux monastères de Solesmes. La phrase suivante ne peut laisser aucun doute à ce sujet. Parlant de la bénédiction de l'Abbesse, en 1871, il écrit : « On pouvait pressentir dès lors que ce n'était pas pour elle seule, ni même pour le seul monastère de Sainte-Cécile que ce nouveau Jérôme [dom Guéranger] préparait sa fille Eustochium. » (T. II, p. 390.)

Le 22 novembre de cette année, dans une réunion offi-cielle du convent au parloir de Sainte-Cécile, dom Delatte pria Madame, à l'occasion de sa fête, d'agréer tous ses vœux et ceux de ses moines qui se joignaient à lui. Puis il ajouta qu'en somme il n'avait rien à lui souhaiter : que pourrait-elle encore désirer ? Des témoins me rapportant la scène me disaient : « C'était navrant de voir avec quelle naïveté et quelle bonne foi le Père Abbé disait, dans son langage et dans son attitude : Madame, vous êtes consom-mée en sainteté, aussi je ne vois rien qu'on puisse encore vous souhaiter. »

Peut-on espérer, en face d'une conviction aussi profon-de, ouvrir les yeux dom Delatte sur le faux mirage dont il est victime ? Tout effort est demeuré et demeurera stérile.

Sans doute, dans sa naïveté, le nouvel Abbé prétendra ne relever que de Dieu et de son épée [1], et Madame répé-tera à qui voudra l'entendre :

« Oh ! certainement, c'est à lui seul qu'il appartient de commander. Ne tient-il pas, d'ailleurs, la place du Christ ? »

Trop heureuse, pour son compte, de se dire *Ancilla Domini*, elle est l'humble servante et lui le grand serviteur de l'adorable Maître. Quelle douce harmonie !.. et, pendant qu'il commande en lieutenant du Seigneur, elle règne en souveraine sous l'humble voile de l'épouse du Christ.

Jadis elle avouait que son « bonheur, si elle était restée dans le monde, eût été de rouler un homme ».

Ce n'est pas dans le monde, qu'elle a fui, mais sous les voûtes des cloîtres, qu'elle a goûté ce bonheur. Par ses côtés brillants, par sa mise en scène, par son habileté dans l'art de jouer un rôle, elle a réussi à tromper successive-ment dom Guéranger, le cardinal Pie, Mgr Marango, dom

1. Dom Delatte avait mis une épée dans ses armes, l'épée de saint Paul.

Couturier et dom Pitra ; ce n'est qu'à la fin de leur existence que ces deux derniers ont vu clair et se sont rendu compte de leurs illusions. Quant à dom Delatte, il est totalement fasciné, et l'œuvre entreprise depuis de longues années à Solesmes par Madame est, grâce à lui, entièrement consommée.

D'autres fondations, à l'instar de Saint-Pierre et de Sainte-Cécile, se préparent. Déjà le parc de Wisques, au diocèse d'Arras, voit s'élever le monastère des Bénédictines, venues de Sainte-Cécile, à côté des moines, qui leur servent de chapelains en attendant l'érection canonique en prieuré. De semblables monastères doubles sont projetés à Marseille dans la propriété de Saint-Barnabé, en Belgique, à côté de Maredsous, et en Allemagne. Le même péril se renouvellera autant de fois dans le voisinage des moines et des moniales, péril d'autant plus grand que ces moines et moniales porteront avec eux les germes de ruine qu'ils auront puisés chez Madame l'Abbesse de Sainte-Cécile.

En terminant ici notre tâche, nous empruntons à Paul Allard (*Histoire des persécutions*, première moitié du troisième siècle, p. 236) le passage qui suit ; il nous semble tracer de main de maître le tableau du « Nouveau Solesmes », si différent du Solesmes de dom Guéranger :

« Ce que prêchait la voix de l'illuminé Montan, c'était le renversement de l'œuvre patiemment élaborée depuis deux siècles ; c'était la substitution de l'individualisme à la hiérarchie, de l'illuminisme au bon sens, le gouvernement retiré aux chefs légitimes pour être remis aux femmes, aux exaltés, aux nerveux... Toute relation avec la société profane avait été rompue, et les saints des derniers jours étaient conviés à se retirer sur quelques points de la terre d'Asie où se bâtissait dans l'ombre la Jérusalem nouvelle, sous le regard des prophètes, des extatiques et des convulsionnaires. Ajoutons qu'au milieu de ces rêves, l'esprit pratique ne perdait point tous ses droits ; les chefs de la secte n'étaient pas seulement « des lyres que l'archet de l'Esprit faisait chanter », ils étaient encore d'excellents calculateurs... On comprend que les évêques se soient opposés de tout leur pouvoir au développement d'une erreur, séduisante comme tout ce qui s'adresse à l'imagination, contagieuse comme tout ce qui donne un ébranlement aux nerfs, et d'après laquelle ce n'était plus la sagesse humaine, conduite avec mesure par la grâce divine, mais les continuelles secousses de l'extase qui allaient gouverner le monde religieux . »

PARCE, DOMINE, PARCE POPULO TUO, ET NE DES HAEREDITATEM TUAM IN OPPROBRIUM !

Solesmes, décembre 1891.

J. SAUTON,
Prêtre, moine bénédictin
et docteur en médecine de la Faculté de Paris.

APPENDICES AU MÉMOIRE

DE DOM SAUTON [1]

APPENDICE A (page 262).

En janvier 1892 :

« Pourquoi l'air est-il plus pur, plus respirable à Solesmes ? C'est à cause de notre sainteté. Je ne sais si des miasmes se dégagent du vice : je le croirais volontiers, car les autres causes physiques ne suffisent pas à expliquer l'atmosphère lourde, écrasante que l'on respire à Paris, par exemple. S'il se dégage donc réellement des miasmes du vice, de la corruption, à plus forte raison la sainteté doit-elle purifier l'air et l'embaumer. Bien des personnes m'en ont fait la remarque : à Solesmes, l'air est plus pur, plus vif, plus respirable. L'on s'y sent mieux respirer et vivre, alors que notre climat, par lui-même très humide, ne soit pas favorable. A quoi cela tient-il donc ? Mon Dieu, c'est à notre sainteté. »

En février 1892 :

« Nous avons l'habitude de juger de la réalité des choses d'après nos perceptions des sens, et nous leur attribuons une réalité dans la mesure de nos perceptions ; c'est ainsi qu'un objet qui tombe sous nos sens a, pour nous, plus de réalité qu'une vérité abstraite. C'est une erreur qu'il faut corriger. Les êtres ont d'autant plus de réalité qu'ils s'élèvent davantage dans la série des êtres ; voyez les Anges, de purs esprits, et cependant leur réalité est plus haute, plus vraie que celle du monde terrestre. Voyez Dieu, l'Etre par excellence ; encore moins que les

---

1. Le texte du Mémoire conservé par dom Sauton est daté de décembre 1891 et suivi de quatre appendices qui semblent tous postérieurs de quelques mois à cette date, le premier résumant des conférences faites par dom Delatte en janvier-février 1892.

Comme dom Sauton n'expédia son mémoire au Saint-Office qu'au mois d'avril 1892, il a peut-être inséré ces appendices dans le texte expédié. Mais peut-être aussi ces appendices sont-ils simplement des notes particulières. Aucun document en ma possession ne permet de trancher sûrement la question. C'est pourquoi, respectant la forme même de la minute, je n'ai pas inséré les appendices dans le texte où est marqué le renvoi.

Anges, peut-il tomber sous les sens, et cependant il est la réalité par excellence. Aussi devons-nous, par une espèce de procédé de retournement, corriger cette erreur et reconnaître désormais, dans toute la pratique journalière de notre vie, que les choses surnaturelles, quoique soustraites au contrôle de la perception des sens, ont une réalité plus réelle que les choses de ce monde. »

(Nous verrons tirer de fausses conclusions de cette théorie sur le terrain spirituel et attribuer une réalité incontestable à tous les phénomènes prétendus mystiques.)

En février 1892 :

« Le silence est fécond ; il renferme en lui plus d'activité que le mouvement, le bruit, l'agitation. Voyez Dieu, le silence de Dieu ! Dieu est silencieux, la sainte Trinité est silencieuse, et cependant Dieu résume en Lui toute activité, en même temps qu'Il en est la source. Aussi plus nous nous rapprochons du silence de Dieu, plus nous opérons. »

Le R^{me}, dans cette conférence, comme dans toutes celles qui précèdent, n'est que le fidèle écho des théories que Madame lui a infusées et que je reconnais pour en avoir été nourri par elle-même autrefois. « Qu'importe, disait-elle, d'être ainsi comme perdue, submergée, quand on sait que c'est plus opérant que tout ? »

Dernièrement encore, en février 1892 :

« Notre Seigneur, nous dit l'Évangile, chassa deux fois les vendeurs du Temple. Quel fut le motif secret de la conduite du Seigneur ? Sans doute, l'Évangile nous donne certains détails sur ces deux circonstances ; mais il nous est permis de rechercher quelle fut l'intention du Seigneur. La voici : le Seigneur chassa les vendeurs du Temple, parce qu'ils troublaient, par leur tapage, ceux qui se livraient à la contemplation dans le saint lieu. Aussi voyez quelle importance le Seigneur attache à la contemplation ! »

APPENDICE B (page 273).

Nous avons, dans le cours de ce Mémoire, rencontré souvent l'erreur et l'illusion au service des prétentions mystiques. Nous ne voulons point rappeler les récits de la maternité virginale, de la maternité divine, de l'allaitement, etc. ; mais il est une note qui domine aujourd'hui et va s'accentuant de jour en jour, l'*orgueil*. Solesmes est marqué de ce sceau, c'est ce qui frappe et contriste les personnes sages et dévouées à notre œuvre. Dom Delatte proclame volontiers qu'en dehors de Solesmes la vie religieuse ne se rencontre que sous des formes amoindries ; qu'en dehors de Sainte-Cécile, on ne trouve que des réunions de petites bonnes femmes. Nous avons, en outre, le monopole de la vérité, de l'orthodoxie. Nous puisons la sainteté à sa vraie source, pendant que les autres religieux s'égarent dans mille petits sentiers. Le monde qui nous entoure est vulgaire, n'ayons aucune relation avec lui. Les vérités sont partout diminuées ; Solesmes seul les maintient dans leur pureté première. Aussi avec quelle désinvolture les moniales et les moines ne jugent-ils pas les évêques, les archevêques, les cardinaux, la Cour romaine. « Rome est en train de biaiser », disait dom X... « Tout semble aller à la dérive, Solesmes seul tient bon, et soyez tranquille. » Le moindre moine se permet d'exécuter les Princes de l'Église, de les juger, de les censurer. Le respect de l'autorité, de la hiérarchie a disparu, et, pour mon propre compte, j'ai été bien souvent scandalisé en entendant les propos tenus ici sur les évêques, sur les cardinaux et sur le Saint-Siège. Il m'est pénible de dévoiler de tels maux, au sein d'une famille à laquelle j'appartiens. Si je le fais, c'est pour accomplir le devoir qui m'est imposé[1].

1. Cet appendice prouve que dom Sauton connaissait peu l'histoire de sa Congrégation. Les défauts qu'il lui reproche, comme s'ils naissaient avec l'abbatiat de dom Delatte, caractérisaient le Solesmes de dom Guéranger. On y critiquait vertement Rome et l'épiscopat. On s'y moquait des « bonnes sœurs en plein vent » et des sociétés religieuses du xviiᵉ siècle, particulièrement des sulpiciens et des lazaristes. Pour comprendre cette liberté, il faut toujours se rappeler que dom Guéranger fut d'abord un disciple de Lamennais, puis un allié de Louis Veuillot ; ce n'était pas une école de respect.

Dom Couturier, profondément humble et formé par les sulpiciens, s'efforça de supprimer les expressions d'orgueil et la trop grande liberté de langage. Il ne les tolérait pas devant lui. Aussi dom Sauton ne les a-t-il guère connues avant l'abbatiat de son successeur. Ces imperfections avaient subsisté à Sainte-Cécile ; de là, après la mort du second abbé, elles reconquirent promptement Saint-Pierre.

APPENDICE C (page 274).

Veut-on la preuve que Madame jouit toujours des mêmes privilèges pour la direction des moines ? Il y a quelques semaines à peine, dom X... écrivait à une personne qu'il avait connue autrefois et que dom Guéranger estimait beaucoup. Il lui recommandait de beaucoup prier à ses intentions, parce que son âme souffrait beaucoup des épreuves qu'elle traversait. Le R^{me} refusa d'envoyer cette lettre et dit textuellement au moine : « On ne doit pas ainsi livrer son âme, ses affaires de conscience, à des femmes, je vous le défends. Mais je vous donne toute liberté de vous adresser à Madame l'Abbesse. Pour elle, c'est tout différent. »

Nous allons fréquemment chanter l'office conventuel à *deux chœurs* à Sainte-Cécile. Depuis un an, ces cérémonies des moines aux moniales, soit pour la messe, soit pour les vêpres, arrivent au chiffre d'une *centaine* environ. Il y a sur ce terrain, comme au sujet des messes privées à Sainte-Cécile, des abus qui seront signalés de vive voix au visiteur.

C'est pourquoi *il veut prendre possession des âmes*, mais il ne réussit pas toujours. Dernièrement un jeune homme se présenta avec quelque désir d'embrasser la vie religieuse ; dom Delatte l'entreprend, et, peu après, lui impose les mains sur la tête, avec toute la solennité d'une grande fonction, il lui dit : « Mon enfant, désormais votre âme ne vous appartient plus, j'en ai pris possession et vous devez rester à Solesmes ».

Que fit le jeune homme ? Il quitta bien vite Solesmes, et embrassa la vie monastique à Ligugé, voulant avant tout ne point se mettre sous la direction de dom Delatte.

Madame l'Abbesse use du même procédé et prend possession des âmes des moines revêtus du sacerdoce [1].

1. Dom Sauton écrivait à l'un de ses correspondants, le 10 septembre 1915 :

« A Solesmes, dom Delatte soutenait cette thèse :

« Le moine, par sa profession, ne s'appartient plus ; il appartient à son Abbé, le « représentant de Dieu ; l'Abbé seul a le droit de disposer de son moine et seul il en « est responsable : le moine ne doit plus avoir d'autre volonté que la volonté de son « Abbé, et la volonté de son Abbé n'est autre que la volonté de Dieu. »

« Dom Delatte ne se bornait pas à ce qu'il pourrait y avoir de banal et d'acceptable dans ces paroles, il en exigeait l'application absolue ; il prenait possession de la volonté de ses sujets, ou du moins en avait la prétention.

« Voici un fait, entre de nombreux autres : Un jeune homme de bonne famille, venant de faire son service dans les zouaves, M. d'Arbaumont, de Dijon, se rendit à Solesmes pour y faire une retraite avec des velléités de se faire bénédictin. Dom Delatte se chargea du retraitant, et, à la fin de cette retraite, il lui tint ce langage : « Dieu vous appelle à la vie monastique, il vous veut à Solesmes, mettez-vous à genoux ». D'Arbaumont se met à genoux, et dom Delatte, lui imposant les mains sur la tête, prononce ces paroles : « Mon cher enfant, au nom de Dieu, je vous bénis et je prends possession de votre âme ; désormais vous m'appartenez et je vous garde ». Le soir même, d'Arbaumont, sans crier gare, prenait le train à Sablé ; il arrivait ensuite à Ligugé, disant :

« La vie monastique me plaît ; je désire l'embrasser, mais mon âme m'appartient ; « voilà pourquoi j'ai fui Solesmes, dès que dom Delatte eut la prétention de me la « prendre, et je viens voir s'il en est de même à Ligugé. »

« Le P. d'Arbaumont est mort il y a quelque temps déjà. »

L'anecdote contée par dom Sauton n'a rien qui m'étonne, et je suis surpris qu'il n'en ait pas démêlé le fond. Si « dom Delatte se chargea du retraitant » et lui tin ce langage conquérant, c'est tout simplement que le nom du retraitant avait une particule. Dom Delatte et l'Abbesse étaient extrêmement portés pour ce petit mot : ils rêvaient un recrutement aristocratique de leur Ordre.

NOTE COMPLÉMENTAIRE AU MÉMOIRE

A la page 244, dom Sauton parle d'un « ami du préfet, M. C., conseiller municipal du Mans ». Il s'agit de M. Julien Chappée, propriétaire d'une importante usine, Mécène de l'érudition dans sa province, et qui ne fut d'ailleurs ni ami du préfet ni conseiller municipal.

En 1891, M. Julien Chappée fréquentait, au Mans, une salle d'escrime dirigée par un maître d'armes d'origine flamande, De Buysscher, qui, depuis, passa, dit-on, au service de l'Allemagne après avoir quitté (mal, dit-on toujours) l'armée française.

Dans cette salle d'armes se rencontraient aussi MM. Trentesaux, président du tribunal, Coudurier, rédacteur en chef du journal républicain, organe de la préfecture, *L'Avenir de la Sarthe*. (M. Coudurier quitta Le Mans vers la fin de 1891).

M. Chappée allait fréquemment à Solesmes voir deux de ses amis religieux, dom B. Heurtebise, et dom J.-B. Poissonneau, qui ne fit, en ce temps-là, qu'un court séjour à Solesmes. Le premier était cécilien, le second ne l'était pas.

Les relations amicales de M. J. Chappée avec Solesmes étaient connues au Mans.

Un jour, M. Coudurier lui demanda de se rendre à la préfecture. Le préfet, Lutaud, désirait le voir et s'entretenir avec lui de l'étude des moyens possibles pour faire rentrer dans l'abbaye les moines disséminés dans le bourg de Solesmes.

Bien qu'il connût le préfet, qui visitait quelquefois son usine, M. Chappée fut étonné. Il hésita. Il se fit répéter la convocation et, finalement, s'y rendit.

Les voilà face à face, dans le cabinet du préfet, à l'ancienne abbaye de la Couture.

Le préfet parla : Il fallait aller à Solesmes, voir dom Delatte l'abbé, et lui faire comprendre que le « *Gouvernement de la République* » (ceux qui ont connu Lutaud savent le ton sur lequel il prononçait à chaque minute « le Gouvernement de la République ») était disposé à étudier, d'accord avec les religieux, les moyens de les faire rentrer dans les bâtiments de l'abbaye.

Il précisait : Dom Delatte ne serait pas surpris, il connaissait les intentions bienveillantes du gouvernement et des ministres. Les choses iraient facilement. Dom Delatte aurait seulement à écrire une lettre au préfet, lui exposant ce qu'était son Ordre, son but, etc., et qu'il demandait à rentrer dans l'abbaye pour y habiter avec ses religieux.

M. J. Chappée part pour Solesmes et accomplit sa mission.

Dom Delatte écoute, distraitement, et répond qu'il fera la lettre demandée.

Quelques jours plus tard, M. J. Chappée est convoqué par le préfet. M. Lutaud a reçu la lettre de l'Abbé, mais elle n'est pas tout à fait dans le sens et la forme qui conviendraient. Il faudrait la recommencer en y ajoutant ceci et cela.

M. Chappée repart pour Solesmes.

Puis, trois ou quatre jours après, il est appelé chez le préfet.

La nouvelle lettre n'était pas du tout ce qu'il fallait. Dom Delatte avait bien ajouté certains points et précisé certaines questions, mais d'autres avaient été négligées, déformées, ou passées sous silence. M. Chappée était prié de retourner à Solesmes, et de faire comprendre à dom Delatte tout ce qui devait être inséré dans cette lettre au préfet de la Sarthe.

M. Chappée repartit pour Solesmes et réitéra ses voyages. Cela dura des semaines, des mois, du début du printemps au cœur de l'été.

Péniblement, la lettre prit sa forme.

Alors, alors seulement, le préfet demanda les constitutions des bénédictins. A cette demande, dom Delatte fut visiblement embarrassé. Il expliqua à M. Chappée que, sans doute, le préfet désirait la Règle de saint Benoît. M. Chappée répondit qu'il remettrait au préfet ce dont on le chargerait. Ce fut la Règle qu'on lui confia.

La Règle, aux mains du préfet, ne donna que ce qu'elle pouvait donner, et M. Chappée refit la navette entre la préfecture et Solesmes.

Les moines eurent conscience que l'intermédiaire jouait un rôle qui n'avait rien d'agréable. Ils voulurent le dédommager.

En ces temps, ils imprimaient le *Liber Antiphonarius juxta ritum monasticum.* Ils lui en offrirent un exemplaire, portant cette suscription de la main de l'Abbé :

« A l'un des plus dévoués et des plus chers amis de Solesmes. »

† Fr. P. Delatte,
Abbé de Saint-Pierre.

Le volume est aujourd'hui aux archives du Cogner, dans une reliure en maroquin.

Cependant le préfet expliqua à M. Chappée que ce qu'il voulait, c'était le texte du contrat liant les moines entre eux et les moines à Rome. Le terme exact était inconnu du préfet ; c'étaient bien les « Constitutions » de la Congrégation qu'il désirait connaître.

L'Abbé en fut informé et cessa tout rapport avec M. Chappée.

Quelques semaines plus tard, les moines rentraient dans l'abbaye, et, quand le familier de la salle d'escrime se présenta à la porte du monastère, il la trouva fermée pour lui et sa famille.

Que s'était-il passé ? Il ne l'a jamais su.

Dom Delatte a traité pareillement plusieurs « des plus dévoués et des plus chers amis de Solesmes » et de lui-même. C'est pourquoi l'affaire méritait d'être contée avec quelque détail, à titre de spécimen.

L'INTERPRÉTATION D'UN PHYSIONOMISTE

Dom Sauton soumit au célèbre physionomiste Eugène Ledos deux photographies de Mme Bruyère, l'une de la jeune fille avant son entrée au couvent, l'autre de l'Abbesse. Voici l'interprétation qui lui fut donnée :

« Plus faite pour commander que pour obéir ; obéir lui coûte. Energie passive ; de la fermeté jointe à de la bienveillance ; attachée à la règle et tenant beaucoup à ses droits. Ayant beaucoup de diploma- tie ; elle est politique, allant jusqu'à la ruse ; très fine, mais avec des dehors de bonhomie ; susceptible de mouvements d'expansion, mais avec des réserves qui font qu'elle ne livre jamais le fond de sa pensée.

Toutefois, elle désire chez les autres la confiance, et même une con- fiance entière. Elle veut les pénétrer, pour les manier à son gré.

Elle a un grand fond de défiance qu'elle dissimule.

Elle a beaucoup d'amour-propre et d'orgueil sous des dehors de modestie, et même d'humilité ; de sorte que quand on la blesse elle en souffre intérieurement, sans le témoigner. Chrétiennement, elle peut pardonner les offenses ; humainement, elle les oublie difficilement et serait encline à de petites vengeances. Il y a des choses qu'on ne peut pas dire.

Elle n'a pas une foi solide, beaucoup de doutes ; et a, cependant, à côté de cela, des scrupules.

Au temps de Jansénius, elle eût été janséniste, c'est-à-dire exposée au schisme.

Mal dirigée, elle tomberait tout de suite.

Sous certaines apparences de grande austérité, elle est sensuelle, portée au sensualisme de la table, et surtout à celui de la chair. Il n'y aurait même pas que de la tendance. A moins d'une grâce toute spé- ciale, elle y succomberait, car elle y est bien portée, et cela jusque dans un âge avancé.

Elle serait désolée qu'on le sût et même qu'on la soupçonnât sur ce point. Elle prêcherait les autres en paroles. Elle n'irait pas jusqu'à être une corruptrice, mais c'est une sensuelle.

Dans la grande tentation, elle succomberait et même jetterait le froc ; c'est sa note dominante. Chutes par le cœur à craindre. Elle est, dans ses rapports, tantôt caressante, tantôt d'une sévérité calculée.

Elle a de l'ordre. Parfois épargneuse, parfois prodigue.

Elle a de la raison et du jugement, elle a le coup d'œil pratique. Elle est opiniâtre dans ses idées, sans les défendre ouvertement.

Elle est religieuse plus par le cœur que par la raison.

Peut être portée aux larmes dans sa dévotion, mais en secret. A le goût de la musique, et dans le culte, elle aime la forme, la représentation, le luxe.

Elle a un certain culte du souvenir, une amitié franche, durable et stable. »

En communiquant ce document, dom Sauton écrivait, le 16 mars 1911 : « Cela vaut ce que cela vaut, pas plus ; mais c'est, ce n'est pas mal exact. »

LE TÉMOIGNAGE DE DOM DE LA TREMBLAYE.

Il semble hors de propos de raconter ici le drame que fut la vie de dom Martin Coutel de La Tremblaye. Je me bornerai à quelques brèves indications, et à publier, — réserve faite sur la violence des expressions, — un document écrit *ab irato*.

Fils d'un ultra-catholique médecin de Tours, son désir eût été de devenir officier de marine. Son père lui barra le chemin, parce que, disait-il, un officier pauvre ne peut se marier, n'est pas honnête et, par conséquent, pas chrétien. En désespoir de cause, le jeune homme vint à Solesmes à dix-neuf ans, en 1875, quelques mois après la mort de dom Guéranger. Dom Couturier, ne sachant comment diriger ce postulant, finit, le 21 juillet 1876, par l'envoyer à l'Abbesse. Elle se constitua sa mère, le choya, le capta. Elle lui donna une sœur, une de ses filles les plus chères et les plus distinguées. Il devint assoiffé de surnaturel, de mystique, de macérations. Il méprisa la raison et tout travail utile.

Il était trop intelligent pour que cette exaltation durât toujours. Dix ans après, il cessa peu à peu d'être cécilien. Il tâcha de s'abîmer dans l'archéologie et l'histoire. Il devint aussi laborieux et positif qu'il avait été contemplatif.

Dom de La Tremblaye et dom Sauton n'avaient jamais été amis, bien qu'ils fussent tous les deux fils de l'Abbesse. Le second s'était mis sous la direction de la Mère Cécile, dans le même temps où le premier avait commencé à s'en éloigner. Ils se réunirent, en 1891, dans la pensée de la dénoncer à Rome. Ils s'unirent aussi dans la résolution de se retirer à Ligugé.

Dom de La Tremblaye aurait souhaité quitter l'Ordre, en obtenant de Rome une sécularisation canonique. Il demanda à son père de le recevoir chez lui. Son père refusa « parce qu'il était d'une foi plus haute de mourir là où il était ». Il se résigna donc à y mourir, mais en travaillant. Les intrigues du parti cécilien, qui s'efforçait de briser toutes ses entreprises, lui firent abandonner sa résolution. « Révolté et dégoûté », dit-il, « des jalousies et des misères, des ambitions qui m'éloignaient du travail intellectuel, n'ayant plus rien à jeter au gouffre, ne croyant plus depuis des années, le 1er novembre 1896, j'ai demandé congé, et, le 11 janvier suivant, je l'ai pris. »

Rentré dans la vie laïque, il épousa une veuve, mère de trois enfants. Il croyait qu'on peut nourrir une famille avec des travaux d'érudition.

Tombé dans la misère, il sollicita du secours de ses parents. On lui donna surtout des sermons et des récriminations. Un jour que la dose avait été trop forte, il répondit par la lettre suivante, — que j'appelle son témoignage :

« 10 juin 1900.

« Mon cher père,

« Je vous l'ai déjà dit, je ne voulais pas discuter avec vous. Votre pauvre lettre m'oblige à *répéter* ce que je croyais avoir fini de vous dire, espérant que nos cœurs trouveraient ensuite d'eux-mêmes quelques sujets d'entretien meilleurs.

« Je ne vous réponds que pour bien séparer, *une fois pour toutes*, ce dont nous pouvons parler sans nous faire réciproquement du mal d'avec ce qu'il me peine de vous rétorquer quand vous allez trop loin, comme c'est le cas.

« Ma « vocation incontestable » et incontestée était d'être marin. — Dans ce monde-là on ignore les subtilités, l'ergotage et le torticolis moral que se donnent ceux dont la foi obtuse croit *devoir* à tout prix voir du noir là où ils ont vu eux-mêmes du blanc.

« Lorsque, bloqué par vous de cette carrière, je suis entré où vous savez, pour les raisons stupides que vous savez, j'y suis entré simple, honnête et pur comme un enfant qui vient de naître. — C'est *là*, et non ailleurs, qu'on m'a appris à appeler « vertueuses et même saintes » les « âmes (!) » qui vivaient d'hystérie mystique, d'amour avec ou sans grilles, de jalousies *mortelles*, d'intrigues lamentables, de mensonge sans pudeur, d'orgueil idolâtrique... et de... masturbation ! Tout « à l'ombre de la Croix », « sur le cœur du divin Maître » et « pour l'amour de Lui », *etiam peccata*, comme dit saint Augustin ! Le Christ n'en est pas responsable, mais voilà ce qu'était le *Locus irreprehensibilis*[1] (quelle ironie !) que vous connaissiez bien.

« Est-ce vrai ? — Ou sommes-nous fous, vous et moi ?

« C'était là, sans doute, ce que vous appelez « *voir le bien dans ce qui est le mal, la vérité dans ce qui est faux, la vertu dans ce qui est le vice, etc., etc.!* » — Mais vous brouillez à dessein vos souvenirs : C'est *eux* qui faisaient ces choses ; c'est *moi* qui voulais les en empêcher ; c'est *le Pape* qui leur a permis de continuer ; c'est *moi* qui ai voulu me séparer de leurs voies ; c'est *vous* qui ne le vouliez pas. — Inutile de développer, n'est-ce pas ? J'aurais un livre là-dessus qui secouerait un peu les poltrons et les nigauds.

« Je suis sorti de ce milieu *hypocrite* et *taré*, non pas en baissant la tête, mais comme un homme excédé des *cochonneries* et des *duperies* que votre « vertu » ne couvre que d'une loque, — et *révolté* de voir que « la foi et les mœurs » pour lesquels, selon vous, le Christ daignerait parler à son vicaire, se balançaient à la fantaisie de deux petites princesses, d'une pauvre reine et d'un vieil empereur[2], faible conseil pour le Saint-Esprit.

---

1. Solesmes aimait à se parer de ce titre que lui avait décerné un évêque ultramontain.

2. « Les princesses de Lœwenstein-Lichtenstein, religieuses à Solesmes ; l'empereur d'Autriche, ami de leur famille ; la duchesse de Bragance, alors amie de Solesmes, depuis religieuse, et la reine d'Espagne. Ces hautes influences ont sauvé l'Abbesse de Sainte-Cécile et l'Abbé de Saint-Pierre de la condamnation du Saint-Office qui avait un commen-

« Sorti, j'étais tenté, comme on l'est en retour de tout choc extrême. J'aurais voulu fouler aux pieds tout ce que j'avais adoré. Je ne l'ai pas fait. Je ne me suis pas roulé dans la boue, comme le pornographe Huysmans « se roule aujourd'hui dans les Vêpres », comme tant d'autres Étoiles plus pures des saints plafonds ont fait. — J'ai froidement choisi la vie qui me conserverait ma propre estime. Je la mène honnêtement comme vous l'avez menée ; je la porte plus haut que les dévôts muscadins qui vont du confessionnal au lit de leur maîtresse ; mon foyer est plus propre que le chevet solitaire des gros farceurs bénis auxquels je ne crois plus. Quant à faire croire que je vis dans le célibat, c'est un jésuitisme auquel je n'aspire pas. Plaignez-vous donc !

« Et c'est *vous*, mon pauvre cher père, que j'entends dire *aujourd'hui* : « Tu n'as quitté la religion catholique que pour avoir une femme à ta disposition ! » — Libre à vous d'oublier si vite les douze années de *supplice* que j'ai endurées purement pour une foi vaine, et dont vous avez été *témoin*. Ce n'est pas *vous*, c'est *moi* qui les ai vécues ; vous n'en avez pas fait autant, vous, pour votre *credo* ; aussi je n'oublie pas comme vous.

« Une fois pour toutes, sachez-le bien, parce que je vous l'ai dit, et pour éviter le retour des lignes infiniment regrettables que vous m'écrivez à ce sujet : mon mariage est légitime, légal et valide : au civil, en tout pays de droit anglais ou américain ; au religieux, pour tout pays protestant. Malheur donc à qui mal y pense, car ma main est aujourd'hui plus libre et plus solide qu'il y a vingt-cinq ans. Je respecte trop ma femme pour vous faire son éloge (ce qui serait dire la vérité), quand la passion religieuse vous dicte de telles indélicatesses, qui me touchent en plein cœur. Pourtant, s'il est vrai que vous avez un intérêt quelconque à ce que je ne sois pas mort encore, c'est elle qui, malgré moi, m'a sauvé la vie. Et, s'il est vrai que ma moralité vous importe, c'est à elle que vous la devez. Vrai ou pas vrai, vous m'obligeriez, l'un et l'autre [1], en n'abordant plus jamais ce terrain, puisque vous l'abordez ainsi. Je le regrette pour vous et pour la droiture de votre sens ; car, dans ma vie, telle qu'elle est, j'ai le

cement d'exécution. En sauvant ainsi les coupables, le Pape a perdu sans s'en inquiéter les témoins à charge de la cause, dont j'étais l'un des principaux. C'est sur cette cause et sur les persécutions dont j'ai été l'objet par la suite que je possède un curieux et important dossier. » (Note de M. de La Tremblaye écrite au crayon dans la marge de la minute de cette lettre.) — Ce dossier, il le vendit lui-même un peu plus tard pour 500 francs.

1. Son père et sa mère.

front infiniment plus haut et plus pur que quand je montais à l'autel, comme tant d'autres, après un allaitement virginal, un brûlant flirt à la Thérèse, ou la putipharesque étreinte de Sainte-C... à des gens qui n'étaient pas tous Joseph.

« Voilà la vérité, une bien faible part de la vérité. Vous la **savez**, vous l'avez **vue**, et vous m'écrivez ainsi !

« Qu'avez-vous jamais dit, fait ou écrit pour m'encourager à sortir de cette fangeuse dénaturation du vrai ? — Que n'avez-vous pas fait, au contraire, pour m'empêcher d'en sortir ? — Et c'est vous qui m'accuseriez précisément de dénaturer aujourd'hui le vrai ! Et c'est vous qui m'accuseriez d'avoir secoué le fard honteux *« parce qu'il me fallait une femme »* ! — Allons donc ! Mais j'en avais *vingt* alors « à ma disposition », comme vous dites. Seulement c'était beau, c'était bien, c'était vrai, sans doute, puisque c'était derrière la Croix, et que nous aimions, elles et nous, « le Bon Dieu de tout notre cœur » !

« Ah ! ne me parlez jamais de honte, de déchéance morale et d'abîme où je tombe ! Regardez-donc d'où je sors ! Avouez que moi seul ai *osé* nommer par son nom ce baratre, quand vous *trembliez, vous,* de soulever seulement le voile à solennelle étiquette derrière lequel vous m'avez inconsciemment jeté, quand vos larmes et vos raisons petites m'ont enlevé à la grande mer. — L'abîme ! il est derrière moi, pas ailleurs. Dieu m'y a laissé choir, comme une masse indifférente, lorsque, enfant, je le cherchais. Et quand, plus tard, mon cri courageux, sans espoir dans les hommes, appelant de la foi et des mœurs, s'est élevé vers son vicaire infaillible, il m'a brisé !

« Félicitez-vous que ma vie soit présentement détournée de l'activité combative qui déchirerait les masques, secouerait les poussières de fard et mettrait ces saints à nu ! Félicitez-vous ! Et, pauvres parents que vous êtes, ne jetez pas gauchement la pierre à votre fils, qui a souffert seulement parce qu'il était droit et qué, dans sa vie douloureuse et manquée, il a eu plus de courage que vous.

« Mon père, vous me blessez encore cruellement et pauvrement et vous n'êtes pas vous-même quand vous me parlez argent. Vous avez donné sans compter ; c'est moi qui vous y poussais, quand il s'agissait de nourrir de misérables oisifs ou de payer des châsses d'or à ces ossements sans titulaires qui, s'ils sont vrais, seraient bien mieux vêtus du Christ[1].

---

1. M. de La Tremblaye estimait à 502 643 francs ce qu'il avait reçu de son père par versements successifs et en avance d'hoirie, et ce qu'il avait

« Aujourd'hui, vous me dites tout ce qui outrage un homme, parce que moi, — votre fils, qui me suis dépouillé *plus que vous* pour les mêmes chimères, moi qui travaille et qui peine dans la *réalité*, — je vous demande du pain ! Tant il est vrai que l'esprit sectaire, qui paralyse la raison, dessèche aussi les cœurs, tandis qu'il sert de masque à d'autres plus habiles pour dissimuler pharisaïquement l'égoïsme qui est leur seule religion. Vous me donnez ce que je vous demande parce qu'au bout du compte c'est juste ; mais votre lettre, qu'on dirait écrite par un autre, me l'aura fait payer cher !...

« Quant à la misère, je la connais mieux que vous.

« Si, comme vous le dites, c'est « Dieu qui veut la misère », il faut admettre aussi qu'il a *voulu* mon entrée dans ce bourbier de choix qu'était Solesmes[1], par la grâce des Ratel et du vertueux Paul[2]. Qu'il la veuille ou ne la veuille pas, ce n'est toujours pas dans l'Évangile que vous trouvez cette maxime stupéfiante et nouvelle : « résultant de l'inaccomplissement des devoirs » (dont Dieu seul et la loi sont juges), « elle est essentiellement méprisable et indigne d'être secourue ». — Les neuf dixièmes des misères que votre foi vous fait secourir proviennent de cette cause ; l'autre dixième provient de causes meilleures et faciles à juger. La mienne provient de ce que j'ai donné *par vos mains* à des gens qui n'accomplissaient guère leurs devoirs, qui étaient et seront toujours d'assez sales fripouilles, que vous connaissez pour tels et que vous jugez pourtant infiniment dignes d'être secourus. Je ne compare pas ; je regrette même beaucoup d'avoir à vous donner ces claires explications qui me semblaient superflues... de

donné aux bénédictins. — Le docteur de La Tremblaye, qui n'avait pas voulu que son fils fût un « officier pauvre », passait pour un avare, déliant seulement les cordons de sa bourse en faveur des œuvres pies.

1. Les lettres que j'ai publiées ci-dessus de dom Couturier, de dom Gauthey et du Cardinal Pitra prouvent que Solesmes n'était pas un « bourbier ».

2. Dom Paul Lafon. Fils du peintre Jacques-Emile (grand ami de Louis Veuillot) et neveu de Stanislas Ratel, il prit l'habit bénédictin en 1866. « Paul Lafon est très joli moine », écrivait Veuillot, le 13 octobre 1867 (*Correspondance*, t. II, p. 471). Sa beauté lui valut une vie monastique peu stable.

Son frère Stanislas, aussi poussé à Solesmes par sa famille, y prit l'habit en 1875. Bien qu'il fût tombé dans une profonde mélancolie, on l'admit à la profession. Sa vie se passa en périodes alternantes de raison et de folie. L'Abbesse, pour qui tout était surnaturel, crut d'abord qu'il était possédé du diable. Elle le fit dûment exorciser par dom de La Tremblaye, alors très mystique et que son énergique volonté semblait désigner pour cette opération considérée comme très difficile.

vous à moi. Peut-être la doctrine évangélique sur la misère a-t-elle été récemment interprétée par l'Harpagon du Vatican[1] qui dispute le record du multimilliardisme au Chinois Li-Hung-Tchang, pendant que les curés de campagne et les victimes qu'il a faites lui-même crient la faim. Ce n'est pas non plus l'Evangile qui lui a appris à thésauriser et à flirter diplomatiquement avec les Mariannes et les Césars. — Pauvre Saint Pierre, comme on le recevrait chez Rothschild, que voilà pourtant son banquier !

« Tous mes regrets, mon cher père, d'avoir eu, à mon corps défendant, à discuter contre vous. Je m'étais promis de ne pas le faire, mais vos insinuations n'étaient que trop blessantes; je ne les attendais pas sous cette forme, peu persuasive, d'ailleurs. Je n'y répondrai plus.

« *Hormis tout ce dont il a été question dans cette lettre*, j'accepterai avec reconnaissance les conseils pratiques que vous voulez bien me donner touchant le meilleur emploi à faire des fonds que vous m'avez promis.

« Si, par malheur, cette condition ne vous agréait point, mieux vaut que vous gardiez ces fonds, en me débitant seulement des deux mille francs avancés. Ainsi tombera au moins, pour n'être jamais relevée, la dernière pierre que vous me jetez, savoir que je vous « oblige moralement à me donner quelque chose sous peine de ceci ou de cela ». — Je ne vous oblige *à rien*, ni sous peine *de rien*; je fais simplement comme je peux. J'ai fait appel, au moment le plus critique, à ce que je croyais *légitime*. Je regretterais de m'être trompé.

« Allez ! Laissez donc ces querelles creuses. Je ne suis plus assez enfant que vous me convainquiez si vite d'être un monstre. Pour y tâcher, vous renieriez tout ce dont vous avez *témoin* et serait « travestir le vrai ». Puis, l'heure n'est peut-être pas précisément bien choisie. Enfin, si ma foi devait renaître, ce que je ne crois pas, il ne faudra jamais qu'elle soit cultivée par l'insulte, les blessures faites au cœur, encore moins par la dénaturation jésuitique du vrai. Que ce soit donc le dernier mot sur ce ton et sur ces sujets.

« Vous me touchez bien plus quand vous êtes le vieux père que j'aime tant dans sa bonté immense, que je respecte dans la sincérité de sa foi *pratiquée* au milieu des cafards qui *disent* beaucoup et n'ont jamais *fait* le centième de ce que nous avons fait vous et

---

1. Allusion à l'avarice de Léon XIII, qui palpait avec délices les bourses qu'on lui offrait et en pesait ou comptait parfois lui-même le contenu.

moi. Laissez à ceux-là les dragonnades; elles ne peuvent que retomber sur leurs auteurs.

« Je vous embrasse ainsi que Maman. Donnez-moi *un mot* de vos nouvelles, la prochaine fois que vous m'écrirez.

« Je vous aime toujours autant, moi. »

LE TÉMOIGNAGE DE HUYSMANS

En 1898, Huysmans converti résolut de se retirer à Solesmes. Ou bien, il vivrait à l'abbaye en qualité d'hôte, ou bien il louerait une maison dans le village et assisterait régulièrement aux offices. « Je me suis inoculé le savoureux poison de la liturgie », disait-il, « et je l'ai dans le sang de l'âme et je ne l'élimine point. Je suis le morphinomane de l'office; c'est stupide..., mais c'est ainsi![1] »

Il fut reçu à Solesmes avec une très vive satisfaction. Dans sa venue, l'Abbesse vit une conquête de dom Guéranger, le commencement d'un glorieux groupement laïque autour de son tombeau. Elle se montra séduisante, l'éblouit par la finesse de ses mots. Un jour qu'il se plaignait à elle des attaques de certains catholiques qui ne croyaient pas à la sincérité de sa conversion, ne lui répondit-elle pas : « Comment trouver étrange, mon cher enfant, que vos livres causent des alarmes en certains esprits ! Vous entrez dans l'Église par le toit ![2] »

Les moines ne furent pas moins accueillants. Ils pensaient que Huysmans leur serait une continuelle réclame, qu'il les défendrait, qu'il dissiperait les méfiances laissées

1. *L'Oblat,* p. 8.
2. Cf. *La Nouvelle Revue,* 15 septembre 1900, p. 256; le mot est raconté par Huysmans à M. Francis André.

par les événements de 1893. « Il va réhabiliter Madame l'Abbesse », disait même un des pères les plus notables.

Pour servir de guide à Huysmans dans l'abbaye et dans la vie monastique, l'Abbé mit à sa disposition deux de ses favoris. Ces favoris parurent à l'hôte comme des énigmes psychologiques. Il se demanda comment un tel mysticisme et une telle mondanité pouvaient coexister. Dom Delatté lui-même lui parut une énigme. Huysmans, se sentant mal à l'aise, s'absentait de temps en temps[1]; mais, « morphinomane de l'office », il revenait.

Un soir, après complies, dom Delatte le manda chez lui, et le pressa d'entrer au noviciat. Sa cellule était prête; il ne devait pas hésiter. L'Abbé rétorqua toute échappatoire. Huysmans faillit céder, puis, non sans peine, déclara qu'il ne serait jamais moine. Le lendemain, ou quelques jours plus tard, il reprenait le train. Pour se séparer en bons termes, il publia un article sur un thème très opportun pour dom Delatte, « Le luxe pour Dieu », plaidoyer en faveur de la manière dont l'Abbé interprétait la pauvreté monastique et justifiait la construction d'un splendide nouveau monastère. Dom Delatte, satisfait, envoya une excellente lettre à Huysmans.

Ce fut ainsi qu'il quitta Solesmes pour s'établir auprès de l'abbaye de Ligugé. Pendant les quatre années qu'il y resta, il composa *l'Oblat*, qu'il publia au mois de mars 1903 et dans lequel il a peint la vie du monastère à cette époque.

Bien qu'il ait fortement idéalisé son tableau, certaines appréciations n'en déterminèrent pas moins dom Bourigaud à protester publiquement contre le livre, par la déclaration suivante, imprimée en tête du numéro d'avril (1903) du *Bulletin de Saint-Martin* :

1. *L'Oblat*, p. 1.

PROTESTATION NÉCESSAIRE

Avant la publication de *l'Oblat*, ouvrage annoncé depuis longtemps, et qui avait demandé de très consciencieuses recherches à son auteur, il était permis d'espérer que cet intéressant sujet, sur lequel on attendait de si belles pages, ne serait pas gâté par un encadrement fantaisiste et des hors-d'œuvre déplacés, dans lesquels figurent, en relief, des personnages grotesques ou ridicules, représentant des moines et autres personnes respectables.

Des dignitaires ecclésiastiques, faussement accusés, ne sont pas mieux traités que certaines familles honorables, de tout temps dévouées à notre monastère.

Le masque des attitudes et des personnes, des noms et des lieux, ne pouvait manquer de piquer une curiosité favorable au succès du livre.

Pour plusieurs raisons faciles à deviner, ce sont les moines, plus que tous les autres, qui avaient lieu de se plaindre de cette publication, regrettable au point de vue qui nous occupe. Cependant j'estimais que le silence convenait mieux que la plainte.

Mais, du moment que la presse libre-penseuse elle-même prend plaisir à démasquer la réalité des personnes et des situations, j'ai cru que l'honneur m'imposait le pénible devoir de protester contre des insinuations mal fondées.

† Fr. J. B., Abbé,
O. S. B.

Le *Temps* du 1ᵉʳ mai reproduisit cette déclaration en la faisant précéder d'une conversation avec un bénédictin, dom Roche, qui s'exprimait aussi sévèrement sur le compte de *l'Oblat*.

Dans *l'Oblat*, comme dans tous ses romans, Huysmans a peint les personnes telles qu'il les a vues. Mais il a toujours cru qu'en changeant des détails, il se mettait à l'abri des querelles et qu'on ne devait pas l'inquiéter ou, du moins, qu'on n'en avait pas le droit. C'est ainsi que, pour prévenir tout orage, il avait fictivement placé le monastère qu'il décrivait au diocèse de Dijon, et il l'avait appelé « le Val-des-Saints », tout en le représentant comme une restauration de dom Guéranger; tantôt des caractères de deux moines il n'en avait fait qu'un ; tantôt il avait dédoublé en deux personnages un seul religieux ; il avait attribué une haute taille à l'Abbé qui, au contraire, était très petit.

S'estimant couvert par ces procédés, Huysmans écrivit au *Temps* la lettre suivante :

Paris, 1er mai.

Monsieur le Directeur,

Vous avez publié, dans votre numéro d'hier, une interview d'un moine de Ligugé sur mon compte. Permettez-moi de croire que votre bonne foi a été absolument surprise et qu'aucun religieux de cette abbaye n'a tenu les propos qui furent rapportés. Ils sont, en tout cas, si parfaitement antimonastiques qu'il ne me resterait qu'à plaindre le moine qui les aurait commis.

En ce qui concerne la protestation de l'Abbé de Ligugé contre mon volume *l'Oblat*, je n'ai pas cru devoir, depuis un mois, y répondre par charité et par déférence pour sa personne. Elle me demeure, d'ailleurs, incompréhensible. Il est, en effet, spécifié, à diverses reprises, dans *l'Oblat*, que le monastère du Val-des-Saints, situé en Bourgogne, est différent du monastère de Ligugé, sis en Poitou.

Je ne vois pas très bien dès lors pourquoi l'Abbé de Ligugé veut reconnaître, dans les bons moines de mon livre, les siens.

Cela dit, cette protestation ne sert, selon moi, qu'à justifier l'observation, notée dans le volume, qu'il existe un microscope spécial dans les cloîtres qui change tous les fétus en poutres[1], et l'on est amené à se demander, en s'apercevant que les Bénédictins n'admettent aucune critique, si légère fût-elle, et ne veulent accepter que des adulations et des éloges, si le support du dit microscope ne s'appellerait pas, de son véritable nom : le manque d'humilité ?

[1]. Voici le passage auquel Huysmans fait allusion :

« Il y a dans les Ordres, quels qu'ils soient, un microscope spécial qui change les fétus en poutres. Un mot, un geste insignifiant, sans portée autre part, prend des proportions inquiétantes dans un cloître ; on rumine sur les actes les plus simples pour y loger des dessous ; la critique la plus bénigne, la plaisanterie la plus inoffensive deviennent des attentats. Par contre, il suffit qu'un religieux produise une œuvre quelconque pour qu'aussitôt la gloire du clocher naisse. Il y a le grand homme de monastère, de même qu'il y a le grand homme de province ; c'est puéril et c'est touchant ; mais, vous le dites très bien, cela dérive de l'esprit de corps et d'une existence rétrécie et mal renseignée sur les alentours. » (*L'Oblat*, p. 161.)

Voilà, n'est-il pas vrai, un sujet de méditation tout trouvé, pour occuper ces moines.

Et puis... et puis... tous ces potins de province n'empêcheront pas, heureusement, que l'abbé de Ligugé — que personne ne confondra, il peut être tranquille, avec l'abbé du Val-des-Saints — ne demeure un brave et digne homme, et que le baron des Atours ne reste très ridicule.

Agréez, etc.

J.-K. Huysmans.

Cette pique ne fut pas suivie de rupture. Dom Bourigaud conserva à l'écrivain « toute sa bienveillance », et la lui fit témoigner à l'occasion.

Quoi qu'en ait prétendu Huysmans, le portrait de l'abbé du Val-des-Saints a pris beaucoup de traits à dom Bourigaud, « si méfiant, mais si débonnaire et si franc [1] », « vieillard de près de quatre-vingts ans, d'une sainteté reconnue et, en dépit d'incessants tracas, d'une bienveillance attentive [2] et d'une gaieté toujours neuve [3] ». « Il fermait les yeux sur les travers de chacun et regardait son prieur jouer le rôle de père fouettard, sachant fort bien que les remontrances n'étaient que le prélude des gâteries [4] ; aussi souriait-il des unes et des autres. Lui, se bornait à donner l'exemple. Il descendait, rasé de frais, une demi-heure avant tous les siens, à l'église, et il y méditait et priait jusqu'aux Matines ; et les jeunes gens, qui avaient un peu de mal à s'extraire, l'hiver, à quatre heures du matin, du lit, vénéraient ce vieillard [5].... »

Voici la clef de *l'Oblat* :

Dom de Fonneuve est dom Chamard ; — Huysmans, qui

1. *L'Oblat*, p. 224.
2. Cette bienveillance perpétuelle regardait sans doute les hôtes, elle ne s'adressait pas toujours aux moines.
3. *L'Oblat*, p. 12.
4. Les remontrances de ce père fouettard n'étaient pas toujours le prélude de gâteries. Vaniteux, autoritaire et cassant, dom Chamard manquait de discernement.
5. *L'Oblat*, p. 46.

redoutait sa protestation, avoua qu'il n'avait rien omis pour s'attirer sa bienveillance. Dans l'intimité, il l'appréciait à sa juste valeur.

Dom Felletin représente dom Besse.

Dom Philogone Miné est le vieux père Lenain, tombé en enfance vers 1900.

Dom Ramondoux est dom Andoyer.

Le Père Titourne, « ce toqué dont tout le monde se gaussait au Val-des-Saints[1] », est le Père Henri Maulbon d'Arbaumont, mort à Chevetogne, le 26 novembre 1911, âgé de quarante-cinq ans et après dix-sept ans de profession religieuse[2]. Rongé par les scrupules, sa vie fut un martyre, — dans sa belle intelligence, sensible aux objections modernes contre le christianisme et qui n'était pas toujours satisfaite des réponses traditionnelles ; — dans son cœur, car il ne fut jamais compris de ses confrères ; — et dans son corps qui, depuis 1903, ne lui laissa pas de repos et lui rendit l'observance très pénible. Il refusa de recevoir les ordres et resta simple tonsuré. Huysmans rapporte un mot du Père Abbé sur lui : « Il a des courants d'air dans la cervelle ; que voulez-vous que j'y fasse ? » Quand il vit ce mot imprimé dans *l'Oblat*, le Père d'Arbaumont fut pris d'un désespoir navrant, craignant d'être la risée de sa famille et de la ville où elle habitait. Depuis ce jour jusqu'à la mort de Huysmans, il ne cessa de prier pour l'écrivain qui lui avait fait tant de peine. Quand Huysmans apprit la manière tragique dont le Père d'Arbaumont avait pris la chose, il se montra très ému. S'il avait mieux connu le pauvre moine, il n'aurait pas écrit cette boutade.

Le Frère Sourche est un composé du Père Lambert[3] et

---

1. *L'Oblat*, p. 157.
2. Voir Notice nécrologique dans le *Bulletin de Saint-Martin*, janvier 1912, et ci-dessus, p. 285.
3. Né le 15 septembre 1874, à Bourg-en-Bresse, profès le 8 sept. 1889.

d'un novice de chœur. — « Le Frère Sourche, dit *l'Oblat*, est le plus intelligent, le plus capable de tous, mais il a l'esprit inquiet, et des tendances au rationalisme ; dans l'atmosphère du cloître, elles passeront. » Il y avait à cette époque, dans les milieux ecclésiastiques un peu cultivés, une certaine bienveillance pour la critique historique et même exégétique, et qui fut sans doute la préparation de ce qu'on a appelé plus tard le « modernisme ». Mais, à Ligugé, ces infiltrations bienveillantes restèrent parfaitement orthodoxes, et ne furent d'ailleurs guère senties que dans la jeunesse du noviciat. Ni dom Bourigaud, ni dom Chamard n'auraient toléré la critique historique parmi les profès.

Si le Frère Sourche est un composé de deux personnages, par contre un authentique profès de l'abbaye, dom Jean de Mayol de Lupé, a été peint en sa qualité de maître des cérémonies sous le nom du Père d'Auberoche, et, en sa qualité de sous-maître des novices, sous le nom de Père Émonot.

Le sympathique Frère Blanche n'a pas persévéré. Le baron des Atours est le baron de Courcy ; l'abbé Barbenton, l'abbé Antrault ; Mademoiselle de Garambois, Mme Godefroy de Solesmes, laquelle, d'ailleurs, n'avait pas d'oncle.

Les aventures de l'évêque et du curé sont authentiques ; le curé, pour lequel Huysmans se montre sévère, ne pouvait guère agir autrement. Maints petits détails semés çà et là sont vrais, quoique racontés avec âpreté. Par exemple, on jugeait communément tolérables les deux statues de l'oratoire achetées par dom Sauton, et que l'auteur qualifie de « tièdes » en évoquant « les plus offensants souvenirs du Paris de la rue Bonaparte et de la rue Madame[1] ».

L'Oblat se termine au départ des moines pour l'émigra-

1. *L'Oblat*, p. 237.

tion. « J'ai assisté, dit Durtal-Huysmans, à l'ensevelissement du monastère et j'ai été l'aide-fossoyeur de ses offices. »

Si fantaisistes que soient les procédés littéraires avec lesquels Huysmans a composé ses personnages ; si exagérés que soient certains compliments décernés par courtoisie à quelques moines appelés par leurs vrais noms ; si idéalisé que soit le tableau général, *l'Oblat* n'en dépeint pas moins d'une manière historique l'abbaye de Ligugé à cette époque, et même celle de Solesmes en 1898. D'abord il soutint toujours les idées de l'Abbesse. Voici, par exemple, la manière dont il résume, manifestement d'après elle, l'histoire de la congrégation :

« Pour juger équitablement la congrégation de Solesmes, il convient de se référer à ses origines. Dom Guéranger, qui la fonda, mourut à la peine, après s'être débattu toute sa vie dans des questions d'argent ; — et il fallait avoir l'âme robuste et gaie de ce moine pour ne jamais désespérer et poursuivre quand même son œuvre ! — Eh bien ! quand il décéda, il n'était pas encore parvenu à façonner des religieux tels qu'il les concevait ; il ne réalisa son rêve qu'à l'abbaye des moniales de Sainte-Cécile, — et ce, grâce à Madame l'Abbesse, qu'il avait formée. — Il trépassa, et son successeur, dom Couturier, fut un homme excellent, mais qui n'avait point l'empan du grand Abbé, et les expulsions survinrent. Les bénédictins vécurent dans le village, sans clôture, sans moule claustral possible. Dom Couturier disparut à son tour et, de par l'énergie et l'intelligence du nouvel Abbé, dom Delatte, les moines, rentrés dans leur monastère, reprirent un train de vie monastique. Notez, en conséquence, les cahots des débuts, la situation des novices devenus profès, après une existence dispersée aux quatre coins d'un bourg, et avouez qu'après de telles épreuves, la congrégation de France ne s'en est tout de même pas trop mal tirée[1] ! »

---

1. *L'Oblat*, p. 165. Les idées qu'il expose, p. 270, sur le recrutement des bénédictins sont également les idées de l'Abbesse. Huysmans se montra toujours pour elle plein de déférence. Il lui a aussi rendu hommage dans *Sainte Lydwine de Schiedam* :

« Il y a là une erreur que suscite l'Esprit de Malice, car, ainsi que l'exprime, en des termes définitifs, dans son *Traité de la vie spirituelle*

Mais si Huysmans a accepté sans critique les idées de l'Abbesse, il n'en a pas moins peint avec réalisme parfait quelques traits du gouvernement de dom Delatte :

« Nécessairement, avec ses immenses bâtiments et la foule des religieux qui les encombrent, Solesmes prend une allure de caserne. Il semble que l'on marche aux offices ainsi qu'à une parade, que l'Abbé est un général entouré de l'état-major de son Chapitre, et que les autres ne sont plus que de pauvres troubades. Non, on ne serait jamais à l'aise et l'on ne serait jamais sûr non plus du lendemain, si l'on appartient à cette garnison religieuse qui a je ne sais quoi d'inquiet, de craintif, de toujours sur ses gardes ; et, en effet, un beau matin, l'on peut, si l'on a cessé de plaire, être expédié comme un simple colis, au loin, à destination d'un autre cloître. Puis, qui dira la tristesse de ces récréations, de ces conversations surveillées et inévitablement mornes[1] ? »

« Qu'il n'y ait pas dans les monastères assez de religieux arrivés à la vie unitive et fondue en Dieu, d'accord, et il y a assez longtemps que je me tue à vous le crier ! Mais, enfin, voyons, au Val-des-Saints, il n'y a pas de mauvais moines ; c'est déjà un point ; d'un autre côté, la situation spirituelle y est meilleure que dans bien des abbayes plus riches[2] où l'argent, comme partout, poursuit son œuvre de détraquement et les démoralise. Vous êtes heureusement pauvres et n'êtes pas, par conséquent, agités[3] de la monomanie de bâtir des palais et d'acheter des parcs[4]. »

Huysmans s'était fait sa religion, une petite religion personnelle. Peut-être n'était-elle pas très solidement fondée ; ce n'est pas le lieu de l'examiner ici. Mais elle me semble avoir été sincère. De même, s'il est très courtois, le tableau qu'il a tracé des bénédictins me semble aussi sincère et exact.

et de l'oraison, Madame l'Abbesse de Sainte-Cécile de Solesmes, « le Démon aime les violences, tout ce qui est poussé à l'outrance, même dans le Bien ». (P. 261-262.)

1. *L'Oblat*, p. 4.
2. Allusion à Solesmes.
3. Comme dom Delatte, qui bâtissait le « palais » de Solesmes et achetait les « parcs » de Wisques et de Kergonan.
4. *L'Oblat*, p. 399.

ANNEXE

Nous reproduisons ici la troisième partie, médico-psychologique, du Mémoire *adressé, avec les pièces justificatives, par le Père J. Sauton, en 1892, au Saint-Office de l'Inquisition, et dont Houtin, par un scrupule peut-être excessif, avait cru devoir différer la publication (plus haut, p. 239). Il s'insère entre les pages 238 et 241 du présent volume. Son texte est, comme pour les trois autres parties, celui qui avait été conservé par le Père lui-même (plus haut, p. VI).*

L'intérêt capital de ce document est dans les données et les observations directes *qu'il présente sur le caractère de Mme Bruyère. Il contient, en outre, un diagnostic et des considérations théoriques sur les frontières du surnaturel et du naturel, sur le délire chronique à évolution systématique, l'imagination, l'hystérie, qui sont discutables et dont certaines sont un peu naïves ou inutiles. Mais ces développements ne diminuent en rien la très grande valeur scientifique de la partie documentaire, qui en est indépendante, et la finesse de mainte observation. Aussi nous a-t-il semblé préférable de reproduire exactement, avec ces réserves, le document tout entier, sans aucune altération ni coupure.*

Nous ne saurions trop recommander, pour l'interprétation psychologique de ce document, l'étude du docteur EUGÈNE-BERNARD LEROY, *à qui Albert Houtin l'avait communiqué :* Psychologie d'une grande mystique contemporaine, *parue dans le numéro de septembre 1926 de* La Grande Revue. *Voir aussi* ALBERT HOUTIN, Mon expérience : II. Ma vie laïque. Documents et souvenirs (*Rieder, 1928*), *où ont été réunis quelques compléments sur* Mme *Bruyère conservés dans les papiers d'Albert Houtin.*

F. SARTIAUX.

TROISIÈME PARTIE

(MÉDICO-PSYCHOLOGIQUE) DU MÉMOIRE DE DOM SAUTON.

Dieu, disons-nous, est l'unique auteur de la véritable mystique, le démon ne peut que la contrefaire et la parodier. Mais la nature humaine offre des anomalies qui confinent aux prodiges surnaturels; elles revêtent les apparences, tantôt de la mystique divine, tantôt des contrefaçons diaboliques, et peuvent n'être que le résultat de l'illusion, de la simulation ou, enfin, d'un état morbide organique et psychique. On rencontre fréquemment dans les asiles affectés au traitement des maladies mentales une affection connue sous le nom de « délire chronique », qui présente dans sa lente évolution le tableau de la mystique divine, avec ses trois stades de vie purgative, de vie illuminative et de vie unitive. Durant une période assez longue, le malade est plongé dans l'épreuve, dans les souffrances morales parfois terribles, dont il cherche vainement la cause jusqu'au jour où la lumière se produit dans son esprit.

S'il est ainsi en proie à mille persécutions, c'est parce

qu'il a un rôle important à jouer, une mission toute spéciale en ce monde. De là des idées ambitieuses accompagnées d'hallucinations de la vue et de l'ouïe, de troubles de la sensibilité générale; enfin, après de longues années, ce pauvre malade sèche ses larmes et se repose dans la période dite de « satisfaction ». Il est un grand personnage, il vit dans une intimité constante avec la cour céleste, il ira même dans son délire jusqu'à se transformer en Dieu, jusqu'à ce qu'il tombe dans la démence sénile. J'ajoute que, dans ces cas de « délire chronique » aboutissant au délire mystique, je n'ai pu trouver aucun signe qui dévoilât une intervention diabolique.

La difficulté de distinguer le surnaturel et le naturel est quelquefois très grande.

Si ces limites, qui marquent le point d'arrêt de la nature et l'entrée en scène d'une force supérieure, étaient nettement définies et infailliblement reconnues, la confusion entre les deux ordres serait impossible. Mais, bien que la nature ait des énergies toujours également mesurées et un rayon d'exercice qu'elle ne dépasse point, la connaissance imparfaite, que nous avons de la puissance intrinsèque des êtres et de leurs conditions extérieures d'action, nous expose, si nous ne sommes attentifs, à de véritables méprises sur les frontières du surnaturel et du naturel. Bien plus, le surnaturel, apparaissant là où la nature expire, on peut avoir deux phénomènes, l'un d'un ordre, l'autre d'un ordre différent, séparés par une ligne imperceptible, et dont le second semblera n'être que la suite du premier. Aussi l'erreur sera facile.

Pour ce qui concerne Madame l'Abbesse, nous avons conclu, à l'aide des principes de la Théologie, que les phénomènes surnaturels qu'elle accuse ne sauraient avoir une origine divine. De cette conclusion s'en dégage une autre. Autant la science médicale doit s'effacer et se taire devant le surnaturel divin, autant doit-elle, au contraire, apporter le tribut de ses modestes lumières lorsqu'il s'agit de phénomènes ne relevant point de Dieu directement, mais de l'illusion ou de la simulation qu'engendre un état morbide; c'est donc au médecin qu'il appartient maintenant d'étudier, d'analyser l'organisme en question.

Nous déclarons expressément ne nous appuyer, pour cette étude, que sur des documents, sur des faits connus du public et puisés à bonne source. Quant à ce que le médecin aurait pu apprendre et découvrir « en tant que médecin consultant », s'il a appris ou découvert quelque chose, le secret professionnel saura le respecter, le mettre à l'abri de toute trahison.

Antécédents de l'Abbesse. — Les premiers éléments que requiert cet examen doivent être recherchés dans les antécédents héréditaires de Madame l'Abbesse, et, pour plus de facilité dans l'exposition, nous lui donnerons son nom de famille. Ce sera désormais Mlle Jenny Bruyère.

Le père de Mlle Jenny Bruyère, issu de parents peintres et voltairiens, était un ancien élève de l'École des Beaux-Arts. Il s'appelait Léonard et, par abréviation, « Léo », type, dit-on, très doucereux et d'autant plus sucré qu'il se préparait à donner un coup de griffe. Le moindre prétexte le rendait furieux, violent, brutal; il faillit un jour tuer sa fille Jenny d'un coup de lampe. Avec cela, amateur de jeux de mots, de charades, de « rebus », il aimait la pantomime, la chansonnette et les lectures un peu légères. Il parlait la bouche ouverte, devant sa femme et ses enfants et parfois même il ne reculait point devant des expressions qui eussent fait rougir un sapeur. Ajoutons enfin un trait caractéristique : l'orgueil le plus insensé. « Les Bruyère, disait-il, sur un ton solennel, sont comme les Doges de Venise, ils ont le sang bleu; aussi personne ne peut les comprendre et les médecins eux-mêmes perdent leur latin quand ils veulent les soigner. »

La mère de Mlle Jenny Bruyère, fille d'un architecte, qui, devenu veuf, fit publiquement de sa domestique sa maîtresse, était une femme impressionnable, très jalouse, hystérique et d'une imagination délirante. Sa jalousie se révélait dans des scènes de ce genre : « Oui, ma chère », disait-elle, un jour, à une personne de son âge environ, « vous croyez qu'un tel vous aime; il me serait bien facile de conquérir ses bonnes grâces et de me faire aimer de lui autant que vous. »

Son imagination délirante enveloppait sa fille Jenny de phénomènes mystérieux. En voici un exemple, entre mille : « De notre habitation », disait-elle, « pour se rendre à l'église, il fallait longer une mare, dont l'odeur nauséabonde m'obligeait à me mettre un mouchoir sur la bouche. Si Jenny m'accompagnait, sa présence suffisait à transformer ces miasmes fétides en un parfum délicieux. » Elle mentait, comme une hystérique sait le faire, ainsi que nous le montrera l'histoire de sa troisième grossesse tout imaginaire. Le premier enfant issu de ce mariage fut Mlle Jenny Bruyère. Nous en parlerons plus loin.

Le deuxième enfant fut Mlle Lise, caractère ardent, batailleur : tempérament génital. Elle courait après de vulgaires garçons de ferme, dans la campagne, au point qu'on dut la marier pour calmer ses ardeurs érotiques. Après cinq grossesses répétées, elle mourut tuberculeuse. De ces cinq enfants, je n'en connais qu'un; il est inconstant, enthousiaste et très nerveux. Quant à la tante de Lise, elle embrassait les veaux en pleine foire de Sablé, leur disant: « Ange aimé ». Elle aurait goûté un vif plaisir, disait-elle, à découper son mari par petits morceaux.

M. Bruyère était de ceux qui veulent tant d'enfants et pas davantage, ainsi qu'il va nous l'apprendre. Mme Bruyère crut, au contraire, qu'un troisième rejeton ne ferait pas mal dans le paysage. Elle annonça donc avec solennité qu'elle était enceinte pour la troisième fois. « Enceinte ? Mais ce n'est pas possible ! » s'écria son mari, « car je sais bien ce que je fais et je m'arrange en conséquence. »

Qu'importait à madame les singulières protestations de monsieur ? Elle était enceinte et voilà tout. La naissance devait même avoir lieu au mois de mars. Pendant que l'on préparait la layette du futur petit Paul — car ce serait un garçon et il s'appellerait Paul — madame s'arrondissait la taille au moyen d'un surcroît de jupons et de linges amidonnés. Elle simulait à ravir la marche spéciale aux femmes grosses, tant et si bien que l'on fit la provision de dragées pour le baptême. Les choses tournaient à l'aigre, et le mari, pour en avoir le cœur net, pria le docteur R... d'examiner sa femme. L'homme de l'art se borna à palper l'abdomen, qui n'offrait aucune résistance sous la main qui le comprimait. Pas de trace du futur petit Paul.

Ainsi qu'on le devine, triomphe de monsieur et fureur de madame. « D'ailleurs, disait-elle, un examen si brutal, que sa pudeur en avait été blessée, n'était-il pas capable d'avoir écrasé l'enfant ? » On vint à Paris, et le docteur H..., médecin de la famille, fut invité à prononcer en dernier ressort. Ce médecin connaissait son hystérique. Aussi s'en tira-t-il grâce à quelques précautions oratoires. « C'est vrai », dit-il après un examen méthodique des signes de la grossesse, signes qu'il n'avait pu trouver, « cela se voit quelquefois, l'enfant, loin de se développer tourne à rien, on l'élimine sans s'en apercevoir, ou bien il s'enchatonne, il s'enkyste sur place, subit une régression, c'est fini. »

Telle fut la sentence d'acquittement de cette fameuse grossesse qui avait eu une durée fort extraordinaire : quatorze mois. Force fut donc d'abandonner la layette et de manger les bonbons achetés pour le baptême.

On en rit beaucoup dans toute la galerie.

Un monsieur très spirituel se faisait toujours prier lorsqu'il s'agissait de rendre une visite à Mme Bruyère. « Pourquoi donc ? » lui disait sa femme. « Que voulez-vous, ma chère amie, je crains toujours qu'elle ne me lance son petit Paul à la figure en éternuant. »

On disait couramment de Mme Bruyère qu'elle avait une imagination délirante et que c'était une hystérique.

Mlle Jenny Bruyère descendait donc d'un père irritable, nerveux à l'excès, déséquilibré, et d'une mère hystérique. L'expérience ne permet aucun doute sur les dangers que devait courir le fruit d'une telle union. De telles tares héréditaires préparent le terrain le plus propice aux manifestations nerveuses de toute espèce. Déjà nous en avons la preuve dans le caractère et les aberrations de Mlle Lise. Mais, avant de faire comparaître Mlle Jenny, n'est-il pas bon de dire quelques mots de l'hystérie, pour en écarter les fausses manifestations et bien préciser les termes du problème qu'il s'agit de résoudre.

Et d'abord, les hystériques présentent-elles cette imagination lascive, ces appétits vénériens qu'on leur prête habituellement ? Le fait existe, Mlle Lise elle-même en est un exemple à l'appui ; mais il est beaucoup plus rare qu'on ne le pense généralement et l'on cite bon nombre de ces malades chez lesquelles la sensibilité génésique est tellement émoussée qu'elle paraît absente. Ce qui a pu faire dire le contraire, c'est qu'elles sont souvent romanesques, et que, si elles aiment les aventures galantes, du moins, elles savent les arrêter au moment opportun.

De plus, quelques-unes, sans jamais présenter ces phénomènes d'érotisme qui peuvent compléter la névrose, mais qu'il ne faut jamais confondre avec elle, ont une certaine excitabilité génésique, qui se révèle dans la liberté de leur langage, dans les mots excessifs dont elles se servent pour peindre leurs sensations et dans la recherche des conversations avec le sexe masculin.

Un regard exercé découvrira le feu, qui couve sous la cendre, dans l'impression mobile de la physionomie, dans la facile animation des traits, dans l'éclat brillant ou la flamme des yeux, dans la coloration des lèvres, dans les mouvements de la bouche... Mais, nous tenons à le redire encore, le tempérament génital ne saurait jamais créer l'hystérie.

Les hystériques se divisent en trois classes :

1º Celles qui présentent des accidents convulsifs, des troubles viscéraux et périphériques.

2º Celles qui ne sont hystériques qu'au point de vue psychique, ou hystérie à forme morale.

3º Celles, enfin, qui réunissent à la fois les troubles somatiques et psychiques des deux classes précédentes.

Nous ne nous occuperons ici que de la deuxième classe : l'hystérie à forme morale avec les tendances et les traits parfois si saillants de la physionomie qui lui est propre.

Dès le jeune âge, on peut déjà surprendre certains signes précurseurs de l'hystérie morale.

D'habitude ce sont des fillettes douées d'une vive imagination et d'une intelligence précoce. Elles sont artistes, musiciennes, et possèdent un talent naturel d'imitation ; on croirait qu'elles s'exercent déjà à simuler des rôles. De plus, très impressionnables, elles rient ou pleurent pour les motifs les plus futiles, les reproches sont accueillis avec des sanglots et un déluge de larmes, ou ils produisent un sentiment d'oppression, d'affollement, de strangulation. Irritables, elles font de grandes colères pour des riens et deviennent très jalouses, très ombrageuses. Avec cela de la mobilité d'humeur, un caractère bizarre, difficile, fantasque. Il faut qu'elles attirent sur elles l'attention; elles jouent la comédie à leur profit et se posent en victimes. A ces stigmates se joignent des maux de tête, des névralgies, de la gastralgie, parfois même de l'hypocondrie. Cet ensemble de signes, lorsqu'ils s'accompagnent d'une tare héréditaire, permettent au médecin de dépister et de combattre, dès l'enfance, la disposition à l'hystérie, au moyen d'une hygiène et d'une éducation spéciales.

Voyons rapidement si Mlle Jenny Bruyère reflétait ces symptômes dans son enfance. Une partie notable de sa correspondance de jeune fille, alors qu'elle traversait la période de treize à vingt ans, son autobiographie et les divers renseignements que nous avons eus entre les mains nous permettent d'en dégager les notes principales.

Étude psychologique de l'Abbesse. — Dès son jeune âge, elle était ce qu'on appelle « un petit prodige ». Mais, loin d'offrir les charmes de la jeune fille, elle se montrait maussade, susceptible, difficile et très personnelle. Ce qu'elle redoutait le plus, c'était qu'on pût se moquer d'elle; aussi la moindre plaisanterie l'irritait.

Bien vite elle posa en personnage, s'attribuant une mission trop élevée pour que ses parents et ses amis pussent la comprendre; tel est le point sur lequel roulent ses confidences dans les lettres qu'elle écrivait à l'une de ses amies.

La fibre du cœur, du dévouement, reste muette sous des phrases de banale sensiblerie, tandis qu'elle revient sans cesse à la mission pour laquelle Notre-Seigneur l'a prévenue de grâces et de faveurs mystérieuses. Sans s'en douter le moins du monde, elle use volontiers de la contradiction. Ainsi, dans la même épître, elle dira qu'elle est un Thabor et, d'autre part, que la Croix est son unique partage, ou bien que son âme est dans la joie et son cœur plein de larmes. Elle se plaindra un jour de n'avoir rencontré dans sa jeunesse que des procédés aussi injustes que pénibles, alors qu'à cette époque sa plume écrivait : « La charité et la miséricorde de tous ceux qui m'entourent me confondent et m'effraient presque ».

Nous allons glaner un singulier aveu qu'elle a fait à son amie dans une lettre du 12 septembre 1864; elle avait alors dix-sept ou dix-huit ans... « Il y a des moments où j'éprouve une immense fatigue de poser pour ce que je ne suis pas. »

Madame l'Abbesse sera plus tard dans sa correspondance ce qu'elle était déjà dans sa correspondance de jeune fille. Les années n'ont point amélioré ces tendances que nous venons de signaler; elles les ont, au contraire, développées davantage. Je regrette vivement d'avoir détruit les lettres échangées avec moi : on aurait été confondu en face de l'incohérence et des contradictions dont elles regorgeaient.

Jadis, elle ne parlait de sa mission que dans des termes confidentiels; aujourd'hui elle les livre aux quatre coins du Ciel, voilà l'unique différence.

Elle posait, disait-on encore, pour l'incomprise, se montrait mobile, jalouse et toujours était victime de quelqu'un. Un jour, elle se mit à plaisanter sa sœur Lise au sujet d'un jeune homme de son âge environ. « Oui, c'est bien, Lise, tu as beau te défendre, tu aimes Monsieur X... » — « Et toi », lui répondit sa sœur, « toi, avec tes airs de sacristaine, on sait que tu en raffoles... »

Si Mlle Jenny faisait de la haute vertu, elle ne la rendait point agréable, et l'on disait couramment : « elle est peut-être fort intelligente, en tout cas, elle est certainement très maussade ». Parfois ses parents la conduisaient au bal, à des soirées. Elle avait soin de porter un cilice, ou une chaîne de fer, sous sa robe ; puis elle allait se camper, raide comme un bâton, dans un coin.

Plus tard, elle écrira son autobiographie dans une série de récits merveilleux, dont elle enveloppe sa jeunesse. Inutile d'ajouter qu'elle aimait à les faire lire ; c'est ce qui m'a permis d'en prendre connaissance. Je vais en exposer un fait, qui nous renseignera sur le crédit que l'on peut accorder aux autres.

Madame raconte qu'étant un soir au bal, une tasse de crème fut renversée sur sa robe blanche. Que vont dire ses parents ? Elle en tremble de frayeur. Vite, elle se met en prières et la tache disparaît subitement et à jamais. Voilà son récit. Or, je connais deux personnes, témoins de l'accident et dignes de foi, et ces deux personnes m'ont affirmé avoir encore constaté la tache le lendemain.

Cette illusion sur un point nous impose une grande réserve pour les autres. On se rappelle le peu de confiance que méritaient les récits de sa mère, et nous surprendrons sa fille, plus d'une fois, en flagrant délit de mensonge. Ses *Souvenirs de jeunesse*, composant son autobiographie, dénotent une imagination féconde, au détriment de la vérité. Ainsi elle y fera de sa mère « *une sainte* » et sa sœur Lise sera « *un ange*, trop tôt enlevé à la terre ».

Quant aux névralgies, aux migraines et autres troubles qui la tourmentaient beaucoup et qu'elle mentionne dans ses lettres, je n'en parlerai point ici. Ces symptômes ne font que souligner la valeur des traits que nous venons de décrire et leur donner leur importance. Mais, avant de poursuivre, résumons les points acquis jusqu'alors.

Mlle Jenny est née d'un père déséquilibré et d'une mère

hystérique; sa sœur Lise est elle-même hystérique avec complication d'érotisme.

Dès son enfance apparaissent, pour se développer de plus en plus, les signes suivants : talent très applaudi pour le piano et pour la peinture; intelligence précoce et remarquable; imagination féconde et très vive. Besoins de s'isoler, de poser en incomprise ; maussade, jalouse, irritable, d'une impressionnabilité extrême, rapporte tout à elle, ne peut supporter qu'on la plaisante et tiendrait tête à tout un régiment pour conserver son prestige. Se lance dans les voies mystiques, se dit comblée de faveurs en raison de sa haute mission, révèle dans ses lettres une fausse humilité et des contradictions fréquentes. Mobile dans ses appréciations sur les autres, mais plus tenace, si elle est en jeu, et n'épargne point les ruades. Les amis sont ceux qui savent reconnaître en elle ses dons remarquables et partager ses sentiments. Et, dans son imagination facile, elle décrit comme merveilleux les moindres incidents de jeunesse, qu'elle transforme en miracles.

Telle est la physionomie qui se dégage jusqu'à l'âge de vingt ans environ. On y trouve tout un ensemble de caractères organiques et psychiques, qui, joints aux précédents héréditaires, révèlent au médecin une peronne déjà sous l'empire de l'hystérie à forme morale et dont le terrain est tout préparé pour l'épanouissement de mille et mille illusions.

Cette physionomie a d'autant plus d'importance, ainsi que nous le disions plus haut, qu'elle ne se modifiera avec les années que pour s'accuser davantage dans ses traits maladifs. C'est ce que nous allons constater.

Pour plus de clarté et de précision dans l'étude qui va suivre, un rapide exposé des manifestations morales et intellectuelles de l'hystérie précédera l'application qu'il y aura lieu d'en faire à la malade, et l'on verra si celle-ci reproduit les traits habituels de l'hystérie morale.

1. *Sa mobilité.* — Un premier trait, c'est la *mobilité.* Les hystériques à forme morale passent, avec une effroyable rapidité, de la joie à la tristesse, du rire aux pleurs. Ce qu'il y a de constant chez elles, c'est leur inconstance.

Elles parlent avec une animation enjouée, puis se laissent soudainement envahir par un sentiment vague et indéfinissable de tristesse, avec sensation de serrement à la gorge ; elles éclatent en sanglots, elles se comportent, en un mot, comme les enfants que l'on fait rire aux éclats, alors qu'ils ont encore sur la joue les larmes qu'ils viennent de répandre. Elles éprouvent une antipathie très vive contre une personne qu'hier elles estimaient. Aussi la poursuivent-elles avec autant d'acharnement qu'elles avaient mis autrefois à l'entourer d'affection.

Madame l'Abbesse offre-t-elle quelques-uns des traits de cette mobilité ? Il me suffira d'en citer quelques exemples. Combien de fois, en effet, n'ai-je pas été témoin, chez elle, de cette brusque transition de la joie à la tristesse ? Tout était pour le mieux, elle riait aux éclats, les larmes lui en venaient aux yeux, puis cette joie si douce la gagnait tout entière ; elle était heureuse de goûter, avec son fils Tiburce, les suaves émotions de la maternité.... L'incomparable lumière de l'Éternité blanchissait déjà les sommets de sa vie.... Son âme, oui, son âme était grande comme un monde ; tout s'y passait à la fois, avec l'ampleur et l'harmonie d'un océan tranquille, au sein duquel se produisait une merveilleuse et virginale fécondité.

Je me laissais bercer et charmer par cette creuse rêverie, lorsque, tout surpris, je voyais de grosses larmes perler sous ses paupières. Un profond soupir soulevait sa poi-

trine, et, bientôt, les pleurs coulaient en abondance. « Ah !
l'on me croit heureuse, disait-elle, l'on vient à moi pour y
trouver la paix, la lumière, et personne ne se doute des
angoisses qui m'oppressent. Mon existence s'écoule au
sein des ténèbres les plus obscures. Où trouver la lumière ?
Nul phare ne projette ses feux sur ma route et je n'entends
que le fracas de la tempête. Où suis-je ? Je vogue à l'aventure, mon âme est broyée, la nature défaille, je suis écor-
chée toute vive, et, parfois, le désespoir me hante comme
un cauchemar dont je ne puis me délivrer ! »

Un tel cri m'allait droit au cœur ; je m'efforçais de lui
témoigner ma sympathie, toute ma tendresse filiale, et,
tout à coup, changeant de ton, elle séchait ses larmes et
retrouvait son air enjoué. Voulais-je, peu après, tenter une
allusion à ses terribles épreuves, qu'aussitôt elle déclarait
n'avoir jamais eu la moindre inquiétude ; son âme vivait
sans cesse l'immuable ; à peine la brise en ridait-elle la
surface paisible ; une lumière aussi douce que constante
l'inondait de ses rayons et rien ne pouvait la troubler.

Cet état psychologique ne se traduisait pas seulement
dans ses entretiens, mais aussi dans ses lettres intimes.
D'autres que moi l'ont nettement constaté.

La même mobilité s'accusait dans ses affections. On la
voyait jeter à l'eau tel moine, qui, la veille, lui tenait au
cœur, jusqu'à ce que, le lendemain, le malheureux noyé
reposât paisible dans ses bras. Ce n'était qu'un degré infé-
rieur de sa mobilité. Parfois, d'un seul bond, elle en attei-
gnait l'échelon supérieur. Je connais plusieurs personnes
qu'elle poursuivit ainsi avec acharnement, après les avoir
comblées naguère de tous les témoignages de la plus vive
tendresse.

2. *Son esprit d'opposition et de contradiction.* — Un
deuxième trait de caractère, c'est l'esprit *d'opposition et*

de contradiction. Elles éprouvent un secret plaisir à combattre, avec une assurance qui n'a d'égale que l'absence de conviction, une opinion contre laquelle elles se seraient révoltées autrefois, ou encore à provoquer autour d'elles l'étonnement par les thèses plus ou moins paradoxales qu'elles soutiennent. Elles aiment à porter tout à l'extrême, soit pour nier, soit pour affirmer, selon les caprices et les fantaisies du moment.

Madame l'Abbesse donne-t-elle l'exemple de ce nouveau trait d'opposition et de contradiction ?

Il suffit de nous rappeler l'opposition sourde et cachée qu'elle ne cessa de faire à dom Couturier, les insinuations perfides dont elle usait pour en éloigner les moines. Toute sa tactique, durant les années qui ont précédé le triomphe d'aujourd'hui, n'a été que l'application de la formule : *Divide et impera*. Quant à la contradiction, on l'a surprise souvent déjà auparavant avec les personnes qui l'approchaient et avec elle-même. Nous en avons cité de nombreux exemples dans notre première partie de ce travail ; il est inutile de nous y arrêter davantage.

Toutefois, l'occasion se présente de dire, en quelques mots, le secret de sa rupture avec le cardinal Pitra ; on y trouvera encore l'opposition et la contradiction.

Ce bon cardinal s'était laissé prendre aux mirages trompeurs de l'abbesse. Dans sa simplicité toute monastique, il ajoutait foi à tout ce qu'elle s'attribuait de merveilleux ; aussi lui confiait-il, en partie, la direction de son âme.

Or, il advint que Madame fut mécontente de l'attitude prise par le Souverain Pontife Léon XIII, et, jugeant que l'Église devait recevoir une impulsion différente, elle s'en ouvrit à l'excellent cardinal. Après avoir déploré la situation faite à l'Épouse du Christ, elle finit par persuader à l'Éminence que l'heure du dévouement avait sonné et qu'il fallait frapper un grand coup destiné à ouvrir les yeux du Souverain Pontife sur le péril. C'est alors que dom Pitra lança cette fameuse lettre à l'*Amstelbede*[1] et, bien vite, Madame le félicita de cette protestation, qu'elle qualifiait de vraiment épiscopale. Mais Léon XIII rappela le cardinal à son devoir. L'humble et filiale soumission de l'Éminence fut un grand exemple et une leçon donnée au monde catholique tout entier.

Aussitôt frappé, le cardinal se plaignit à Madame de l'avoir fourvoyé. « Que fit l'Abbesse ? » Elle lui tourna le dos [2].

Peu de temps après, dom Pitra eut la bonne fortune de mettre la main sur un des cahiers de *Notes sur la Vie de dom Guéranger*, qu'écrivait Madame ; il y était question de dom Pitra et son rôle était faussé.

Il crut donc devoir protester et réclamer une rédaction conforme à la vérité. Madame s'y refusa. En face d'une telle déloyauté, le bon cardinal perdit ses illusions, et, prenant la plume, il écrivit à Madame quelques lignes qui devaient être les dernières. La rupture était consommée [3]. C'est après la lecture de ces lignes que l'Abbesse me dit : « Vous ne sauriez croire, mon petit Tiburce, la joie secrète que me cause le mépris dont me couvre la pourpre d'un cardinal ». L'orgueil le plus effréné ne vient-il pas, ici, de marquer de son sceau l'esprit d'opposition et de contradiction ?

Veut-on, entre autres, deux exemples des thèses étranges et paradoxales qu'elle soutenait pour les besoins de sa cause ? « Oui, disait-elle un jour, plus quelqu'un est mieux doué, moins il est apte à la vie monastique » ; et

1. Voir plus haut, p. 32.
2. Voir plus haut, p. 34, note 2.
3. Voir plus haut, p. 45-52.

ce qu'elle écrivait, en 1886 : « Mon âme ne peut étreindre les choses, elle y est comme trop avant. Au reste, qu'importe d'être ainsi perdue et submergée, quand il est évident que c'est plus opérant que tout. » .

3. *Esprit de duplicité, mensonge et simulation.* — Un troisième trait, c'est l'esprit de *duplicité*, de *mensonge* et de *simulation* ; souvent ces hystériques mentent sans intérêt, sans objet, uniquement, semble-t-il, pour mentir, et cela, non seulement en paroles, mais encore dans leurs actes, par une sorte de mise en scène, dans laquelle l'imagination joue le principal rôle, enfante les péripéties les plus inconcevables et se porte même jusqu'à de regrettables extrémités. D'autres fois, il n'est pas de supercheries qu'elles n'imaginent pour satisfaire leur besoin irrésistible de se rendre intéressantes, de faire parler d'elles, de se mettre sur un piédestal, tout en protestant de leur indignité. On les voit exagérer tous les sentiments, l'indifférence comme l'enthousiasme, l'affection comme l'antipathie, la tendresse comme la haine ; elles inventent mille histoires mensongères, où le vrai et le faux sont mêlés avec un art si parfait que l'on est entièrement dérouté.

Que de fois, hélas ! il faut le reconnaître, elles se jouent de la bonne foi des personnages, avides de surnaturel, par des récits d'apparitions miraculeuses ou de faits extraordinaires, qui n'existent que dans leur imagination et leur esprit fécond en mensonge et en invention.

Ces traits, à eux seuls, suffiraient pour tracer exactement le cadre dans lequel se meut la vie de Madame l'Abbesse. En raison même de leur gravité, nous allons relater certains faits.

A. *Duplicité.* — Madame tournait en dérision ceux qu'elle appelait « ses fils bien aimés » ; elle leur prodiguait des paroles de tendresse, alors que, par derrière, elle mettait en relief leurs petits défauts, leurs lacunes. Elle allait jusqu'à livrer les secrets de leur conscience. Elle me lançait dans une intervention pour m'abandonner ensuite. Elle me disait, les larmes aux yeux, que je lui rendais grand service en lui signalant des écueils et qu'elle comptait sur moi pour le lui continuer, et, par derrière, elle flétrissait mon ingérence. Pendant qu'elle m'encourageait à me servir d'une terminologie enfantine, elle la traitait de « mièvrerie » avec moines et moniales et croyait devoir les effacer d'un trait de plume.

Elle montait dom Couturier contre moi, pendant qu'elle me montait contre lui.

Nous avons vu comment elle poussait le Cardinal Pitra dans une voie funeste et l'abandonnait ensuite.

B. *Mensonge.* — Elle dévoilait mon nom de Tiburce et se défendait d'en avoir parlé.

Elle livrait mes lettres, qu'elle avait promis de ne montrer à personne, et prétendait n'avoir jamais violé ce secret promis. J'en ai trouvé dernièrement une nouvelle preuve irrécusable. Elle s'était servi du verso, laissé en blanc, d'une de mes lettres confidentielles pour écrire à quelqu'un, et ce quelqu'un ne pouvait ne pas lire mes lignes.

Elle calomniait dom Pitra dans ses « Notes sur la vie de dom Guéranger », et lui refusait la correction réclamée par lui.

Dans ces mêmes « Notes », il est une affirmation contre laquelle j'ai entendu protester dom Couturier, ne sachant point qu'il frappait Madame. Il déclara, en pleine conférence spirituelle, que cette affirmation dont les moines se faisaient l'écho n'était qu'une calomnie, un mensonge.

Je l'ai prise en flagrant délit de mensonge voulu et préparé (p. 148). Nouveau flagrant délit de mensonge (p. 160).

Refus d'avouer qu'elle avait menti. Je connais, en outre, plusieurs personnes qui m'ont affirmé, à leur stupéfaction, que Madame l'Abbesse leur avait menti.

C. *Simulation*. — Nous avons déjà vu avec qu'elle facilité Madame simule la joie ou l'angoisse, la confiance ou le découragement, la tendresse maternelle ou les saintes indignations.

Nous avons trouvé sous sa plume la phrase suivante : « Il y a des moments où j'éprouve une immense fatigue de poser pour ce que je ne suis pas ».

Elle simule l'obligation de prendre en mains la crosse de saint Pierre, malgré sa faiblesse : « C'est faute de mieux », m'écrivait-elle un jour, « que dom Guéranger m'a légué une aussi lourde tâche. »

Nous la voyons simuler une abstention complète dans l'élection du nouvel abbé dom Delatte, alors qu'elle a fait feu des quatre pieds pour cette candidature. Dom Delatte était notoirement connu comme étant désigné par l'Abbesse.

Elle simule la candeur, la simplicité, la victime soumise, et elle écrit : « Soyez tranquille, je n'ai aucun goût à me laisser manger ; la vertu ne m'apparaît point sous cette forme plate et bête ».

Elle simule une profonde humilité dans des accents d'un orgueil sans limites au sujet de la lettre du cardinal Pitra.

Elle se dit ingénue et pose en victime. Pour justifier sa duplicité, elle simule l'intervention diabolique.

Toute son autobiographie contient des récits merveilleux : fausseté du miracle de la robe blanche.

Elle simule la bilocation, des maladies mystiques, le commerce avec les Anges et les Saints, la maternité virginale, l'allaitement de ses fils, la remise « du divin poupon dans leurs bras », une grossesse réelle dans laquelle elle a porté réellement N.-S. dans son sein, une assimilation complète avec Notre-Dame.

4. *Orgueil et égoïsme.* — Un quatrième trait, c'est l'égoïsme, le « Quant à moi ». Si leurs impressions sont mobiles, fugaces et changeantes, c'est avec ténacité qu'elles reviennent toujours à cette même idée, dans laquelle elles se complaisent et qu'elles constituent le pivot de leur existence ; ce sont des idées fixes, revêtues d'un caractère sacré, et malheur à celui qui ne semble point les prendre au sérieux. Tout doit graviter autour de ce centre, et, sous l'empire de ces préoccupations, elles rapportent tout à elles, n'ayant de l'oubli d'elles-mêmes que les creuses affirmations.

Il faut qu'on les adule, qu'on les plaigne, qu'on les exalte, qu'on s'intéresse à leurs petites comme à leurs grandes misères. Elles parlent de leurs affections méconnues ou de leurs cruelles illusions, de leurs souffrances continuelles ou de leurs douleurs incomprises. Dans toutes leurs paroles, dans toute leur conduite, on remarque que toujours c'est leur personnalité qui est sur le tapis, ou « le moi » qui est en jeu. C'est l'orgueil.

Ce quatrième trait, l'orgueil, couronne et explique ce que nous avons déjà rencontré chez Madame l'Abbesse. Dans un dépouillement apparent, sous des protestations stériles d'indignité, de faiblesse, de candeur, au milieu d'impressions les plus mobiles, les plus contradictoires, nous avons constaté qu'elle se constitue le centre autour d'elle, pour se dresser un trône. C'est une préoccupation constante de sa personnalité, rapportant tout à elle, en même temps qu'elle est la source de tout. Écoutons-la nous dire, en propres termes : « Il y a vingt-cinq ans, tout était en puissance, maintenant tout est en acte ; ineffable certitude du merveilleux épanouissement de vraie et intelligente

sainteté autour de moi et pour ceux qui s'attacheraient
à ce néant, que Dieu a daigné regarder. » Et encore : « Mon
âme ne peut plus étreindre les choses, elle y est comme
trop avant. Qu'importe d'être perdue, submergée, quand
il est évident que c'est plus opérant que tout. » Voilà
son idée fixe, mère et maîtresse de tous ses actes. Et, pour
éviter tout contrôle dans sa conduite, pour imposer toutes
ses manœuvres, elle proclame son éminente sainteté. Elle
dit encore que « Dieu a tout consommé en elle, ne laissant que ce qui est nécessaire à l'union ». Et, dans son fol
orgueil, elle prétendra à une complète et réelle assimilation avec la mère de Dieu. De là sa mission dans l'Église,
qu'elle personnifie et soutient ; de là ses souffrances physiques et morales, dans lesquelles la Majesté divine puise
une compensation aux crimes de la terre et les arrhes du
pardon pour l'infidélité des ministres du Christ. « Si je
n'étais soutenue, écrit-elle, le 15 novembre 1885, je me
dissolverais, le mot n'est pas trop fort, et je sais que ce n'est
que le commencement. » La souffrance épuise en elle
toutes ses rigueurs « *et c'est ce qui fait en moi*, dit-elle,
*ce mélange singulier de quelqu'un qui ne peut savoir s'il
souffre, au moment même où la douleur est dix fois de
taille à donner la mort* ». Elle endure donc d'atroces douleurs, elle s'en créera de nouvelles, par de sanglantes
macérations, pour ramener Pie IX et Léon XIII dans le
droit chemin, et cette pauvre tête écrira, le 19 juillet 1886 :
« Ma tête est très malade tous ces temps-ci, il ne faut pas
qu'elle saute. Pourtant je ne me sens plus vivre, au sens
animal, que quand je souffre ; c'est une sorte de sensualité
pour certaines trempes. »

A plus forte raison doit-elle jouer un rôle capital dans
l'œuvre de Solesmes. C'est pourquoi, ainsi que nous l'avons
vu, elle charge dom Logerot d'édifier les novices sur ce

point, en attendant qu'elle intervienne directement auprès des moines, pour les établir dans cette persuasion. Malheur à ceux qui oseront élever un doute sur sa mission et sur sa haute sainteté, son orgueil blessé saura en tirer vengeance, après avoir éclaté dans un accès de fureur.

5. *Excitabilité génésique.* — Un cinquième trait, c'est une *certaine excitabilité génésique*, qu'il ne faut pas confondre avec l'érotisme, celui-ci ne survenant, ainsi que je l'ai dit plus haut, qu'à titre de complication. L'érotisme est la soif des appétits vénériens, telle que nous l'avons vue chez Mlle Lise, tandis que l'excitabilité génésique, dont nous parlons maintenant, se révèle, au contraire, dans une profonde aversion pour l'acte conjugal et dans une sorte de revanche prise sur la recherche du sexe masculin au point de vue purement platonique. Elle se révèle aussi dans la liberté du langage, dans la terminologie spéciale, dans le jeu de la physionomie et dans toute l'attitude du corps.

Le terrain sur lequel nous nous plaçons maintenant est aussi scabreux que délicat. Mais le devoir du médecin n'est-il pas d'examiner les plaies, quel qu'en soit le siège ? Cette rapide esquisse nous fera découvrir chez Madame les symptômes qui, d'habitude, accompagnent une véritable complication, que nous qualifierons de « délire érotique ».

Le début paraît être inoffensif : zèle à recevoir des moines, des messieurs du dehors, des prêtres, des religieux, des prélats, et à s'entretenir avec eux ; mise en jeu de ses qualités brillantes pour captiver ces personnes et les captiver d'autant plus que ces qualités semblent se couvrir du voile de l'humilité ; créations de liens sous le couvert d'une charité toute surnaturelle ; rien en soi de plus légitime, en effet, et parfois de plus charitablement chrétien ; mais de telles allures emprunteront leur caractère de bénignité, ou de périls, à la nature de la source qui les produit et aux conséquences qui en découlent. Bientôt nous pourrons juger l'arbre par ses fruits.

Puis la note sentimentale s'éveille timidement ; on la garde pour soi, avec le secret désir de trouver un écho. Elle se traduit bientôt, dès que l'on sait pouvoir être compris. La voici : « mon enfant », « mon cher petit enfant », préludes des hardiesses naïves que « l'enfant » va donner. Mais le cœur bat plus vite, les yeux prennent un éclat nouveau, ils ont parlé, ils ont tout dit : « Oh oui! je vous aime bien ».

Désormais, l'obstacle est franchi; mais cet amour naissant, qu'il soit sincère ou faux, a besoin d'un passeport qui semble le légitimer : ce sera l'amour filial et l'amour maternel. Déjà l'enfant, malgré la double grille, baise la main de sa mère et cette femme est-elle vraiment sa mère? Ce n'est pas sans une certaine émotion que lui est donné ce gage d'une femme, car c'est une femme séparée de lui par une double grille. Ne sont-ils point dans la force de l'âge ceux qu'elle invite à cette familiarité? Quelques-uns pourront avoir triomphé des revendications de la chair, étouffé ses révoltes, tout en conservant la candeur du jeune âge ; ou Dieu leur a peut-être, après des rudes labeurs, rendu les chastes tressaillements d'une âme virginale. Et voilà que, dans leur naïve confiance, ou, mieux, dans leur ignorance du cœur humain, ils s'exposent inconscients à réveiller les luttes d'antan.

Poursuivons. Quels ébats pleins de charmes va prendre cet enfant sur les genoux de celle qu'il dit sa mère? Car il est bien son enfant, il est le fruit de ses entrailles, et le nouveau nom qu'il reçoit n'en est-il pas le témoignage vivant ? « Vous êtes mon petit Tiburce! », « mon René », « mon Paul », « mon petit Jean », « mon bien-aimé »,

« mon doux petit Tiburce, ne craignez point, je suis votre mère Cécile. Cette vie, à laquelle je vous ai enfanté, l'emporte beaucoup en valeur sur celle que vous tenez de votre mère naturelle. Vous êtes à moi, vous êtes le fruit d'une maternité toute virginale, dont la libéralité divine m'a octroyé le privilège. Venez sur mes genoux, dormez dans mes bras, je vous suffirai désormais, c'est à mon sein que vous puiserez ma propre substance. Quoi de plus chaste que cet enfant qui se joue sur le sein de sa mère ? Ah ! non, vous ne serez pas de ceux que le Seigneur me montrait, en m'initiant au « Mystère du lait ». Je les voyais me griffer le sein si cruellement que le lait qu'ils prenaient était teinté de sang. »

Pourquoi faut-il qu'une double grille s'oppose brutalement aux désirs réciproques de la mère et de l'enfant ? Mais qu'importent les grilles, barrières purement matérielles, « aux réalités vivantes » de cette vie mystique ? Fermez les yeux, petit enfant, ne cherchez point à comprendre, la grille disparaît.

De loin, comme de près, la mère saura nourrir son fils, l'amour s'ingéniera, et, par un procédé nouveau, le lait, prenant une autre voie, ne tarira pas dans sa source ni dans la bouche du « petit bien-aimé ».

Quel charmant bébé ! On l'enveloppe de langes, on le câline, on le caresse. Pourquoi donc, à son âge de trente ans, n'a-t-il point, avec son ancienne existence, abdiqué le sexe masculin ? Que de joies, quelles douces jouissances, s'il pouvait prendre le voile et la guimpe. Le sort en est jeté. Il est et restera garçon et de charmantes petites sœurs l'enivreront des parfums de l'amour fraternel.

Qu'il n'aspire point à grandir, sinon tout serait perdu ; la lutte, parfois, est vive et l'on est sur le point de secouer le joug pour chercher ailleurs un air plus pur, une vérité plus simple, une nourriture moins frelatée. C'est un rayon de lumière que, bien vite, on étouffe ; et lorsque, grisée de récits mystiques, étiolée dans cette éducation féminine, cette pauvre âme semblera s'éveiller aux lumineuses clartés du monde mystique et d'un seul bond, parfois plongera son regard ravi dans les mystères qu'abrite le cloître de sainte Cécile, l'on en bénira la Providence et chacun de redire : « Comme il a grandi vite ! » Il est « rendu ». Mais l'homme de trente ans y a laissé sa vie, ses forces, ses énergies, et si jamais de sa poitrine sort un accent viril, si jamais vibrent en lui les cordes du dévouement, on lui dira : « Arrière, c'est fini ! »

Cette page d'histoire, plusieurs moines de Solesmes pourraient l'écrire, s'ils faisaient, un jour, leurs mémoires.

Quant au médecin, n'aurait-il pas le droit de dire à cette femme : « Vous étiez née, madame, pour la maternité, non pour le célibat ; tout crie en vous le besoin d'être mère, et ce besoin vous fait rêver à ce que vous n'avez fait ».

Non, certes, un médecin attentif ne s'y trompera pas. La vraie maternité n'a point de ces écarts. Sans doute, disions-nous, rien de plus chaste que l'enfant se jouant dans les bras d'une mère qui le nourrit de sa propre substance ; sans doute, rien de plus chaste que ces ébats de l'enfant auxquels répondent les tressaillements de la mère. Mais cet enfant n'a pas trente ans et plus.

La vraie maternité n'a point de ces écarts. Et lorsque, dans la suite, l'enfant aura grandi, lorsque, sous l'œil de Dieu, il sera parvenu à la force de l'âge, sa mère lui dira : « Je suis ta mère, tu es mon fils, je mesure ta tendresse d'après ton dévouement, chaque chose a son temps, laisse-moi m'appuyer sur ton bras ». La vraie maternité n'a rien de l'égoïsme ; elle n'aime son fils que pour lui et si jamais, un jour, à l'approche du péril, le fils pousse un cri de détresse : « Ma mère, prenez garde », elle lui répondra : « Je te reconnais là ; merci, tu es mon fils ». Encore une fois, la vraie maternité n'a point de ces écarts ; elle ne criera jamais : « Arrière, c'est fini ! »

Non, cette femme n'est point née pour la maternité ; tous ces accents le prouvent, elle en simule les sensuelles émotions ; on la croirait en proie au rêve voluptueux de certains narcotiques. La pureté, pour elle, sera de fuir l'acte conjugal ; n'est-il point bestial ? Et tous les tressaillements de la chair en elle seront mystiques.

Il est inutile de mettre en relief les dangers de telles élucubrations, et cependant le médecin ne doit-il pas sonder la plaie jusque dans ses profondeurs ?

Madame devait porter plus loin son audace et nous décrire, avec un luxe de détails, les phases de sa maternité divine. On les trouvait consignées dans ses papiers ou « résumés de conscience », jadis entre les mains de dom Logerot. On les montrait aux intimes et Madame en faisait elle-même le thème de ses entretiens. En voici la substance avec de nombreux passages textuels :

« Notre-Dame, après m'avoir embrassée comme une sœur, me montra que, dans mon *identification totale* avec elle (j'expérimentais ce qu'elle-même avait fait, il y a dix-huit siècles), le double rôle *d'épouse et de mère de Dieu et de l'Église*. Je vécus d'abord la jeunesse de la Vierge, puis les chastes noces de la Maternité. La plus suave période de ma vie merveilleuse fut celle de la grossesse, dont le début remonte à cette grandeur mystérieuse et écrasante d'amour brûlant et irrésistible du *Virtus Altissimi obumbrabit tibi*. Les intimes faveurs de l'Époux, que j'avais connues auparavant, n'en étaient que le pâle prélude. Quels effluves d'amour maternel, quelle consomption d'amour, lorsque je me sentis en possession du gage attendu. Je portais en moi le doux fardeau, je le sentais remuer dans sa prison volontaire; il vivait de sa mère et de son épouse, mais il avait hâte de sortir de mes entrailles, pour courir le salut du Monde. Vint la nuit de Noël, quelle douce émotion! Vierge mère, dans mon humilité, je n'osais présenter au divin poupon ce que l'enfant demande à sa mère. Mais l'enfant était aussi l'époux. Il en avait la force et l'amour, et l'Époux triompha par ses caresses de mes chastes résistances. Quelle pâmoison d'amour lorsque les lèvres de l'Époux attiraient la substance de ma vie et que je me sentais ainsi passer dans mon bien-aimé! »

« *Ce ne sont pas des figures ou des visions de l'âme, mais des phénomènes réels et réellement vécus par l'être physique et moral.* »

Pendant la nuit de Noël, elle recevait chaque année, dans ses bras, l'Enfant-Dieu; après l'avoir allaité, elle le déposait tour à tour dans les bras de ses fils dévoués; chacun d'eux attendait cette faveur, et, bientôt il apprenait, quoiqu'il n'y eût rien vu, que la chose était arrivée.

Ses filles étaient encore plus privilégiées; quelques-unes d'entre elles, et j'en pourrais citer, recevaient de Madame le divin poupon et devaient aussi lui donner le sein. Elles décrivaient ensuite aux frères intimes les chastes émotions de cet allaitement virginal.

« Chacun de mes fils m'a été donné », disait-elle, « pour la continuation de ce mystère du lait » ; « il en est, hélas! qui me griffent au sein si cruellement que le lait qu'ils prennent est tout teinté de sang. »

En vérité, rien de plus voluptueux que toutes ces peintures. Que dis-je? Ce n'est pas une peinture, mais le récit de « phénomènes vécus réellement par l'être physique et moral »... N'est-ce point là l'hystérique qui s'enivre de jouissance, qui se laisse conduire au gré de ses passions,

passions d'autant plus impérieuses qu'elles se cachent sous un voile virginal? L'examen théologique auquel nous avons soumis ces faits nous a prouvé, en effet, que le terrain sur lequel ils se produisent n'offre aucunement les conditions que réclame la Théologie pour les rapporter à du surnaturel divin. Aussi sommes-nous en face de la contrefaçon.

On ne peut contester la haute supériorité de Madame sur sa mère, comme imagination délirante. La mère n'avait pu qu'inventer une grossesse imaginaire; c'était simplement un mensonge d'hystérique, tournant au grotesque, au ridicule le plus complet. La fille va plus loin. Elle est réellement enceinte, elle sent son fruit remuer dans sa prison volontaire, ce fruit c'est son fils et c'est le fils de Dieu. A peine né, elle lui donne le sein, se pâme d'amour, car ce divin poupon, par ses caresses d'époux, a su triompher de ses chastes résistances. Et des hommes de trente ans, des moines, des prêtres, réduits à l'état de « bébés », continueront auprès d'elle ce rôle mystérieux !

Le médecin n'a-t-il pas le droit de protester contre de telles indécences, dont la seule cause est la maladie? Il s'agit d'une pauvre hystérique à forme mentale, qui trompe les autres et se trompe elle-même dans un délire à la fois érotique et mystique. « Mon bonheur », disait-elle, « si j'étais restée dans le monde, eût été de rouler un homme. » Ce fut aussi son programme du cloître, et l'on peut ajouter qu'elle se roule elle-même, tout en roulant les autres.

On devine maintenant tout ce que pouvait écrire de scabreux cette tête malade.

Dans ses « Résumés de conscience », elle exerce sa plume à décrire ce que signifient le corps et les parties du corps dont parle le Cantique des Cantiques. Une autre fois, elle développe le mystère du *thalamus*. Après une longue peinture de la beauté plastique de son Royal Époux..., elle ajoute cette phrase textuelle : « Comment s'étonner que, dès ce monde, quand l'Amour se montre ainsi à sa Psyché, elle soit à jamais invulnérable à toute autre beauté. »

Que dire de ses « Chansons », dont moines et moniales font leurs délices? Madame y chante « la petite Bergère », l'*Osculum oris*, le baiser de la bouche, etc.

Il n'est pas de limites qu'elle sache respecter. J'ai lu dans ses « Notes », première ébauche de la vie de dom Guéranger et qu'elle qualifie elle-même de « gigantesque labeur », j'ai lu, dis-je, un récit détaillé des lamentables aventures d'un moine de Solesmes, le P. L..., malheureux détraqué[1]. L'on assiste à sa saisie dans un lupanar de la ville du Mans, où, pauvre fou, il n'avait pas craint d'entrer avec son froc monastique. L'on suit, pas à pas, l'instruction de sa cause devant le tribunal érigé par dom Guéranger. Tous les détails du procès sont mis sous les yeux.

Ce n'est pas assez; plus loin, comparaît à son tour un autre moine, le P. C..., qui vit encore de nos jours. En termes transparents, Madame y parle des « abus solitaires » du noviciat; elle cite des noms et la hardiesse de sa plume érotique va jusqu'à relater une prétendue scène de pédérastie dans la sacristie de Saint-Pierre de Solesmes.

L'on est témoin des violences bestiales du P. C... et l'on entend les cris poussés par sa victime.

C'est à n'y pas croire, quand on se rappelle que c'est une abbesse de trente-cinq ans environ qui écrit de telles abominations, sous prétexte de respect à la vérité. Elle écrit du vivant des accusés, car le P. C... porte encore le froc de Saint-Benoît; elle en fait prendre des copies par moines et moniales et la plupart des moniales ont lu ces

1. Voir plus haut, p. 49, note 2.

honteux épisodes. Quelle étrange pâture elle donne à des vierges du cloître !

Je pourrais citer tel profès de Solesmes qui ne craignit point de dire à Madame qu'il s'était masturbé. L'un de ses confrères, alors son confident, lui reprocha sa conduite. « Madame est entrée jeune au monastère de Sainte-Cécile. C'est une épouse du Christ qu'il faut respecter. Il est des choses qu'elle ne doit jamais entendre de la bouche d'un jeune homme. »

Le susdit profès s'empressa de rapporter cette conversation à Madame, et Madame s'indigna de ce qu'on lui refusât le droit de tout entendre.

Il nous tarde de quitter ce terrain. Si le médecin en moi n'hésite pas à conclure chez Madame à un lamentable délire érotique, le moine-prêtre tourne son cœur vers Dieu et s'écrie : *Inter vestibulum et altare, plorabunt sacerdotes, ministri Domini, et dicent : Parce, Domine, parce populo tuo, et ne des haereditatem tuam in opprobrium.*

6. Un sixième trait de l'hystérie morale, *c'est une intelligence très vive.* Si les facultés affectives sont atteintes, les facultés intellectuelles conservent ou acquièrent un certain degré d'excitation. Ces personnes sont brillantes, enjouées, elles ont « *beaucoup* d'esprit », une mémoire très fidèle, l'imagination féconde, la plume facile, la conversation animée. Que reste-t-il de leur volonté?

La volonté ne leur fait point défaut ; elles se montrent elles-mêmes très tenaces, mais dans un complet esclavage ; de là cette apparente contradiction, qu'elles ne savent plus, *elles ne veulent plus vouloir,* ainsi que l'on dit ; elles cherchent à s'en imposer par de trompeuses apparences. En un mot, elles s'agitent beaucoup et les passions les mènent.

Tel est bien le tableau que présente Madame. Beaucoup s'y laissent prendre. Madame littérateur, poète, historien,

artiste, philosophe, théologienne…, que sais-je encore?
N'en faut-il pas beaucoup moins dans une femme pour
captiver un homme?

De l'examen médico-psychologique auquel nous avons
soumis Madame l'Abbesse, nous devons conclure à l'existence en elle d'un organisme malade. Ses antécédents
héréditaires, son enfance, sa jeunesse, la préparent à tous
les accidents d'un système nerveux en rupture d'équilibre.
Tous ces accidents se déroulent, s'accentuent de jour en
jour davantage pour imposer au médecin le diagnostic
d'hystérie morale avec complication d'un véritable délire
érotique et mystique. Notons ici, en parenthèse, que le
délire mystique s'accompagne presque toujours d'un délire
érotique. C'est un fait reconnu en pathologie mentale.
Nous sommes donc en présence de phénomènes auxquels
la Théologie refuse une origine divine, et le terrain sur
lequel ils éclosent est un organisme malade et fécond en
illusions.

Si les causes de l'illusion partent de cet organisme
malade, le champ en est véritablement dans cette région
où s'accumulent les images des choses matérielles et où
les choses invisibles elles-mêmes apparaissent revêtues
d'un corps imaginaire. Je veux dire dans l'imagination,
puissance féconde, qui évoque les visions d'autrefois, ou
en crée de nouvelles, sépare ou rassemble les éléments des
choses, multiplie les êtres et les colore de teintes variées à
l'infini; faculté féconde, qui tient à la fois de l'esprit et du
corps, qui, tour à tour, spiritualise les corps et matérialise
les esprits, trait d'union mystérieux des deux mondes, où
la double nature de l'homme se fond dans l'unité et l'harmonie.

On comprend, selon que le cerveau est plus ou moins
sain et dispos, que la vie intellectuelle fonctionne avec

plus ou moins de perfection et de régularité. L'imagination, en particulier, se ressent des moindres troubles de l'orga- nisme, et, si le cerveau échappe à l'empire de la volonté, les images vont et viennent sans suite, comme les feuillets d'un livre abandonné aux caprices du vent, tantôt vives et ardentes, à l'égal des plus concrètes réalités, tantôt vagues, indécises, flottantes comme les rêves de la nuit. De là d'innombrables illusions, et, si admirable soit-elle dans son mécanisme et ses peintures, l'imagination n'en est pas moins une source perfide d'erreurs. Sans doute, les images qu'elle montre existent, mais c'est l'homme qui se trompe lui-même, par des jugements erronés, en trans- formant ces images en des objets réels, ou bien en les rapportant à une causalité extérieure gratuitement ou faussement supposée. L'imagination présente une image, l'homme en fait une réalité. Cette image est éclose natu- rellement dans l'esprit et l'on y voit la manifestation d'une puissance invisible, et l'on oublie que c'est au jugement qu'il appartient de régulariser la sensibilité.

De l'illusion qui s'abuse à l'imposture préméditée, l'on gravit une pente à la fois douce et facile, et les hystériques à forme mentale en franchissent rapidement les étapes. Souvent ces deux points extrêmes se rapprochent et se mêlent dans la même personne : illusion sur un point, mensonge sur un autre. La tromperie, hélas ! conduit dans la suite à une aberration que l'on transforme en intime persuasion. L'habitude de mentir affaiblit le ressort de la vérité, et voilà comment l'on rencontre sur son chemin des hystériques qui trompent leur entourage et semblent se tromper elles-mêmes dans les choses qu'elles inventent.

Telle est, nous semble-t-il, l'explication de l'étrange et néfaste conduite de Madame l'Abbesse. On comprendra maintenant la gravité toute spéciale du péril dont Madame est la source pour chacun des moines et pour toute la congrégation.

Dans une quatrième et dernière partie, nous la verrons à l'œuvre, et l'exposé sommaire de la situation actuelle de Solesmes nous mettra sous les yeux, dans leur triste réalité, les conséquences de l'erreur et de l'illusion : une spiritualité aussi fausse que dangereuse et le bouleversement des notions et des traditions monastiques.

TABLE DES NOMS PROPRES

TABLE DES MATIÈRES

Introduction historique.

Mémoire de dom Sauton.

Première Partie (*Historique*).

Deuxième Partie (*Théologique*).

22-30. — Saint-Germain-lès-Corbeil.
Imp. Willaume.